KB253106

새로운 정신분석 강의

새로운 정신분석 강의

New Introductory Lectures on Psycho-Analysis

by Sigmunt Freud

새로운 정신분석 강의

지크문트 프로이트 지음
김숙진 옮김

문예출판사

차 례

지크문트 프로이트의 삶과 업적

피터 게이*

프로이트가 자랑스러운 마음도 없지 않아 말했듯, '인류의 잠을 동요시켜놓는 것'은 프로이트의 운명이었다. 그의 사후 50년이 지난 이 시점에, 그는 스스로도 예측하지 못했을 정도로 훨씬 크게 성공한 것으로 보인다. 오늘날 우리가 올바르든 올바르지 않든 모두 프로이트를 언급하는 것은 상투적이면서도 진실을 담고 있다. 우리는 무심코 오이디푸스적 갈등, 형제 간의 경쟁, 나르시시즘, 프로이트적 말실수를 언급하곤 한다. 그러나 이런 식의 권위를 가지고 말하기 전에, 우리는 반드시 그의 저작들을 주의 깊게 읽어야 한다. 그의 책은 우리에게 항상 충분한 만큼의 '배당금'을 돌려준다.

지크문트 프로이트는 1856년 5월 6일 프라이버그의 작은 마을인 모라비아에서 태어났다.[1] 아버지인 야콥 프로이트는 가난한 상

---

* 피터 게이(Peter Gay) : 미국의 저명한 역사학자이자 프로이트 전문 연구자. 1923년 베를린 출생. 컬럼비아대학과 예일대학에서 정치학, 역사학 교수를 역임했으며, 현재 '뉴욕공립도서관 학자와 작자 센터'의 센터장과 예일대 명예교수를 맡고 있다.

인이었다. 어머니인 아말리아는 예쁘고 자기주장이 강한 여성으로, 남편보다 스무 살 연하였으며 그의 세 번째 아내였다. 야콥 프로이트에게는 첫 번째 결혼에서 얻은 두 아들이 있었는데 대략 아말리아 프로이트와 비슷한 나이였고 집 근처에 살았다. 이 이복형제들 중 한 명의 아들인 존은 지크문트 프로이트의 조카였음에도 삼촌보다 나이가 많았다. 이렇듯 프로이트의 가족 구성도는 똑똑하고 호기심 강한 이 젊은이에게 혼란을 야기할 정도로 매우 복잡했다. 프로이트에게는 모든 어린이의 타고난 소질인 '호기심'이 더 뚜렷하게 나타났다. 그의 인생은 앞으로 그것을 만족시킬 풍부한 기회를 제공할 것이었다.

프로이트가 네 살이 되던 1860년에 그의 가족은 빈으로 이사를 갔는데, 그곳은 당시 많은 이민자들이 모여들던 곳이었다. 이 시기는 합스부르크 왕가의 자유주의 초창기였다. 유태인들은 그동안 가해졌던 성가신 세금의 의무와 재산권, 전문직 선택의 권리, 종교적 관습에 대한 굴욕적인 제한에서 갓 해방되어, 이제 경제적 번영, 정치적 참여, 사회적 용인의 조치를 현실적으로 기대할 수 있게 되었다. 프로이트는 그때를 회상하면서 '모든 근면한 유태인

---

1 본명은 지키스문트 스켈모 프로이트(Sigismund Schlomo Freud)였지만, 그는 중간 이름은 결코 사용하지 않았고, 얼마 동안 짧은 형태로 실험을 해본 뒤 1870년대 초에 빈에서 의과대학에 다니고 있을 무렵 최종적으로 이름을 지크문트(Sigmund)로 확정지었다(때때로 원래의 이름으로 다시 돌아간 적도 있다). 프라이버그는 오늘날 체코의 영토이며 체코식 명칭인 '프라이버(Pribor)'로 불린다.

2 《꿈의 해석》(1900), SE 4장, 193.

학생들이 내각장관의 소관업무를 책가방 속에 넣고 다니던 시절'
이라고 했다.[2] 어린 프로이트는 높은 이상을 품고 자라도록 북돋
워졌다. 그의 어머니의 첫 아들이자 가족의 총애를 받던 그는, 가
계에 여유가 생기자 자신만의 공간을 가질 수 있었다. 그는 초등
학교 시절부터 뚜렷한 재능을 나타냈으며, 중등학교, 즉 김나지움
시절이 되자 매년 반에서 1등을 놓치지 않았다.

1873년, 열일곱 살이 되었을 때, 프로이트는 빈 대학에 들어갔
다. 원래는 법을 공부할 계획이었으나, 그가 스스로 '지식에 대한
탐욕'이라고 불렀던 것에 이끌려, 대신 의학부에 입학 허가를 받았
다. 이것은 의사로서의 관습적인 업무에 대한 관심이라기보다는,
그를 사로잡았던 거대한 수수께끼들을 풀 수 있을 철학적-과학적
연구에 종사하기 위해서였다. 그는 생리학과 신경학 연구에 매우
몰두했기 때문에, 1881년이 될 때까지 학위를 따지 않았다.

그는 명민한 연구자로서 면밀한 관찰 습관과 과학적 회의주의
를 익혀나갔다. 그는 세계적 명성을 가진 교수들 밑에서 공부할
수 있는 혜택을 얻었는데, 그들은 거의 모두가 독일 계통이었으
며, 자연 현상에 대한 종교적 설명은 말할 것도 없고 형이상학적
사색도 멸시했던 완고한 실증주의자들이었다. 프로이트는 후에
마음에 관한 그들의 이론(본질적으로 생리학적인 이론들)을 수정
한 후에도, 스승들을 거짓 없는 고마운 심정으로 회상한다. 그중
에서 가장 주목할 만한 인물인 에른스트 브뤼케(Ernst Brücke)는
유명한 생리학자이자 학식 높은 엄격한 선생이었는데, 그는 프로
이트의 성향을 불신자로 규정지었다. 프로이트는 가정에서 전혀

종교적 교육을 받지 않았고, 무신론자로 빈 대학에 입학했으며, 대학을 떠날 때에도 설득력 있는 과학적 주장들로 무장한 무신론자였다.

1882년, 프로이트는 마지못해 브뤼케의 조언을 받아들여 실험실을 떠나, 빈 종합병원의 낮은 직급의 자리로 가게 되었다. 이유는 로맨틱했다. 그는 4월에 마르타 베르나이스(Martha Bernays)라는 북부 독일에서 온 매력적인 젊은 여성을 만났는데, 그녀는 언니를 방문하러 왔다가 프로이트와 열정적인 사랑에 빠지고 말았다. 그들은 곧 비밀 약혼을 했으나, 그와 약혼녀가 필수적이라고 생각했던 존경할 만한 부르주아 가정을 꾸리기에는 프로이트가 너무 가난했다. 결국 이 커플은 1886년 9월, 그가 빈에서 개업한 지 다섯 달 만에 결혼 선물과 부유한 친구들에게 빌린 돈 등을 보태 드디어 결혼한다. 그들은 9년 동안 여섯 아이를 낳았으며, 그 중 막내인 안나는 아버지의 절친한 친구이자 비서, 간호사, 제자 겸 대변인이 되며, 스스로도 저명한 정신분석학자가 된다.

프로이트는 결혼 전 1885년 10월부터 1886년 2월까지 파리에서 공부하며, 유명한 프랑스 신경학자인 장 마르탱 샤르코(Jean-Martin Charcot)의 사사를 받는다. 샤르코는 의료적 질환들을 치료하기 위한 수단으로서의 최면에 대한 열렬한 지지자였으며, 당시 유행이 아니던 그 주제에 관한 열렬한 옹호자였으므로 프로이트도 이런 측면에서 영향을 받았다. 그에게 있어 히스테리는 남성도 여성만큼이나 쉽게 걸릴 수 있는 질환이었다. 샤르코는 비할 바 없는 관찰자로서, 프로이트가 정신치료의 이론적·치료적 측면에 관심을 키우는 것을 자극했다. 신경성 질환들은 프로이트의 전문 분야가 되었으며, 1890년대에는 그의 말대로, 그동안 '친구'였던 심리학이 이젠 압제자가 되었다. 그는 이 기간 중 마음의 정신분석학적 이론을 정립했다.

그는 흥미로우면서도 다소 독특한 도움을 받았다. 1887년에는 베를린에서 온 이비인후과 전문의인 빌헬름 플리스(Wilhelm Fliess)와 만났고, 급속도로 절친한 우정을 쌓아갔다. 플리스는 외로운 프로이트가 간절히 원하던 그런 사람이었다. 그는 어떤 견해에도 놀라지 않는 지적인 도박꾼이었으며, 자극적인(때로는 유익한) 이론의 포교자였고, 프로이트에게 아이디어를 제공하여 더욱 발전시킬 수 있도록 도와준 열정적 인물이었다. 플리스와 프로이트는 10년이 넘도록 긴밀한 편지와 전문적 메모를 교환했으며, 가끔씩 만나 그들의 위험한 관념들을 함께 논의하기도 했다. 한편 프로이트는 진료를 하면서 점차 정신분석을 발견하는 방향으로 나아가게 되었다. 환자들은 그의 훌륭한 스승이었다. 그는 점차 히스테리를 앓는 여성 환자들로 분야를 좁혀나갔으며, 그들의 증상을 관찰하고 병세에 귀 기울이면서, 그는 자신이 잘 들어주는 사람이기는 하나 충분히 주의 깊게 듣지 않았다는 것을 발견했다. 그들은 그에게 말해줄 것이 아주 많았다.

1895년에 프로이트는 잘나가던 온화한 내과 의사이자 아버지 같은 친구인 요제프 브로이어(Josef Breuer)와 함께 《히스테리 연구》를 출간했고, 브로이어의 이전 환자인 '안나 O'가 이 책의 첫 번째 등장인물이 되었다. 그녀는 브로이어와 프로이트 사이의 긴밀한 대화에 매우 흥미로운 소재를 제공했으며, 그녀의 의지(그리고 브로이어의 의지)에 거슬러서, 정신분석학의 기틀을 닦도록 밑바탕을 제공한 환자이다. 그녀는 히스테리가 성적인 기능 부전에서 기인한다는 것과 증상은 '말함(talking)'을 통해 없앨 수 있다는 것을 증명해 보여 프로이트에게 기쁨을 주었다.

1895년은 다른 측면에서도 프로이트에게 결정적인 한 해였다. 그해 7월, 프로이트는 자신의 꿈 하나를 완전히 분석해보려고 시도했다. 그는 '일마의 주사 꿈(Irma's injection)'이라고 알려진 이 꿈을, 4년 후 《꿈의 해석》을 출간할 때 정신분석학적 꿈 해석의 모델로 채택하게 된다. 또한 가을에 그는, 나중에 '과학적 심리학을 위한 프로젝트'라고 불리게 되는 것의 초안을 잡았으나, 완성하지도 출판하지도 못했다. 여기에는 그의 몇 가지 근본적 이론들이 암시되고 있지만, 또한 프로이트가 정신적 사건들의 전통적인 심리학적 해석에 깊이 사로잡혀 있음을 보여주는 기록이기도 하다.

프로이트는 점차 심리적 현상들에 심리적인 설명을 시도하게 되었다. 1896년 봄, 그는 운명적인 이름인 '정신분석(psychoanalysis)'이라는 용어를 처음 사용하였다. 그리고 10월에 아버지가 돌아가신다 그는 10여 년이 지난 후 이때를 회상하며, '가장 심대한 사건, 인간의 일생 중 가장 비통한 상실'[3]이라고 말한다. 이 사건은 정신분석의 이론화를 향한 강력한 추동력을 제공했으며, 프로이트를 크게 동요시켜 전례 없는 자기분석으로 이끌었는데, 이것은 가장 솔직한 자서전 작가의 자기탐구보다 더욱 체계

---

3 같은 책, 26장.

적이고 철저한 것이었다. 이후 3, 4년 동안, 그가 《꿈의 해석》에 본격적으로 착수하자, 새로운 발견들이 그의 하루하루를 가득 채우게 되었다. 그러나 그는 먼저 얼마간 옹호해왔던 '유혹 이론'을 버려야만 했다. 이것은 모든 신경증이 조숙한 성적인 활동, 주로 어린 시절의 성추행으로부터 나온다는 이론이었다.[4] 프로이트는 이 광범위한, 그러나 믿기 어려운 이론에서 자유로워지자 정신생활에서 환상의 중요성을 재음미하게 되었고, 보편적인 가족 삼각관계인 오이디푸스 콤플렉스를 발견하게 된다.

프로이트의 《꿈의 해석》은 1899년 11월에 출간되었다.[5] 이 책은 모든 꿈의 목적을 소망 실현으로 간주하며, 수면자가 깨어났을 때 꿈을 이상한 이야기로 기억하도록 변형시키는 정신의 책략에 대해 상술한다. 또한 난해한 7장에서는, 마음의 포괄적 이론을 개관한다. 이 책에 대한 첫 반응은 냉담했다. 6년 동안 겨우 351권만 팔렸을 뿐이고, 두 번째 판본은 1909년에야 출판할 수 있었다. 그러나 대중적으로 쓴 책인 1901년의 《일상생활의 정신병리》는 폭넓은 독자층을 얻었다. 모든 종류의 말실수에 대한 호소력 있는 설명은, 마음은 제아무리 산만한 듯 보일지라도 확고한 규칙에 지

---

4 프로이트는 성적 학대가 존재하지 않는다고는 결코 주장하지 않았다. 그의 환자들 중에는 스스로 말하는 성폭력의 경험이 상상에서 기인한 것이 아닌 환자들도 있었다. 그가 유혹 이론을 버렸을 때 포기했던 것은, 당사자가 소년이든 소녀든, 가해자가 하인이든 나이 많은 형제든 친구든 간에, 오직 아동에 대한 성추행만이 신경증의 원인이 된다는 전면적인 주장이었다.

5 책 표지에는 출판 연도가 1900년으로 되어 있으므로, 보통 이때 출판된 것으로 인용되곤 한다.

배된다는 프로이트의 근본입장을 분명히 하고 있다. 하나의 전형적인 예를 제시하자면, 오스트리아 의회 의장은 정치적으로 곤란한 시점에 개회를 선언하면서, "이로써 종료합니다"라고 말한다. 이 '돌발 사고(accident)'는 회기가 시작되는 데 대한 그의 숨겨진 거부감에 의해 촉발된 것이다.

프로이트는 여전히 급진적 인물로 간주되기는 했지만, 점차 명성과 지지를 얻게 되었다. 그는 1900년에 플리스와 크게 다투었고, 그 후로도 얼마간 서신교환이 있긴 했지만, 두 사람은 끝내 다시 만나지 않았다. 한편 1902년에, 그동안 명백한 반유태주의와 이단적 혁신가에 대한 불신이 결합되어 터무니없이 지체되었던 프로이트의 교수임용이 성사되었다. 그는 빈 대학의 부교수로 임명되었다. 그해 말엽, 프로이트와 빈의 의사 네 명은 베르가세 19번지에 있는 그의 아파트에서 수요일 밤마다 모여 정신분석적 문제들을 논하는 모임을 갖기 시작했다. 4년 후, 이 모임의 정기 멤버가 열두 명 이상으로 확대되자, 이 모임은 유급 비서(오토 랑크)를 고용하여 의사록을 기록했다. 그리고 결국 1908년에, 이 모임은 빈 정신분석학회로 변모하게 된다. 최소한 의료계의 몇몇 인사들은 프로이트의 견해를 진지하게 생각한 것이다.

1905년에 프로이트는 정신분석적 사고의 구조를 그의 이론의 두 번째 기둥으로 보강했다. 바로, 《성 이론에 관한 세 가지 논문》이다. 이것은 성도착 및 어린 시절로부터 사춘기에 이르는 '정상적(normal)' 발달을, 이제까지의 의학 문헌들에서 실상 알려지지 않았던 검열성과 개방성의 부족으로 개괄했다. 또한 그는 1905년에 농담 및 그의 유명한 사례 연구들 중 첫 번째 것에 대한 책을 내놓았다. 바로 '도라의 증례'라는 별칭이 붙은 《히스테리 사례 분석》이다. 그는 꿈 해석을 정신분석에 이용하는 방법을 설명하고, 분석 상황에서 전이의 중요성에 대해 제대로 인식하지 못했던 자신의 실수를 드러내기 위해 이 책을 출판했으나, 난국에 처한 그의 10대 환자 사이의 교감 부족으로 많은 논란을 야기했다.

다음 10년 동안, 프로이트는 세 개의 더 정교한 사례 연구들로 정신분석의 기술을 풍요롭게 했다. 1909년의 〈5세 남자아이의 공포증 분석〉(〈꼬마 한스〉), 〈강박신경증 사례에 대한 단편〉(〈쥐 인간〉)과, 1911년의 〈편집증 사례의 자전적 설명과 관련된 정신분석적 단편〉(〈슈레버 증례〉)이다. 최근의 재분석에도 불구하고, 이 사례들은 정신질환의 폭넓은 범위에 적용되는 명쾌한 설명 모델들로 남아 있다. 1910년 이후로 프로이트는 분석 기술에 관한 선구적이고 극도로 영향력 있는 논문들을 발표했는데, 이것은 정신분석의 방법을 튼튼한 기반 위에 확립하기 위한 것이었다. 물론 그는 이론적인 측면도 경시하지 않았다. 〈정신기능의 두 가지 원리에 관한 체계적 서술〉(1911) 같은 중요한 논문들에서, 그는 인간의 마음을 원초적이고 무의식적인 요소인 '1차 과정'과, 대체로 의식적이고 통제 가능한 '2차 과정'으로 구별했다.

이 기간 동안, 프로이트는 종교, 문학, 성 관습, 전기, 조각, 선사시대 및 여타 분야들에 대한 논문을 발표함으로써 임상적·이론적 전문 분야의 경계선을 넘었다. 〈강박적 행동과 종교 관습〉(1907), 〈창조적 작가와 백일몽〉(1908), 〈문명화된 성 도덕과 현대의 신경증〉(1908), 그리고 동성애의 기원에 대해 폭넓게 논의되는 연구인 〈레오나르도 다 빈치와 그의 어린 시절의 기억〉(1910) 등이 있는데, 이것들은 그가 관여한 범위의 몇 가지 표본일 뿐이다. 프로이트는 문화의 전 영역을 소재로 삼았다. 그는 어린 시절에 스스로 구상했던 프로그램, 즉 인간 존재의 거대한 수수께끼를 푸는 일을 실현하고 있었다.

그러나 프로이트는 1905년부터 1914년에 이르는 10년 동안, 급속히 등장한 국제적 운동(그의 정신분석 운동)이 사회를 크게 흔들어놓으면서도, 내적으론 불쾌한 양상으로 분열되는 것을 지켜보아야 했다. 정신분석적 정치학이 전면에 등장하게 되었다. 프로이트 견해의 장래를 짊어지게 될 두 사람의 주요 인물은, 빈의 총명한 사회주의자이자 의사인 알프레드 아들러(Alfred Adler, 1870~1937)와, 더욱 정통적이고 고집이 센 스위스의 정신과 의사인 칼 G. 융(Carl G. Jung, 1875~1961)이었다. 그러나 이 분열은 나중에 심각한 대립으로 악화된다. 아들러는 프로이트의 초기 지지자들 중 한 사람으로, 수년 동안 빈에서 그를 지지하는 가장 강력한 인물이었다. 하지만 정신분석학에 대한 전문적 관심이 급속히 성장함에 따라(모두가 호의적인 것은 아니었지만), 또한 그의 전복적 견해들이 정신과 의사들의 학회에서 탐구됨에 따라 프로이트는 정신분석의 범위를 처음에 기반이 된 영역 이상으로 확대하려는 포부를 갖게 되었다. 소수의 지지자들밖에 없는 빈은 이제 본거지가 되기에 너무 지역적이고 부적합했다.

첫 번째 돌파구는 1906년에 나타났는데, 취리히의 유명한 부르그휠츨리 병원의 수석 정신과 의사였던 융이 프로이트에게 발췌 인쇄본을 보냈을 때였다. 프로이트는 신속히 응답했다. 곧 마음에서 우러난 서신 왕래가 꽃피었고, 그들의 우정은 융이 1907년 초 프로이트를 방문하면서 견고해졌다. 프로이트는 정력적이고 생산력이 넘쳤으나, 겨우 50세의 나이에, 오랫동안 스스로를 늙고 쇠약한 것으로 여기고 있었다. 그는 정신분석학의 율법을 후대에 전수하고, 당시 빈에서 유태적 분위기로 한정되어 있던 이 학문을 더 넓은 세계로 전파할 계승자를 찾고 있었다. 위압감이 느껴지는 용모에, 정력적인 웅변가였던 융을 발견한 것은 고무적인 사건이었다. 그는 나이가 많지 않았고, 빈 태생이 아니었으며, 유태인도 아니었다. 융은 1908년 봄 잘츠부르크에서 열린 국제 정신분석 회합에서 두각을 나타냈으며, 이듬해엔 새로 발행되는 《연감(Yearbook)》의 편집장으로 임명되었다. 프로이트는 융에게 만족하여 그를 자신의 아들이자 계승자로 여겼다. 융은 이것을 환영했고, 사실 북돋웠다고 할 수 있다. 따라서 1910년 3월, 뉘른베르크에서 국제 정신분석학회가 창설되었을 때, 융을 의장으로 임명한 것은 프로이트의 합당하고도 필연적인 선택이었다. 빈의 프로이트 지지자들은 정신분석학의 중심지가 자신들의 도시에서 취리히로 옮겨지는 것을 보고 좋아하지 않았다. 결국 어느 정도의 타협이 이루어졌고, 얼마 동안 빈 정신분석학회에는 평화가 지배했다. 그러나 아들러는 자신의 심리학적 견해를 독자적으로 발전시키고 있었다. 그것은 공격성을 성욕의 우위에 놓는 것이었으며, '기관 열등감(organ inferiority)'을 신경증의 주된 원인으로 들었다. 분열은 불가피했고, 1911년 여름, 아들러와 몇 명의 추종자들은 빈 학회를 장악하고 있던 프로이트 및 프로이트 파로부터 사퇴하고 떠났다.

프로이트도 작위가 없지는 않았다. 1909년 9월, 그는 융이 그랬던 것처럼, 메사추세츠의 우스터에 위치한 클라크대학에서 명예 박사학위를 받았다. 그러나 아들러와 마찬가지로 융도 점차 프로이트의 견해에서 엇나가기 시작했다. 그는 프로이트가 성 충동, 즉 리비도에 부여한 현저한 중요성을 결코 마음 편히 받아들이지 못했다. 1912년경 초, 결국 그는 방향전환을 명백히 했다. 이에 대응하여 프로이트의 주요한 부관인 어니스트 존스(Ernest Jones)는, 생각을 같이하는 분석가들의 방어적 비밀 집단을 결성했는데, 이를 '위원회(Committee)'라고 불렀다. 여기에는 그 자신과 프로이트, 산도르 페렌치(부다페스트에서 온 총명한 지지자), 재치 있는 빈의 변호사 한스 작스, 명민한 베를린의 의사이자 이론가인 칼 아브라함 그리고 프로이트의 서기이자 독학자인 오토 랑크가 참여했다. 이것은 필요한 조치였다. 1912년 말, 융과 프로이트 사이의 서신왕래는 점차 신랄해져갔고, 1914년 1월, 프로이트는 융과의 우정에 종지부를 찍었다. 분열은 이제 시간 문제였다. 1914년 봄, 융은 정신분석 운동에서 그가 담당하고 있던 강력한 직위에서 사임했다.

정신분석학 내 분파들 사이의 긴장은 프로이트가 폭넓은 다양한 주제들을 계속해서 탐구하는 것을 막지 못했다. 1913년, 그는 선사시대를 정신분석적으로 해명하는 대담하고 사색적인 모험을 시도한 책《토템과 터부》를 내놓았는데, 멀고 먼 아득한 과거에 야만인들이 자기 아버지를 죽이고 죄책감을 갖기 시작하면서 문화 시대로 들어간 순간을 상술하고 있다. 그리고 1914년에는, (익명으로)《미켈란젤로의 모세》를 출간했는데, 여기서는 미켈란젤로의 사색적인 조각에 대한 존경과 그 자신의 관찰능력을 결합시켰다. 같은 해에 그는, 나르시시즘에 대한 논란을 야기하는 논문을 발표했는데, 이때까지 성적인 것과 자아적인 것으로 나뉘어 있던 자신의 충동 이론에 의문을 제기함으로써 정신분석적 사고의 중요한 측면들을 전복시켰다.

그러나 세계무대에서의 괴로운 사건들이 정신분석 이론에 대한 프로이트의 재평가를 밀어냈다. 1914년 6월 28일, 오스트리아의 대공 프란츠 페르디난트와 그 부인이 암살당했다. 이로부디 6주 후인 8월 4일, 유럽은 결국 전쟁에 돌입했다. 정신분석학의 첫 번째 희생자는 후에 프로이트의 가장 널리 알려진 사례 연구가 되는《소아 신경증의 사례 연구》(《늑대인간》)였다. 이 책은 1914년 가을에 씌어졌으나, 1918년까지 출판되지 못했다. 정신분석학적 활동은 거의 멈춰서고 말았다. 많은 잠재적 환자들이 전선으로 나갔고, 대부분의 정신분석가들은 군의관으로 징병되었다. 어니스트 존스와 프로이트 같은 '적들' 사이의 의사소통은 중단되었다. 정신분석학 분야의 출판은 거의 사라졌고, 의견 교환의 주요한 활력소였던 회합의 개최는 전혀 불가능했다. 프로이트에게 이 시기는 다른 의미에서도 불안한 시절이었다. 그의 아들 세 명 모두가 전장에 나갔고, 그중 두 명은 거의 매일 생사를 건 전투를 벌이고 있었다.

그러나 전쟁이 프로이트를 나태하게 만들지는 않았다. 활용할 수 있는 시간이 많아지자, 그는 이것을 좋은 목적에 이용했다. 일을 하면 이런저런 걱정들을 잊을 수 있었다. 1915년 3월에서 7월까지, 그는 메타심리학에 관한 10여 편의 주요 논문들을 썼다. 무의식, 억압, 우울증 등에 관한 것이었다. 그러나 그는 당시 계획하고 있던 기본 교과서에 이것을 집어넣기를 거부했다. 그는 1915년에서 1917년 사이에 논문들 중 다섯 편만 발표하고, 나머지는 폐기했다. 그가 이 논문들에 대해 품었던 알 수 없는 불만족은 나르시시즘에 관한 논문에서 야기되었던 불만족을 암시한다. 그가 그린 마음의 지도는 그동안 임상적 경험들을 통해 축적해왔던 증거들에 부적합했다. 그러나 그것을 대신할 만족할 만한 대체물이 아직 없었다. 이것은 전쟁이 끝난 후까지 기다려야 할 것이었다.

전쟁 중의 또 다른 활동은 더 성공적이긴 했으나, 프로이트에겐 작은 기쁨이 되었을 뿐이다. 그는 1915년부터 대학에서 강의를 시작했고, 1917년에 강의의 내용을 《정신분석 강의》라는 단행본으로 출간했다. 프로이트는 대중화에 대한 타고난 재간으로, 이 책을 우선 일상생활의 경험, 말실수, '이유 없는(unmotivated)' 망각 등에 관한 화제로 시작하여, 뒷부분에서 꿈에 대한 내용 그리고 전문적 주제인 신경증으로 마감하고 있다. 이 《정신분석 강의》는 많은 부수가 판매되고 널리 번역되어, 결국 프로이트에게 폭넓은 독자층을 형성해주었다.

전쟁은 지루하게 계속되었다. 본래 오스트리아 애국자였던 프로이트는, 스스로도 놀랍게도, 끝없는 살육에 진력이 났다. 그는 지식인들의 배타적 우월주의, 지휘관들의 냉혹함, 정치가들의 어리석음에 오싹해졌다. 정신분석가들은 환자들에게서 주기적으로 공격성의 표출을 목격하지만, 그는 아직까지 공격성의 이론적 중요성을 완전히 인정하지 않고 있었다. 그러나 잔인한 전쟁의 참상이 인간 본성에 대한 회의적인 정신분석학적 평가를 확증하고 있었다.

정신분석 활동이 되살아나려는 조짐은 전쟁이 끝나기 조금 전에 나타났다. 1918년 9월, 독일에서 온 정신분석학자들과 오스트리아-헝가리에서 온 학자들이 부다페스트에서 만났는데, 1913년 이래로 처음 있는 일이었다. 그리고 두 달 후, 전쟁은 끝났다. 프로이트 가족에게 매우 다행스럽게도, 전장에 나간 아들들은 모두 무사히 귀환했다. 하지만 걱정스러운 시절이 지나간 것은 아니었다. 패전국들은 제국에서 공화정으로의 변혁을 마주해야 했으며, 가혹하고 악의적인 평화조약에 의해 영토와 자원을 징발당했다. 빈은 배고픔과 추위, 절망으로 가득 찼다. 식량과 연료의 부족은 결핵, 독감 같은 치명적인 질병들을 발생시켰다. 이 어려운 상황에서, 프로이트는 사라지는 합스부르크 제국에 대해 한 방울의 눈물도 낭비하지 않았으며, 정력적이고 재치 있는 방식으로 주어진 상황에 대응해나갔다. 부인인 마르타가 프로이트 교수님을 가사엔 근심하지 않도록 보호해줬다는 초상은 수정되어야 한다. 프로이트는 해외에 있는 친척, 친구, 동료 들에게 편지를 보내 가족에게 어떤 식료품과 의복이 가장 절실히 필요한지 알렸고, 어떻게 소포를 안전하게 들여올 수 있는지도 상세히 써넣었다. 그러나 1920년 1월, 전후의 참상이 이 가정에 치명적인 일격을 강타했다. 결혼해서 두 아이를 낳고 함부르크에 살고 있던, 프로이트의 둘째 딸 소피가 유행성 독감으로 숨지고 만 것이다.

그녀의 죽음으로 프로이트가 염세적 충동 이론을 생각해내게 되었다는 주장은 가능성 있게 생각되고 있다. 실제로 그는 《쾌감 원칙을 넘어서》(1920)를 사실상 완성했는데, 여기서는 프로이트 의 죽음충동(death drive) 이론이 1년 앞서 처음으로 제시되고 있다. 프로이트는 삶의 힘인 에로스가 죽음의 힘인 타나토스와 극적으로 맞서고 있다는 구조를 한번 채택하자, 더 이상 다른 식으로는 생각할 수가 없었다. 1923년, 그는 고전적 연구인 《자아와 이드》를 통해 이론의 수정을 완료했다. 그는 이제 마음의 '구조 이론 (structural theory)'을 제안했는데, 이것은 마음이 서로 교류하는 세 개의 구별되는 심급(審級, 독일어로 Instanz)들로 이루어진다는 구조를 시각화한다. 즉, 이드(완전히 무의식적인 영역, 충동들 및 후에 억압되는 내용물로 이루어짐), 자아(부분적으로만 의식적임, 방어기제를 포함하고, 계산·추론·계획의 능력이 있음) 그리고 초자아(역시 부분적으로만 의식적임, 도덕적 양심을 포함하며, 그것을 넘어 무의식적인 죄책감에도 관계함)이다. 그러나 이 새로운 발견으로 인해, 프로이트가 정신활동에 대한 그의 고전적 체계인 의식, 전의식, 완전한 무의식이라는 구도(사고와 인식 사이의 거리를 강조한 것)를 포기한 것은 아니었다. 그러나 그는 이제 자아의 정신활동, 그리고 초자아의 활동의 많은 부분은 직접적인 반성을 통해서는 접근할 수 없다는 결정적인 입장을 취하게 되었다.

그러는 동안, 정신분석 운동은 번창하고 있었다. 프로이트는 대중적 언론이 가하는 선정적인 관심에 질색이었지만, 그의 이름은 일상적 어구가 되어가고 있었다. 1920년에는, 헤이그에서 열린 전후(戰後)의 첫 번째 회합에서 과거의 "적들"이 친구로 만나는 기쁜 사건도 있었다. 프로이트는 자신의 딸 안나와 동행했는데, 당시에 그는 그녀를 분석하고 있었고, 그녀는 1922년에 빈의 정신분석학회에 가입했다. 같은 해에, 분석가들은 베를린에서 모였다. 이것은 프로이트가 참석한 마지막 회합이었다. 1923년 4월, 그는 구개의 종양으로 수술을 받았다. 의사와 그의 동료들은 몇 달 동안 그 종양이 양성인 척했지만, 9월경 진실이 밝혀졌다. 그는 암이었다. 가을에 위험한 수술들이 뒤따랐다. 이때부터 프로이트는 인공 보철물을 착용해야 했고, 이후로 고통이나 불편에서 해방될 날이 거의 없었다.

그러나 그는 결코 연구를 중단하지 않았다. 말하는 데 문제를 겪는 동안에도 그는 환자들에 대한 분석을 계속했다. 그들 중 대다수는 미국의 의사들인데, 그들은 빈에 그의 '학생'으로 와서, 나중에 뉴욕이나 시카고 등지로 돌아가 분석을 시행하곤 했다. 그는 이론의 수정도 계속해갔다. 1920년대 중반부터는 여성의 성욕에 관해 논란을 야기하는 논문들을 썼고, 1926년에는 《억압, 증후 그리고 불안》을 썼는데, 이 책은 불안에 대한 그의 초기 견해를 뒤집는 것으로, 이제는 불안을 위험신호로 다루고 있었다. 또한 그는 몇 편의 에세이를 썼는데, 상대적으로 많은 독자들의 호응을 얻었다. 예를 들면, 확신에 찬 무신론자의 종교 해부인《환상의 미래》(1927) 그리고 바야흐로 파국에 직면한 현대문명에 대한 각성된 시각을 기술한《문명 속의 불만》(1930)이다.

1933년, 파국이 찾아왔다. 1월 30일, 히틀러가 독일의 수상으로 선출되었고, 벌써 활동을 시작하고 있던 오스트리아 나치가 이 때부터 더욱 크게 정치에 개입하게 되었다. 보수파들은 사라지고 있었다. 칼 아브라함(Karl Abraham)은 1925년 때 이르게 죽었고, 산도르 페렌치(Sandor Ferenczi)도 1933년 그 뒤를 따랐다. 프로이트의 가장 친한 친구들이 사라져버린 것이다. 그러나 프로이트는 자신이 증오하면서도 사랑하던 빈을 떠나기가 내키지 않았다. 그는 너무 늙었고, 떠나기를 원치 않았으며, 그 밖에도 나치는 그의 나라를 침략하지 않을 것이었다. 그러나 1938년 3월 12일 아침, 그의 생각이 틀렸음이 증명되었다. 나치가 행군해 들어오자, 기쁨에 찬 군중들은 그들을 환영했다. 자발적인 반유태주의적 폭거는 5년의 나치 치세 동안 자행되었던 만행 중에서도 극심한 것이었다. 3월 말, 안나는 게슈타포 본부로 소환되었다. 그녀는 무사히 방면되었지만, 이 사건은 프로이트의 마음을 바꿔놓았다. 이민이 불가피했다. 나치 정부의 강탈로 인해 몇 달 지체되었지만, 6월 4일, 프로이트는 파리에 도착하여 그가 과거에 분석했던 환자이자 사랑하는 제자인 마리 보나파르트 공주의 환영을 받았다. 6월 6일, 프로이트는 대부분의 가족들이 먼저 가 있던 런던에 정착한다. '평화롭게 죽기 위해서'였다.

노쇠하고 병든 그는 연구를 계속했다. 프로이트가 마지막으로 완성한 책인《모세와 유일신교》는, 모세가 이집트인이었다는 주장으로 유태인 독자들의 분노를 샀다. 그는 일생 동안 그랬던 것처럼, 평화의 교란자로서 삶을 마감했다. 그는 1939년 9월 23일, 주치의에게 치사량의 모르핀을 요구한 후 용감하게 죽음을 맞이했다. 프로이트는 인간의 영생을 믿지 않았지만, 그의 작품들은 영원히 남게 될 것이다.

이 책에 대해

프로이트가 매우 소중하게 생각했던 단체들 중 하나로, 빈의 '국제 정신 분석 출판사'가 있었다. 프로이트의 환자였던 안톤 폰 프로인트(Anton von Freund)가 제공한 후한 기부금을 바탕으로 1919년에 창설된 이 국제 정신분석 출판사는 후에 여러 번의 재정 위기를 겪게 된다. 마리 보나파르트 공주 같은 관대한 후원자들이 이곳의 파산을 모면케 해준 적도 한두 번 이상이었다. 1932년, 이곳이 다시 경영난에 허덕이자, (이곳의 가장 유명한 저자였던) 프로이트는 이 출판사를 위해 불안, 충동, 신비주의, 여성성 등의 중심적이고 자극적인 다양한 주제들에 관한 일련의 논문들을 썼다. 프로이트는 이 '강의들' (이것들은 실제로 강의된 적은 없으나, 1차 대전 중에 출판된 그의 특히나 성공적인 책인 《정신분석 강의》를 본뜬 것이다)에서 정신분석 이론과 관련하여 최근에 알아낸 사실들과, 기존 이론의 수정 사항을 아주 상세하게 설명했다. 그가 《쾌감원칙을 넘어서》(1920)와 《자아와 이드》(1923)에서 발전시킨 '구조 이론'과 여성의 성욕에 관한 그의 새로운 견해들이 이 책에서 아주 상세히 다루어진다. 따라서 프로이트의 통상적인 정력과 명쾌함으로 씌어진 이 《새로운 정신분석 강의》는 《정신분석 강의》의 필수적인 한 짝이다. 여기 담긴 모든 주제들이 흥미롭지만, 어떤 의미에서는 마지막 강의인 '세계관의 문제'가 가장 교훈적이다. 이 부분에서는 과학으로서의 정신분석학에 관해 프로이트가 오랫동안 고찰해온 견해가 개괄되며, 정신분석학은 과학의 일부일 뿐 자체적인 세계관을 가질 순 없다고 결론짓고 있다.

편집자의 말

제임스 스트레이치

이 작품은 1933년 초에 출판된 것으로, 원래의 저작을 15년 만에 증보하여 출간한 것이다. W. J. H. 스프롯이 번역한 첫 영문 번역본도 같은 해에 나왔다.

1932년 초, 빈에서의 정신분석학 출판사업이 금전적 위기에 처하자, 프로이트는 《정신분석 강의》의 새로운 시리즈를 펴내어 출판사에 도움을 주고자 했다. 첫 번째와 마지막 강의는 5월 말에 준비되었고, 전체적인 책은 8월 말에 완성됐다. 이 책은 공식적인 출간 일자보다 한 달 앞선 12월 6일에 발행됐다.

이 강의는 원래의 저작과 많은 면에서 다르며, 원래 강의 중에 빠진 내용만 보충한 것은 아니다. 프로이트가 자신의 서문에서 지적했듯이(그리고 강의를 세는 법에서도 명시했듯이), 이 강의는 독자적인 책이 될 수는 없지만 필수적으로 보충적이다. 그러나 이 책에서 특히 주목할 만한 점은, 각 강의 간에 내부적으로 성격상의 차이가 있다는 것이다. 꿈에 대한 첫 번째 강의는 원래 저작에서 꿈의 부분을 반복한 것에 지나지 않는다. 반면에 세 번째, 네 번째, 다섯 번째 강의(각각 마음의 구조, 불안 및 본능 이론, 여성의 심리학을 다룸)에서는 완전히 새로운 소재와 이론을 도입하고 있으며, 세 번째와 네 번째 강의는 15년 전 학문적으로 회피되었던 어려움에 대한 이론적·메타심리학적 논의에 몰두한 것이다. 나머지 강의들(두 번째 강의와 마지막 두 강의)은 매우 종류가 다른 내용들을 다루고 있다. 정신분석학과 간접적으로만 관련되는 잡다한 주제들에 대해 프로이트는 거의 대중적 관점이라고 할 만한 방식으로 접근한다. 그렇다고 해서 내용이 사소하거나 흥미롭지 못하다는 뜻은 아니며 그와는 정반대다. 하지만 다른 강의들과는 다른 종류, 다른 정도의 관심을 요한다. 그러나 독자의 선택이 뭐가 될지라도, 즉 텔레파시·교육·종교·공산주의에 대한 프로이트의 사상을 알아보고 싶어서이든, 초자아·불안·죽음·충동 혹은 여성의 전 오이디푸스기에 대한 프로이트의 최종 견해를 알고자 하는 것이든, 독자들은 이 강의를 통해 많은 유익한 것을 얻을 수 있을 것이다.

편집자는 이 책이 출간되는 모든 준비 과정에서 안나 프로이트가 비판적 조언을 해준 것에 깊은 감사의 뜻을 전한다. 편집 과정에 수록된 부록들은 안젤라 리처드가 수고해주었다.

서문

나의 《정신분석 강의》는 1915~1916년 그리고 1916~1917년의 두 차례 겨울학기에 빈의 정신의학 병원 강의실에서 대학의 전체 교수진 앞에서 강의된 것이다. 강의들 중 앞부분 절반은 즉흥적으로 실시했으며, 그 직후 글로 기록하였다. 뒷부분 절반의 초안은, 사이에 긴 여름방학에 잘츠부르크에서 집필했으며, 다음해 겨울에 초안의 내용 그대로 강의하였다. 당시에 나는 녹음기에 견줄 만한 기억력을 갖고 있었다.

이 새로운 강의들은 예전의 저작과는 달리 아직 한번도 강의되지 않은 것이다. 그간에 나는 노령이 되어 대학의 일원으로서 정기적인 강의를 해야 하는 의무(이것은 어쨌든 주변적인 일이다)에서 면제받게 되었다. 그리고 나는 이제 수술 후유증으로 대중 앞에서 강의하는 것이 불가능하다. 그러므로 뒤에 이어지는 글의 내용 중 내가 강의실에 자리하는 형태를 취한다면, 그것은 단지 상상력의 산물일 뿐이다. 이렇게 하여 나는 주제에 관해 더 깊이 들어갈 때, 독자들을 잊지 않고 계속해서 유념할 수 있다.

이 새로운 강의는 이전 것을 대체하려는 목적이 아니다. 이 강의록은 개별적인 독자층을 형성할 만큼 독자적인 성격을 갖지 못한다. 이것은 예전 강의의 연장선상에서 그것을 보충하며, 예전 강의와의 관계에서 세 그룹으로 나뉜다. 첫 번째 그룹은 15년 전에 다루었던 주제를 새롭게 다루고 있지만, 지식이 깊어지고 관점이 변화함에 따라 현재 시점에 맞게 설명 방식을 바꾸었고 새로이 비판적 수정을 가한 것이다. 다른 두 그룹은 이전 강의의 확장이다. 예전에 강의할 무렵엔 정신분석학에 존재하지 않던 지식을 담고 있거나, 혹은 그 당시엔 확실히 증명되지 않아 별도의 주제로 취급하기에 미흡했던 내용들을 담고 있다. 새로운 강의의 일부가 이런 세 그룹의 성질을 결합한다는 것은 필수적인 것이지 유감스러운 일은 아니다.

나는 또한 이 새로운 강의들이 이전의 《정신분석 강의》에 의존하고 있음을 강의 번호를 매김에 있어서도 확실히 했다. 따라서 이 책에서 첫 강의는 29강이다. 예전 강의와 마찬가지로 새 강의도 전문적인 분석가에게는 별로 새로운 것을 제공하지 못한다. 이 강의는 신과학의 성격과 발견에, 신중하면서도 호의적인 관심을 가지고 있는 다양한 지식인 계층을 대상으로 한 것이다. 이번에도 내 최대의 목적은 단순화나 완결성, 매끄러운 외양을 위해 어떤 것도 희생하지 않고, 문젯거리를 감추지 않으며, 간극이나 불확실성의 존재를 부정하지 않으려는 것이다. 과학적 연구의 다른 분야에서는 이런 온건한 의도를 자랑하는 게 전혀 필요치 않다. 그것들은 보편적으로 자명한 것으로 간주되며, 대중들은 그 외의 것을 기대하지 않는다. 천문학을 읽는 독자들은 우주에 대한 우리의 지식이 불확실한 영역으로 빠져드는 과학의 최전선에 관해 읽더라도, 실망을 하거나 과학을 경멸하게 되지는 않을 것이다. 오직 심리학에서만 상황은 남다르다. 여기서는 과학적 연구에 대한 인류의 체질적 부적합성이 완전히 드러나게 된다. 사람들이 심리학에 요구하는 것은 지식의 확대가 아니라 다른 종류의 만족이다. 풀리지 않는 모든 문제들, 모든 불확실성은 그에 대한 비난으로 이어진다.

인간의 정신을 다루는 과학에 관심이 있는 누구든 그에 따르는 이런 불공평함을 인정해야 한다.

1932년 여름, 빈에서

프로이트

29강[1] 꿈 이론의 수정

신사숙녀 여러분, 첫 강의 이후 15년도 더 지난 지금 내가 강의를 다시 시작하려는 것은, 그동안 정신분석학에 어떤 새로운 진보와 향상이 있었는지 논하기 위해서이며, 한 가지 이상의 관점에서 볼 때 먼저 꿈 이론의 위치를 살펴보는 것이 정당하고 적절하다고 생각됩니다. 꿈 이론은 정신분석학의 역사에서 특수한 위치를 차지하는 하나의 전환점입니다. 꿈 이론과 더불어 정신분석학은 심리 치료 방법에서 심층심리학으로 발전했습니다. 꿈 이론은 그 후로도 이 새로운 학문의 가장 전형적이고 특징적인 부분으로 남았습니다. 그것은 대중적 신념과 신비주의로 메워져왔던 영역을 개척한 새로운 개간지이자 새로운 영토이며, 이에 대응되는 것이 우리 지식의 다른 영역에는 손재하지 않습니다. 꿈 이론에 포함될 수밖에 없었던 생소함은 정신분석학의 추종자들과 그것을 전혀 이해하지 못하는 사람들을 가르는 분계선 역할을 하게 되었습니다. 신경증에 대해 밝혀지지 않은 사실들이 내 미숙한 판단을 혼동시키던 시기에 나 역시 꿈 이론을 최후의 근거지로 사용했습니다. 내

견해의 정확성에 의심이 생길 때마다, 어떤 무의미하고 혼란스럽던 꿈이 꿈꾼 사람의 머릿속에서 논리적이고 지적인 정신적 과정을 통해 성공적으로 변환되는 사건은, 내가 옳은 길을 따라가고 있다는 확신을 주곤 했습니다.

그러므로 꿈 이론이라는 특수한 사례에 있어, 한편으로는 그동안 정신분석학이 거쳐온 변천을 따라가고, 또 한편으로는 정신분석학이 동시대의 세상에 의해 이해되고 평가받는 면에서 어떤 진전을 이루었는지 살펴보는 것이 우리에게 특별한 관심사가 될 것입니다. 그러나 나는 여러분이 이 두 방향 모두에서 실망하게 될 거라고 말해야 할 것 같습니다.

1913년 이래로 정신분석 분야의 권위 있는 저술들을 실어왔던 《국제 정신분석 학회지》의 상황을 먼저 살펴봅시다. 이 학회지 가운데 초기에 발간된 것들에는 '꿈의 해석에 관하여'라는 표제가 붙은 글들이 자주 발견되며, 꿈 이론의 다양한 지점에서 많은 가치 있는 논술들을 담고 있습니다. 그러나 후기로 갈수록 이 주제를 다루는 일이 드물어져, 결국 꿈에 대한 글이 완전히 사라지고 없는 걸 볼 수 있습니다. 분석가들은 마치 꿈 이론에 더 이상 덧붙일 것이 없는 것처럼, 꿈에 대해 더 이상 언급하려 하지 않고 있습니다. 그러나 꿈의 해석이 외부자들(우리가 지핀 불 가에서 수프를 끓이면서도 별로 고마워하지도 않는 많은 정신과 의사들과 심리치료사들, 과학의 놀라운 발견을 접목하는 습관이 있는 소위 지식인 계층들, 저술가들을 비롯한 일반 대중들)에 의해 얼마나 널리 받아들여졌는지 묻는다면, 이에 대한 대답은 그다지 만족스럽지 못할 것입니다. 몇 가지 상투어들은 일반에 널리 알려졌고, '모든 꿈은 성적인 성격을 갖는다'는 명제처럼 우리가 주장한 바 없는 내용도 널리 유포되었지만, 꿈 이론에서 특히 중요한 것들, 즉 꿈의 외현적 내용과 잠재적 꿈-사고 사이의 근본적인 구분, 꿈의 소원 성취적 기능이 불안몽과 모순되지 않는다는 인식, 분석가가 꿈꾼 사람의 자유연상을 자유롭게 이용할 수 없다면 꿈의 해석이 불가능하다는 것 그리고 무엇보다도, 꿈에서 가장 핵심적인 것은 꿈-작업(dream-work)이라는 발견 같은 중요한 사항들은, 아직도 30년 전이나 마찬가지로 낯설게 남아 있습니다. 나는 이런 언급을 할 수 있는 위치에 있습니다. 그동안 자기의 꿈을 해석해달라거나 꿈의 성격에 대한 정보를 묻는 수많은 편지들, 스스로 내 《꿈의 해석》을 읽었다고 하면서도 한 문장 한 문장마다 꿈 이론에 대한 이해의 부족을 드러내는 글이 담긴 수많은 편지들을 받아왔기 때문입니다. 그러나 이런 것들이 내가 다시 한번 꿈 이론에 대해 정연한 설명을 제시하려는 것을 방해하지는 않습니다. 여러분은 내가 지난번에, 지금까지 제대로 설명되지 못했던 이 정신 현상을 밝히는 데 강의의 많은 부분을 바쳤다는 것을 기억할 것입니다.[2]

누군가가, 예를 들어 환자 한 사람이, 자기가 꿈꾼 내용을 들려준다고 가정합시다. 이 사람은 분석적 치료를 받기로 동의했으므로, 우리와 소통하기 위한 한 가지 방법으로 자기의 꿈을 말하는

2 《정신분석 강의》(1916~1917) 2부 전체를 말함.

것이라고 할 수 있습니다. 이것은 확실히 소통을 위한 부적합한 방법입니다. 꿈은 자체적으로 사교적 대화도 아니고, 어떤 정보를 줄 수도 없기 때문입니다. 우리는 또한 그 사람이 말하려는 것을 이해할 수도 없고, 꿈을 꾼 본인도 똑같은 무지 상태에 있습니다. 우리는 빠른 결단을 내려야 합니다. 한편으로 꿈은 비(非)정신분석적인 의사들이 말하듯이, 그 사람이 잠을 잘 자지 못했다는 징표일 수 있습니다. 뇌의 모든 부분이 똑같이 휴식 상태에 있지 않았기 때문에, 알 수 없는 자극을 받은 일부 영역이 계속해서 활동하려고 하지만 불완전한 방식으로만 활동한 결과라는 것입니다. 만약 이게 사실이라면, 우리는 심리적 가치를 전혀 담고 있지 않은 한밤중의 교란 현상에 더 이상 관심을 갖지 않는 편이 현명할 것입니다. 이것을 조사해서 우리의 목적에 도움이 되는 어떤 것도 얻을 수 없을 것이기 때문입니다. 그러나 다른 방식으로도 생각해 볼 수 있으며, 우리는 처음부터 이런 방식을 택했다고 할 수 있습니다. 즉, 우리는 매우 임의적이지만 다음과 같은 가설을 세우고 공리로 채택했습니다. 이해할 수 없는 꿈일지라도 의미와 가치를 지닌 매우 유효한 심리적 활동이며, 다른 의사소통과 마찬가지로 분석에 이용할 수 있다는 것입니다. 우리가 옳았는지는 우리의 이런 시도가 성공하느냐에 따라 결정될 것입니다. 우리가 꿈을 그런 종류의 가치를 가진 것으로 변화시키는 데 성공한다면, 꿈을 통해 새로운 것을 알아내고, 다른 방식으로라면 접근 불가능했을 어떤 종류의 정보를 얻을 수 있으리라는 전망이 명확해집니다.

하지만 이제 우리 과업의 어려움과 이 주제의 수수께끼 같은 성격이 문제점으로 떠오릅니다. 우리는 어떻게 꿈을 일반적인 의사소통으로 전환시킬 것이며, 어떻게 환자의 발화 중 일부가 그 자신과 타인에게 난해한 형태를 취한다는 사실을 설명할 수 있을까요?

신사숙녀 여러분, 앞으로 보시겠지만 나는 이번엔 발생론적이 아니라 독단적인 방법으로 설명을 개진해나갈 것입니다. 우선 두 가지 새로운 개념과 명칭을 소개함으로써 꿈의 문제에 대한 우리의 태도를 정립하려 합니다. 우리는 소위 꿈이라고 하는 것을 꿈의 텍스트, 혹은 '외현적 꿈(manifest dream)'이라고 부를 것이고, 그 뒤에 숨어 있으리라 우리가 의심하며 찾고 있는 무언가를 '잠재적 꿈-사고(latent dream-thoughts)'라고 부를 것입니다. 이런 전제 하에, 우리의 두 가지 과제를 다음과 같이 표현할 수 있습니다. 우선 외현적 꿈을 잠재적 꿈-사고로 전환시켜야 하며, 다음엔 꿈꾸는 사람의 마음속에서 어떻게 후자가 전자로 변환되는지 설명해야 합니다. 첫 번째 과제는 실용적인 것이고, 꿈의 해석을 통해 이루어지며, 테크닉이 요구됩니다. 두 번째 과제는 이론적인 것이고, 가설적인 꿈-작업을 설명하는 것이며, 오직 이론적으로만 가능합니다. 이 양사, 즉 꿈의 해석을 위한 테크닉과 꿈-작업의 이론은 새롭게 창조되어야 합니다.

이 두 가지 중 어떤 것부터 시작할까요? 내 생각엔 꿈의 해석을 위한 테크닉부터 시작하는 게 좋을 것 같습니다. 이것이 여러분에게 더 확고한 외양과 더 생생한 인상을 줄 것이기 때문입니다.

　그럼 이제 어떤 환자가 자신의 꿈을 들려주고, 우리가 그걸 해석해야 한다고 합시다. 우리는 반성의 힘을 적용하지 않고 수동적으로만 꿈 이야기를 듣습니다.[3] 다음에는 무엇을 해야 할까요? 우리는 환자가 말해준 꿈 이야기, 즉 외현적 꿈에는 최대한 관심을 덜 기울이기로 결심합니다. 물론 이 외현적 꿈에는 우리가 완전히 무시해서는 안 될 모든 종류의 특징들이 담겨 있습니다. 환자의 꿈은 조리에 맞고 문학작품처럼 매끄럽게 진행될 수도 있지만, 도무지 이해할 수 없을 정도로 혼란스러워 거의 헛소리에 가까울 수도 있습니다. 불합리한 요소들이 담겨 있기도 하지만, 농담이나 매우 재치 있는 결론이 담겨 있을 수도 있습니다. 그 내용은 꿈꾼 사람에게 분명하고 명료할 수도 있지만, 모호하고 흐릿할 수도 있습니다. 꿈속의 영상들은 인식의 완전한 감각적 힘을 담고 있을 수도 있고, 불분명한 안개처럼 흐릿할 수도 있습니다. 매우 대립적인 성격들이 같은 꿈의 다양한 부분들에 분포되어 등장할 수도 있습니다. 그리고 마지막으로, 꿈은 감정이 전혀 섞이지 않은 것일 수도 있고, 강렬한 기쁨이나 비통함이 담긴 것일 수도 있습니다. 여러분은 우리가 외현적 꿈에서 드러나는 이런 끝없는 다양성을 전혀 고려하지 않는다고 생각해서는 안 됩니다. 우리는 나중에 외현적 꿈으로 돌아올 것이며, 그 안에서 꿈의 해석에 이용할 수 있는 많은 것을 발견할 것입니다. 하지만 지금 당장은 그것을 제쳐두고 꿈의 해석으로 통하는 큰길을 따라가겠습니다. 다시 말하

---

3 반성에 대해 고찰한 유사한 언급들은 《꿈의 해석》(1900a) 2장에서 비슷한 맥락으로 제시된다.

면, 우리는 꿈꾼 사람에게도 역시 외현적 꿈이 주는 인상에는 신경 쓰지 말고, 전체적인 꿈이 아니라 그 안의 부분적인 요소들에 관심을 돌려 그 각 요소들과의 관계에서 그의 머리에 자유롭게 떠오르는 모든 것들을 말해보라고 요청합니다. 각 요소들에 개별적으로 초점을 맞췄을 때 연상에 의해 떠오르는 것들을 말입니다.

이 방법은 이상하게 생각될 것입니다. 보통의 대화나 의사소통에서는 이런 식으로 하지 않기 때문입니다. 분명히 여러분은 이런 과정의 배후에 지금까지 명백히 설명되지 않은 어떤 전제들이 있다고 추측할 것입니다. 하지만 우선 계속 진행해봅시다. 우리는 어떤 순서로 환자가 꿈의 부분들에 집중하게 해야 할까요? 다양한 가능성이 우리 앞에 열려 있습니다. 단순히 꿈 이야기를 말할 때 묘사되는 순서인 연대기적 순서를 취할 수도 있습니다. 이것은 가장 엄밀하고 전통적인 방법이라 할 수 있습니다. 혹은 꿈꾼 사람에게 요청하여 '전날의 잔재들'을 찾아보라고 지시할 수 있습니다. 경험이 우리에게 알려주듯이 거의 모든 꿈에는 그날 낮에 겪었던 어떤 사건(혹은 몇 가지 사건)에 대한 기억의 찌꺼기나 암시가 포함되어 있으므로, 이런 연관을 따라 가다보면 우리는 매우 낯설게 느껴지는 꿈의 세계로부터 환자의 현실세계로 일거에 옮겨올 수 있습니다. 혹은 환자에게 여러 가지 꿈의 요소들 중 특히 명료하고 강렬한 감각을 동반한 요소들부터 시작하라고 말할 수도 있습니다. 환자 입장에서는 이런 요소들에서 연상을 끌어내기가 한층 쉬울 것이기 때문입니다. 찾고자 하는 연상에 접근하기 위해 이런 접근법들 중 어느 것을 사용하든지 큰 차이는 없습니다.[4]

그런 후에 우리는 이런 연상들을 얻습니다. 환자들이 생각해내는 것은 매우 다양한 종류입니다. 그날 낮에 있었던, 즉 '꿈을 꾼 날'에 겪었던 기억, 오래 전의 기억, 반성, 토론, 어떤 것을 옹호하거나 반대하는 주장, 고백, 의문 같은 것들입니다. 환자는 이런 것들 중 일부를 열심히 쏟아놓지만, 다른 부분에 가서는 잠시 망설이기도 합니다. 연상들의 대부분은 꿈의 어떤 요소와 명백한 연관 관계를 보여줍니다. 그럴 수밖에 없는 것이, 꿈의 요소들이 바로 연상의 시작점이기 때문입니다. 하지만 환자들은 때때로 다음과 같은 말을 하면서 이야기를 시작하기도 합니다 — '내 생각에 이것은 그 꿈과 아무 관련도 없습니다. 하지만 머리에 떠오른 것이니 말씀드리죠.'

이런 풍부한 연상들을 듣다보면, 그런 이야기들이 단지 시작점이 된 요소뿐만 아니라 꿈의 내용과 매우 폭넓은 공통점을 가지고 있음을 곧 알게 됩니다. 이런 연상들은 꿈의 많은 다양한 부분들에 놀라운 빛을 던지며, 그것들 사이의 간격을 메우고, 그 이상스러운 병렬 형태를 이해할 수 있게 해줍니다. 그래서 결과적으로 연상과 꿈의 내용 사이의 관계가 명료해집니다. 꿈은 연상들의 요약된 추출물인 것처럼 보이며, 이런 추출은 우리가 아직 이해하지 못하는 규칙에 따라 이루어집니다. 즉, 꿈의 요소들은 다수의 군중들 중에서 선거에 의해 선출된 '대표들'인 셈입니다. 우리의 테크닉이 꿈을 통해서 대체된 것을 발견해내고, 꿈의 심리적 가치를

---

4 이런 여러 가지 방법들을 소개한 이와 유사하지만 약간 차이가 나는 설명이 〈꿈 해석의 이론과 기법에 관한 소견들〉(1923c)에도 제시되어 있다.

담고 있는 무언가를 파악할 수 있도록 해주었다는 사실은 의심의 여지가 없을 것입니다. 그것은 이제 더 이상 당황스러운 독특함, 기묘함, 혼란스러움을 보이지 않습니다.

그러나 오해가 있어서는 안 됩니다. 꿈에 대한 연상들은 아직 잠재적 꿈-사고가 아닙니다. 잠재적 꿈-사고는 용액 속에 알칼리가 담겨 있듯 연상들 속에 담겨 있지만, 아직 연상들 속에 완전히 포함된 것은 아닙니다. 한편으로, 연상들은 우리가 잠재적 꿈-사고를 형성하는 데 필요한 것 이상을 제공합니다. 즉, 환자의 지성은 꿈-사고에 접근하는 과정에서 많은 다양한 설명, 이행, 관련성들을 산출해냅니다. 다른 한편으로, 하나의 연상은 진정한 꿈-사고 바로 앞에 도달했을 때 종종 멈추곤 합니다. 연상은 암시를 통해서만 꿈-사고에 접근하고 그와 접촉할 수 있습니다. 우리는 암시들 사이의 간격을 메우고, 부정할 수 없는 결론으로 이끌고, 환자가 자신의 연상 속에서 건드리기만 했던 것을 명확한 말로 나타내줍니다. 이것은 우리가 꿈꾼 사람이 제공한 재료를 가지고 스스로의 독창력과 변덕을 사용하여 가공하며, 환자들을 임의로 유도하여 그들로부터 끌어낼 수 없었던 해석을 그들에게 주입하는 것처럼 들릴 수도 있을 것입니다. 우리 방법의 정당성을 이런 추상적인 설명을 통해 입증하는 것도 쉬운 일이 아닙니다. 하지만 여러분이 직접 꿈의 분석을 수행해보거나, 우리 글에 나오는 꿈 분석의 실례를 충분히 탐구해본다면, 꿈을 해석하는 이 같은 방법이 설득력 있음을 확신하게 될 것입니다.

꿈을 해석함에 있어 우리는 대체로 우선 꿈꾼 사람의 연상에 의존하지만, 꿈 내용의 특정한 요소들에 관해서는 매우 독립적인 태도를 취합니다. 이것은 그래야만 하기 때문인데, 이런 경우에는 연상들이 구체화된 형태로 도출되지 못하곤 하기 때문입니다. 우리는 초기 시절부터 이것이 항상 특정한 요소들과 관계된다는 것을 배웠습니다. 이런 요소들은 그렇게 많지 않으며, 우리는 반복적인 경험을 통해 그것들을 어떤 다른 것들의 상징으로 간주하고 해석해야 한다는 것을 알게 되었습니다. 이런 요소들에는 꿈의 다른 요소들과는 달리 하나의 고정된 의미가 부여될 수 있지만, 그것이 반드시 명료해야 할 필요는 없으며 그 범위는 우리에게 낯선 특수한 규칙들에 의해 결정됩니다. 우리는 이런 상징들을 해독하는 방법을 알고 있고 꿈꾼 사람은 자기가 그것을 사용했을지라도 그 의미는 모르기 때문에, 꿈을 해석하려는 어떤 노력을 하기도 전에, 꿈의 내용을 듣는 순간 즉시 꿈의 의미가 우리에게 명료해지는 경우도 있습니다. 꿈을 꾼 사람 자신에게는 여전히 수수께끼로 남아 있지만 말입니다. 하지만 이에 관해서는 예전의 강의들에서 상징체계와 그에 대한 지식, 그것이 제기하는 문제들에 관해 충분히 논했으므로, 여기서 다시 반복할 필요는 없을 것입니다.[5]

이것이 우리가 꿈을 해석하는 방법입니다. 우선 정당하게 다음과 같은 질문이 나올 것입니다. '이런 방법을 통해 모든 꿈을 해석할 수 있는가?'[6] 이에 대해 이렇게 대답할 수 있습니다. '절대 그렇지 않다. 하지만 매우 많은 꿈을 해석할 수 있기 때문에 우리는

---

5 《정신분석 강의》 10강을 참조할 것.
6 프로이트는 당시 〈해석 가능성의 한계들〉(1925i)에 대해 특별한 소고를 썼다.

이 방법의 유용성과 정확성에 확신을 가질 수 있다.' '하지만 왜 모든 꿈을 해석할 수는 없는가?' 이에 대한 대답은 우리에게 매우 중요한 것을 가르쳐줍니다. 꿈이 구조화되는 심리적 결정인자들로 인도하기 때문입니다. '왜냐하면 꿈을 해석하는 작업은 저항에 거슬러서 수행되기 때문이다. 이런 저항은 사소한 차원에서부터 정복 불능인 정도에 이르기까지(최소한 우리의 현재 방법의 힘이 미칠 수 있는 한도에서 볼 때) 매우 다양하다.' 꿈을 해석하는 작업 중에 이런 저항의 징후들을 간과하기란 불가능합니다. 어떤 지점들에서는 연상이 주저 없이 도출되며, 환자에게 떠오르는 첫 번째, 혹은 두 번째 생각이 설명을 제공합니다. 다른 지점들에서는 중단이 있으며, 환자는 연상을 생각해내기 전에 머뭇거립니다. 후자의 경우 우리는 꿈을 이해하는 데 유용한 어떤 것을 듣기 전에, 매우 긴 생각의 연쇄를 들어야 하곤 합니다. 연상의 연쇄들이 길면 길수록 또 돌려 말하면 돌려 말할수록, 저항이 더 거센 것이라고 말해도 무방할 것입니다.

우리는 꿈을 잊는 차원에서도 같은 영향이 작용함을 탐지할 수 있습니다. 환자가 아무리 애를 써도 자기가 꾼 어떤 꿈을 생각해내지 못하는 경우가 종종 있습니다. 하지만 우리가 분석 과정 중에, 환자가 분석과 맺고 있는 관계를 방해해온 어떤 어려움을 제거하는 데 성공한 경우, 잊혔던 꿈이 갑자기 모습을 드러내곤 합니다. 다른 두 가지 관찰도 여기서 말함이 적절할 것입니다. 처음에 빠뜨렸던 꿈의 부분들을 나중에 추가로 덧붙이는 경우는 매우 흔합니다. 이것은 그 부분을 잊으려는 시도였다고 간주해야 합니다. 경험에 의하면 가장 중요한 것은 바로 그런 부분이었습니다. 꿈의 다른 부분들에 비해 그 부분을 말하는 데에 훨씬 큰 저항이 가로놓여 있었다고 추측할 수 있습니다.[7] 또한 자기가 꿈꾼 내용을 잊지 않기 위해 잠자리에서 일어나자마자 꿈을 확실히 적어놓는 경우도 종종 있습니다. 그런데 이런 건 소용없는 일입니다. 왜냐하면 저항을 무릅쓰고 억지로 꿈 텍스트를 보존할 수 있었다고 하더라도, 그 저항은 이번에는 연상 과정으로 옮겨져서 외현적 꿈이 해석되지 못하도록 방해할 것이기 때문입니다.[8] 이런 사실들을 고찰할 때, 저항이 심한 경우엔 연상 과정 자체가 아예 이루어질 수 없고 따라서 꿈의 해석이 헛수고로 돌아가는 경우도 있음은 놀랍지 않은 일입니다.

이런 모든 사실로부터 우리는 꿈을 해석하는 중에 마주치는 저항이 꿈의 형성 과정에서부터 개입했다는 것을 추론할 수 있습니다. 우리는 실제로 약한 저항 하에 상기된 꿈과 강한 저항 하에 상기된 꿈을 구별할 수 있습니다.[9] 하지만 저항은 동일한 꿈 안에서도 부분별로 달라집니다. 이런 저항 때문에 가장 훌륭한 꿈에서조차 매끄러운 연결을 방해하는 단절, 모호함, 혼란스러움이 생기는 것입니다.

하지만 저항을 일으키는 것은 무엇이며 무엇을 막기 위함일까요? 저항은 갈등이 있다는 것을 말해주는 확실한 징표입니다. 즉,

---

7 《꿈의 해석》(1900a) 7장을 참조할 것.
8 〈정신분석에서 꿈의 해석을 다루는 법〉(1911e)을 참조할 것.
9 〈꿈 해석의 이론과 기법에 대한 소견들〉(1923c) 2절을 참조할 것.

여기에는 어떤 것을 표현하려는 힘과 그것의 표현을 막으려는 두 가지 힘이 존재합니다. 결국 외현적 꿈의 형태로 표현되는 것은 이 두 가지 경향 사이의 투쟁의 결과가 융합된 소산이라고 할 수 있습니다. 어떤 지점에서는 이런 힘들 중 하나가 우세하여 말하고자 했던 바를 표현하는 데 성공할 것이고, 다른 지점에서는 반대되는 힘이 우세하여 말하고자 하던 것을 지워 없애거나 그 흔적을 담고 있지 않은 다른 것으로 대체할 것입니다. 꿈 형성에서 가장 흔하고 특징적인 경우는 이런 갈등이 타협으로 귀결하는 것이며, 결국 말하고자 하는 바를 말할 수는 있지만 원치 않는 방식으로 표현하게 됩니다. 즉, 약화되고 왜곡되고 인식이 어려운 형태로만 표현됩니다. 꿈이 꿈-사고에 대한 신뢰할 만한 이미지를 제공하지 않는다면, 이런 격차를 메우기 위해 해석 작업이 요구된다면, 이것은 반항하고, 금지하고, 제한하는 심리적 힘이 작용한 결과입니다. 우리는 꿈을 해석하는 과정에서 저항에 맞부딪친 후 이것의 존재를 추론할 수 있었습니다. 우리가 꿈을 다른 유사한 심리적 구조들로부터 분리시켜 독자적인 현상으로 탐구해온 한에서, 우리는 이 심급을 '꿈의 검열관(censor of dreams)'[10]이라고 이름 붙였습니다.

여러분은 이런 검열이 꿈에만 독특한 기제가 아니라는 것을 익히 알고 있을 것입니다. 우리가 부정확하게나마 '억압된 무의식'과 '의식'이라고 정의했던 두 가지 심리적 심급 사이의 갈등이 우

---

[10] 이것은 프로이트가 비인격적인 '검열(Zensur)'이 아니라 인격적 형태의 '검열관(Zensor)'이라는 명칭을 사용한 드문 경우 중 하나이다.

리 심리 생활의 전반을 지배한다는 것, 꿈의 해석을 방해하며 꿈의 검열의 징표이기도 한 저항은 이 두 심급을 따로 떼어놓으려는 억압적 저항이라는 것을 여러분은 이미 알고 있습니다. 또한 이 두 심급 사이의 갈등이 어떤 특수한 조건 하에서는 다른 심리적 구조를 산출한다는 것, 그리고 이 산출물은 꿈과 마찬가지로 타협의 결과라는 것을 알고 있을 것입니다. 따라서 여러분은 내가 여기서 그런 타협 형성의 결정인자들에 대해 우리가 알고 있는 것들을 설명하기 위해 신경증 이론의 입문에 포함된 모든 내용을 반복하기를 기대하지는 않을 것입니다. 여러분은 꿈이 병적인 산물이라는 것을 깨달았을 것입니다. 꿈은 히스테리성 증상, 강박, 망상[11]을 포함하는 일련의 범주의 첫 번째 멤버이지만, 매우 일시적 현상이며 정상적 삶의 일부로 일어난다는 점에서 다른 것들과 구별됩니다. 아리스토텔레스가 이미 지적했듯이, 꿈이란 수면 상태에서 우리 마음이 활동하는 방식이라는 것을 항상 확실히 명심해야 합니다.[12] 수면 상태는 외부의 현실 세계로부터 멀어지는 것과 관련하며, 이것은 정신병 발생의 필요조건입니다. 심한 정신병들을 아무리 주의 깊게 연구한 사람이라도 이런 병적인 조건들의 전형적인 성격 외에 더한 것을 하나도 밝혀내지 못할 것입니다. 그러나 정신병에서는 현실로부터 멀어지는 과정이 두 가지 방식으로 일어납니다. 억압된 무의식이 극도로 강력해져서 현실과 통하는

---

11 이 부분은 《꿈의 해석》(1900a) 초판, 프로이트 서문의 두 번째 문장에 거의 글자 그대로 반복된다.

12 《꿈의 해석》 1장.

심급인 의식을 압도하거나[13] 현실이 참을 수 없을 만한 고통으로 다가오자 위협 받은 자아가 필사적인 반항 속에서 스스로를 무의식적인 본능적 힘의 손아귀로 던져 넣는 경우입니다. 무해한 꿈-정신병은 외적 현실로부터의 후퇴의 결과이며, 의식적으로 의도된 것이고 일시적으로만 일어납니다. 그리고 외적 세계와의 관계가 재개되면 곧 사라집니다. 잠에 빠진 고립 상태에서만, 심리적 에너지 분배 면에서 변화가 다시 일어납니다. 무의식을 아래로 누르고 있던 일정량의 에너지가 줄어들 수 있는데, 왜냐하면 무의식이 자신의 상대적 자유를 활동적 목적을 위해 사용한다면, 운동성으로의 길은 막혀 있고 오직 환각적 자기만족으로의 무해한 길만 열려 있는 것을 발견하기 때문입니다. 이렇게 하여 꿈이 형성될 수 있습니다. 하지만 꿈의 검열이 존재하는 것은 수면 상태에서조차 억압에서 기인한 충분한 저항이 유지됨을 보여줍니다.

이렇게 하여 꿈이 어떤 기능을 담당하는가, 어떤 유용한 목적에 기여할 수 있는가라는 질문에 대답할 수 있는 길이 열립니다. 수면 상태는 자극으로부터 벗어난 휴식 상태를 유지하고자 하지만, 세 가지 방향에서 위협을 받습니다. 즉, 상대적으로 우발적으로 발생하는 수면 중의 외적 자극과, 완전히 사라지지 않은 전날의 관심사들, 그리고 스스로를 표현할 기회를 노리고 있는 억압된 본능적 충동들에서 기인한 불가피한 종류의 위협입니다. 밤에는 억압이 약화되기 때문에, 외부 및 내부로부터의 자극이 무의식적

---

[13] 이 개념은 프로이트의 초기 정신분석학 논문에도 이미 나타나고 있다. 〈방어의 신경정신학〉(1894a)에 처음으로 나타난다.

인 본능적 원천과 접촉하는 데 성공할 때마다, 수면에 의해 제공되는 휴식은 방해를 받는 위험에 처합니다. 꿈의 과정은 이런 종류의 복합적 산물이 무해한 환각적 경험을 통해 배출구를 찾도록 함으로써 잠의 지속을 가능케 합니다. 가끔씩 꿈으로 인한 강한 불안감 속에 잠이 깨는 경우도 있지만, 그것도 이런 기능에 모순되지 않습니다. 이런 경우에 파수꾼은 상황이 너무 위험하다고 판단했기 때문에 더 이상 통제할 필요를 못 느낍니다. 그리고 매우 자주, 아직 잠을 자고 있는 상태에서도 잠에서 깨는 것을 저지하는 듯한 다음과 같은 안도감이 우리에게 떠오르곤 합니다. '어쨌든 이건 모두 꿈일 뿐이야!'

신사숙녀 여러분, 이것이 제가 꿈의 해석과 관련하여 여러분께 말하고 싶었던 내용입니다. 즉, 꿈 해석의 과제는 외현적 꿈으로부터 출발해서 잠재적 꿈-사고에 이르는 것입니다. 이것이 달성되면, 실용적 분석의 측면에서 그 꿈에 대한 관심은 대부분 종결됩니다. 우리는 환자로부터 꿈의 형태로 제공받았던 어떤 정보를 환자의 나머지 정보들에 덧붙이며 분석을 계속 진행합니다. 하지만 우리는 꿈이라는 주제에 조금 더 오래 머물러야 할 필요를 느낍니다. 잠재적 꿈-사고가 어떻게 외현적 꿈으로 전환되는지 그 과정을 살펴보고 싶기 때문입니다. 이 전환 과정을 우리는 '꿈-작업'이라고 부릅니다. 여러분도 아시다시피 나는 이에 대해 예전 강의에서 자세히 말했으므로[14] 이 과제를 가장 간결한 형태로 요약할 것입니다.

---

14 《정신분석 강의》 11강.

꿈-작업의 과정은 지금까지 알려진 것과는 전혀 다른 완전히 새롭고 낯선 것입니다. 이것은 무의식 체계에서 일어나는 과정에 대한 최초의 어렴풋한 힌트를 주었고, 그것은 우리가 의식적 사고에 관해 알고 있는 것과는 전혀 다른 무엇이라는 것, 의식에는 불합리하고 부정확한 형태로 인식될 수밖에 없음을 보여주었습니다. 이런 발견은 신경증 증상의 형성 과정에서도 잠재적 꿈-사고를 외현적 꿈으로 전환시켰던 것과 같은 메커니즘(이것을 '사고 과정'이라고까지는 말할 수 없습니다)이 작용한다는 관찰로 인해 더욱 중요한 것이 되었습니다.

다음에 설명할 것에서 나는 도식적인 설명 방식을 피할 수 없을 것입니다. 어떤 특정한 외현적 꿈의 분석을 마친 후, 그로부터 감정이 많이 혹은 적게 포함된 여러 잠재적 사고들을 얻어낼 수 있었다고 합시다. 우리는 곧 이런 잠재적 사고들 사이의 한 가지 차이에 놀랄 것이며, 이 차이는 우리를 먼 곳으로 데려갈 것입니다. 이런 꿈-사고의 거의 대부분은 꿈꾼 사람에 의해 인식되거나 인정되기 마련입니다. 그는 지금 혹은 다른 시점에 그것을 생각해본 적이 있거나 생각했을 것이라고 인정합니다. 그러나 그가 받아들이기를 거부하는 단 한 가지 사고가 있습니다. 이것은 그에게 낯설며 어쩌면 혐오감을 주기까지 합니다. 그는 아마도 있는 힘을 다해 격렬하게 그것을 부인할 것입니다. 다른 사고들은 이제 의식의 일부라는 것이, 더 정확히 말하면 일련의 전의식적 사고라는 것이 명백해집니다. 이런 사고들은 깨어 있는 생활 속에서도 생각될 수 있고, 사실 아마도 전날에 형성된 것들일 가능성이 큽니다.

그러나 하나의 이 거부된 사고는, 혹은 정확히 말해서 하나의 이 충동은 어둠의 자식입니다. 이것은 그 사람의 무의식에 속하며 바로 그런 이유에서 거부되고 부인되는 것입니다. 이것이 어떤 식으로든 표현될 길을 찾으려면 밤이 되어 억압이 완화될 때까지 기다려야 합니다. 그리고 어떤 경우이든 이 표현은 약화되고 왜곡되고 위장된 모습으로만 나타납니다. 꿈을 해석하는 작업이 없었다면 우리는 그것을 발견하지 못했을 것입니다. 이 무의식적 충동은 거부되지 않은 다른 꿈-사고들과 연결된 것에 감사해야 합니다. 그 틈에 섞여서 눈에 띄지 않는 위장된 모습으로 검열의 관문을 무사히 통과할 수 있었기 때문입니다. 다른 한편으로 전의식적인 꿈-사고들 역시 수면 중에 정신활동을 유지시키는 힘에 대해 이 같은 연결에 감사해야 합니다. 이 무의식적 충동이 꿈의 진정한 창조자이며, 꿈의 형성에 필요한 심리적 에너지를 생성한다는 점에는 의심의 여지가 없기 때문입니다. 다른 여타의 본능적 충동과 마찬가지로, 이것 역시 스스로의 만족을 추구할 뿐입니다. 그리고 꿈을 해석해온 우리의 경험을 통해 역시 알 수 있듯이, 이것이 모든 꿈의 의미입니다. 모든 꿈에서는 하나의 본능적 소망이 실현된 것으로 표상되어야 합니다. 밤에는 정신활동이 현실로부터 단절되고 원시적인 메커니즘으로 퇴행하여, 희구하던 본능적 만족이 마치 현재 일어나고 있는 일처럼 환각적인 방식으로 경험되는 것을 가능하게 합니다. 이 퇴행의 결과로 관념들은 꿈속에서 시각적 이미지로 변환됩니다. 즉, 잠재적 꿈-사고는 극화되고 이미지화됩니다.

꿈-작업의 이 부분은 꿈의 가장 놀랍고 독특한 성격들에 대한 정보를 우리에게 알려줍니다. 나는 꿈 형성의 과정에 대해 반복해서 얘기하고자 합니다. 시작은 잠을 자고자 하는 소망과 외부 세계로부터의 의도적인 멀어짐입니다. 그리고 정신 구조에 대한 이것의 두 가지 결과는 다음과 같습니다. 첫째로, 더 오래되고 더 원시적인 활동 방식이 그 안에 나타날 가능성, 즉 퇴행이며, 둘째로, 무의식을 억누르고 있는 억압에서 기인했던 저항의 감소입니다. 이 마지막 요소로 인해 꿈이 형성될 가능성이 발생하며, 그것은 내적인 혹은 외적인 자극에 의해 촉발됩니다. 이런 방식으로 생성된 꿈은 이미 하나의 타협이라고 할 수 있습니다. 꿈의 기능은 이중적입니다. 한편으로는 자아동조적(ego-syntonic)[15] 기능으로, 수면을 방해하는 자극들을 없앰으로써 계속 잠을 자려는 소망에 봉사합니다. 다른 한편으로는 억압된 본능적 충동이 이런 환경에서 소망의 환각적 충족이라는 형태로만 얻을 수 있는 만족을 실현합니다. 그러나 수면 중의 자아에 의해 가능하게 된, 꿈을 형성하는 전체 과정은, 아직도 남아 있는 억압의 잔여에 의해 수행되는 검열에 종속됩니다. 나는 그 과정을 이보다 더 간략하게 제시할 수 없습니다. 더 이상 단순화할 수도 없습니다. 하지만 이제 꿈-작업의 설명으로 더 깊이 들어갈 수 있습니다.

다시 한번 잠재적 꿈-사고로 돌아가봅시다. 여기서 가장 강력한 요소는 우연한 자극이라는 기반 하에, 그리고 낮 시간의 잔류물로의 전이를 통해 스스로 표현될 기회를 창출했던 억압된 본능

---

15 자아의 기준에 따름.

적 충동입니다. 비록 약화되고 위장된 모습으로 나타나지만 말입니다. 모든 본능적 충동들처럼, 이것 역시 행위를 통해 만족을 얻고자 합니다. 하지만 운동성으로의 길은 수면 상태에 내포된 심리적 제약에 의해 차단되므로, 이것은 이제 후퇴하여 감각의 방향으로 가도록, 그리고 환각적 충족으로만 만족하도록 강요됩니다. 잠재적 꿈-사고들은 이렇게 하여 감각적 이미지와 시각적 장면들의 집합체로 전환됩니다. 그것들이 이 과정을 거칠 때 이제 우리에게 매우 새롭고 낯설게 느껴지는 변화가 일어납니다. 우리가 사고의 미묘한 관계를 표현하기 위해 사용하는 모든 언어적 도구들(접속사, 전치사, 격변화와 동사변화들)이 탈락되는데, 그것들을 표상할 어떤 수단도 없기 때문입니다. 문법이 존재하지 않던 원시 언어에서 오직 사고의 원료만이 표현되고, 주상적인 표현들은 그것의 기반이 되는 구체적인 것으로 환원되듯이 말입니다. 이 과정을 거친 후 남게 되는 것들은 당연히 연결이 끊어진 부분들일 것입니다. 또한 의식적인 사고에는 낯선 수많은 상징들이 풍부하게 채용되는데, 어떤 대상들과 과정들이 표상되는 과정에는 정신 구조의 원시적 퇴행과 검열의 규제가 함께 작용하기 때문입니다.

그러나 꿈-사고의 요소들에는 이런 것 외에도 다른 변화가 일어납니다. 꿈-사고의 요소들 중 조금이라도 연관성이 있는 것들은 함께 응축되어 또 다른 결합체를 형성합니다. 사고가 영상으로 변환될 때, 마치 어떤 힘이 존재해서 재료들을 압축과 응집으로 내몰기라도 하는 것처럼, 이처럼 압축과 응집을 가능케 하는 것들, 그러한 것들이 확실히 선호됩니다. 응축의 결과로, 외현적 꿈에 나타나는 한 가지 요소는 잠재적 꿈-사고의 매우 많은 요소들에 대응될 수 있습니다. 또한 역으로, 꿈-사고의 한 가지 요소가 꿈에서 여러 이미지들로 표상될 수도 있습니다.

그러나 더욱 주목할 만한 다른 과정은 '전치(displacement)' 혹은 강조점의 이동이며, 이것은 의식적인 사고 과정에서는 오직 잘못된 추론이나 농담의 수단으로서만 발견됩니다. 꿈-사고의 다양한 개념들은 사실 모두 동등한 가치를 갖지는 않습니다. 각각에는 다양한 크기의 감정 할당량이 결부되고, 따라서 어느 정도의 중요성이 있고 어느 정도의 관심을 요하는지도 각각 다르게 판단되어야 합니다. 그러나 꿈-사고에서 이런 개념들은 그와 결부된 감정들로부터 분리됩니다. 감정들은 독립적으로 처리됩니다. 즉, 다른 어떤 것에 옮겨가기도 하고, 계속 보존될 수도 있으며, 변화를 거치거나, 꿈속에 전혀 나타나지 않을 수도 있습니다. 대신에 감정이 이탈된 개념의 중요성은 꿈속에서 꿈 이미지의 감각적 강렬함이라는 형태로 되돌아옵니다. 그러나 이것은 강조점이 중요한 요소에서 대수롭지 않은 요소로 이동했다는 것을 뜻합니다. 이렇게 해서 꿈-사고에서 그리 중요치 않은 부분을 담당하고 있던 부분이 꿈의 전면에 중요한 것으로 대두되고, 반면에 꿈-사고의 핵심이었던 부분은 뚜렷하지 않은 표상으로 일시적으로 지나갑니다. 꿈이 꿈꾼 사람에게 낯설고 이해할 수 없는 것으로 형성되는 데에는, 다른 어떤 과정보다도 이 과정의 영향이 크게 작용합니다. 전치는 꿈의 왜곡에 사용되는 주요한 수단이며, 꿈-사고는 검열의 영향 하에서 반드시 이 과정을 거치게 됩니다.

이런 힘들이 꿈-사고를 압박하여 영향을 미치고 나면, 꿈은 거의 완성됩니다. 꿈이 의식의 전면에 인지의 대상으로 표상된 후, 이에 더하여 다소 가변적인 요소인 '2차적 가공(secondary revision)'을 거치게 됩니다. 이 지점에서 우리는 보통 지각의 내용물들을 다루는 데 익숙한 방식으로 그것을 처리합니다. 즉, 그 사이의 간극을 메우며 서로를 연결시키는데, 이 과정에서 종종 엄청난 오해가 발생하기도 합니다. 그러나 합리화 과정이라고 지칭될 수 있고, 꿈에 원래의 내용물과 맞지 않는 자연스러운 외양을 입히는 이 활동은, 때로는 생략되거나 매우 온건한 정도로만 수행될 수도 있습니다. 이런 경우 그 꿈은 모든 모순점과 불연속 부분을 그대로 드러내게 될 것입니다.

하지만 꿈-작업이 항상 일정한 에너지와 함께 수행되지 않는다는 점을 잊지 말아야 합니다. 이 때문에 꿈-사고의 오직 특정한 부분들만 제한되고, 다른 부분들은 꿈속에 변경되지 않은 모습으로 나타나기도 합니다. 이런 경우들은 꿈이 아주 미묘하고 복잡한 지적 작업을 수행한다는 것, 그것의 추측과 사고, 농담을 만들고 결론에 이르며 문제를 해결함에 대해 어떤 인상을 줄 수 있지만, 사실 이 모든 것은 우리의 정상적 정신활동의 산물이며, 깊은 밤뿐만 아니라 낮 시간에도 잘 이루어지는 활동이고, 꿈-작업과 아무 관계도 없으며, 꿈에 특유한 아무것도 알려주지 않습니다. 그러므로 꿈-사고 내부의 무의식적인 본능적 충동과 낮 시간의 잔류물 사이의 차이를 다시 한번 주장하는 것도 과잉 설명은 아닙니다. 후자는 우리 정신활동의 모든 다양성을 드러내는 데 반해, 전자는 꿈 형성에 필요한 고유한 원동력이며 항상 소원의 성취 속에서 그 배출구를 찾습니다.

　나는 이 모든 것을 15년 전에 말했어야 했고, 사실 그때도 같은 내용을 말했습니다. 이제 그간의 세월 동안 이루어진 변경 사항들과 새로운 발견들을 모아서 정리해보겠습니다. 나는 이것이 아주 조금밖에 안 되는 것을 여러분이 발견하고, 내가 같은 것을 두 번 듣게 만드는 이유를, 다시 반복해서 말하는 이유를 여러분이 이해하지 못할까 걱정하고 있다고 이미 말했습니다. 하지만 그 사이에 15년이 지났으므로, 나는 이것이 여러분과의 접촉을 재확립하는 가장 쉬운 방법이길 희망합니다. 더욱이 이것들은 매우 근본적인 내용이고, 정신분석학을 이해하는 데 매우 결정적 중요성을 갖는 것들이기 때문에, 다시 한번 듣는다는 것도 즐거운 일일 테고, 15년이 지나도록 그 내용이 변치 않고 남아 있다는 것을 아는 것도 가치 있는 일입니다.

　이 기간 동안의 저술들에서, 내가 여러분께 실험적으로만 보여드렸던 수많은 증거들과 세부사항들을 발견할 수 있을 것입니다. 말이 난 김에, 나는 또한 훨씬 이전부터 알려져 있던 몇 가지 것들을 얘기할 수 있습니다. 문제가 되는 것은 주로 꿈의 상징적 표현과 꿈속에서의 또 다른 표상 방식들입니다. 제 말을 들어보십시오. 아주 최근에 아메리칸대학의 의과대학 교수들은 정신분석학에 과학의 위상을 부여하기를 거부했습니다. 정신분석학이 실험적 증거를 채택하지 않는다는 점이 그 이유였습니다. 그러나 그들은 똑같은 반론을 천문학에도 제기했어야 합니다. 사실 천체들을 실험하는 것은 특히 까다롭습니다. 우리는 많은 부분을 관찰에 의존할 수밖에 없습니다. 그럼에도, 빈의 몇몇 연구자들은 실제로 꿈의 상징적 표현들을 실험적으로 확증하려는 시도를 했습니다. 매우 오래 전인 1912년에 벌써, 슈뢰터 박사는 깊은 최면 상태의 피험자에게 성적인 내용의 꿈을 꾸도록 지시하면, 이런 식으로 유발된 꿈속의 성적 내용들은 우리에게 매우 친숙한 상징들의 형태로 나타난다는 점을 발견했습니다. 예를 들어, 한 여성은 자신의 여자 친구와 성교하는 꿈을 꾸도록 지시를 받았습니다. 그녀의 꿈속에서 친구는 '여성 전용'이라는 딱지가 붙은 여행 가방을 들고 나타났습니다. 1924년에 더욱 인상적인 실험들이 베틀하임과 하트만에 의해 수행되었습니다. 코르사코프 착란성 정신병이라고 알려진 병을 앓고 있는 환자들을 대상으로 한 것이었습니다. 그들은 이 환자들에게 성적인 내용의 지저분한 이야기를 들려준 후, 그것을 그대로 다시 말해보라고 하며 내용상 발견되는 왜곡된 부분들을 관찰했습니다. 여기서도 다시 성기와 성교에 관해 우리에게 친숙한 상징들이 나타났습니다. 저자들이 정당하게 언급하고 있듯이, 그것들 중 계단의 상징은 의식적으로 왜곡하려는 소망에 의해서는 결코 달성될 수 없었을 것입니다.[16]

허버트 질베러는 〔1909년과 1912년에〕 매우 흥미로운 일련의 실험들을 통해, 꿈-작업을 현장에서 포착할 수 있다는 것을, 즉 추상적인 사고가 시각적 표상으로 변환되는 과정을 포착할 수 있

---

16 이런 실험들에 대한 자세한 내용은 《꿈의 해석》(1900a) 6장을 참고할 것.

음을 보여주었습니다. 그가 피곤하고 나른한 상태에 있을 때 지적인 사고를 하려고 애쓰다 보면, 종종 생각은 사라지고 그것의 대체물임이 분명한 영상으로 대체되곤 했습니다.

이에 대한 간단한 예가 있습니다. 질베러는 '나는 논문을 쓰다가 고르지 못한 문장을 교정하는 것을 생각하고 있었다'고 말합니다. 그가 떠올린 영상은 이렇습니다 ― '나는 내가 어떤 나뭇조각을 대패질하고 있는 것을 보았다.' 이런 실험 중에 나타나는 영상들은 종종 머릿속에 진행되는 사고의 내용이 아니라 그런 노력을 하고 있는 중의 주관적 상태를 반영하는 경우가 많았습니다. 즉, 사고의 대상이 아니라 상태를 반영한 것입니다. 질베르는 이것을 '기능적 현상(functional phenomenon)'이라 칭했습니다. 예를 하나 들어보면 이 말뜻을 알게 될 것입니다. 저자는 어떤 문제에 대한 두 철학자의 의견을 비교하려 애쓰고 있었습니다. 그러나 반쯤 조는 상태가 되자, 이 의견들 중 하나는 계속해서 그에게서 도망쳐갔고, 그는 결국 책상 위로 몸을 구부린 채 무시하는 듯 불쾌하고 불순종적인 시선으로 쳐다보고 있는 비서에게 자기가 자문을 구하고 있는 영상을 떠올렸습니다. 이런 실험이 행해지는 상황은, 왜 유발되는 영상이 자기 관찰의 형태가 많은지를 아마도 스스로 설명할 것입니다.[17]

상징에 대한 설명이 모두 끝난 것은 아닙니다. 우리가 알아냈다고 생각하는 상징들이 있지만 뭔가 미심쩍은 부분은 남는데, 이

---

17 프로이트는 1914년에 《꿈의 해석》 6장에 첨부한 내용들 속에서, 질베러의 이런 실험에 관한 내용을 풍부한 인용과 함께 더 자세히 언급하고 있다.

특정한 상징이 어떻게 그 특정한 의미를 갖게 되는지 설명할 수 없기 때문입니다. 이런 경우들에는 여타 분야(문헌학, 민속학, 신화 및 전통 의례)의 증거 제공이 특히 도움이 됩니다. 이런 종류의 한 가지 예는 코트 및 망토[독일어로 Mantel]의 상징입니다. 우리는 여성의 꿈속에서 이것이 남자를 상징함을 알고 있습니다.[18] 나는 여러분이 테오도어 라이크(1920)가 제공하는 아래의 정보를 통해 인상을 얻기를 희망합니다. "베두인 족의 아주 오래된 혼례 의식 중에, 신랑은 신부를 '아바'라는 특별한 망토로 감싸고 이렇게 말한다—앞으로는 오직 나만이 당신을 감쌀 수 있다!"(로버트 아이슬러로부터 인용[1910, 2, 599 f.]) 이 외에도 몇 가지 새로운 상징들이 발견되었는데, 적어도 두 가지를 여러분께 말씀드리고자 합니다. 아브라함(1922)에 따르면 꿈속에서 거미는 어머니의 상징이지만, 두려움을 야기하는 남근적(phallic) 어머니의 상징입니다. 따라서 거미에 대한 두려움은 어머니와의 근친상간에 대한 두려움과 여성 성기에 대한 공포를 표현합니다. 여러분도 짐작하다시피, 신화적 창조물인 메두사의 머리도 아마 거세의 두려움에 대한 똑같은 모티프로 거슬러 올라갈 수 있을 것입니다.[19] 말씀드리고 싶은 또 다른 상징은 페렌치(1921년과 1922년)가 설명한 '다리(bridge)'에 관한 상징입니다. 우선 이것은 부모님 두 분을 성교

---

18 이 상징은 《정신분석 강의》 10강에서 언급되지만, 이것이 여성의 꿈에 적용된다는 사실은, 그 이전에 출간된 《관찰과 사례들》(프로이트, 1913h)에서만 언급된다.

19 프로이트의 사후에 출간된 이 주제에 관한 프로이트의 원고를 참고할 것 (1940c)[1922].

속에서 결합시키는 남성의 성기를 상징합니다. 그러나 이것은 추후에 첫 번째 상징에서 벗어나 더욱 진전된 의미를 포함하게 되었습니다. 우리가 양수에서 나와 세상에 태어날 수 있었던 것은 궁극적으로 남성 성기 덕분이므로, 다리는 다른 세계(태어나지 않은 상태, 자궁)로부터 이 세계(삶)로 오는 통로가 됩니다. 그리고 인간은 죽음을 자궁으로의(물로의) 회귀로 표상하기 때문에, '다리'는 또한 죽음에 이르게 하는 어떤 것을 의미하며, 결국 원래의 의미에서 훨씬 벗어나 상태 일반의 변천 및 변화를 나타내게 되었습니다. 따라서 남자가 되고 싶다는 소망을 극복하지 못한 여성이 건너편 기슭에 닿기엔 너무 짧은 다리가 나오는 꿈을 꾸곤 한다면 이 같은 상징에 잘 부합합니다.

꿈의 외현적 내용에는 동화나 전설, 신화 속에 나오는 익숙한 주제를 상기시키는 장면이나 상황이 매우 자주 등장합니다. 따라서 그런 꿈들을 해석하다보면 그런 주제를 창조시켰을 근원적 관심사에 주목하게 됩니다. 그러나 이런 소재가 오랜 세월을 거치며 의미상의 변화를 겪었다는 측면도 잊지 말아야 합니다. 우리의 해석 작업은 말하자면 최초의 원료를 밝히는 것인데, 이것은 가장 넓은 의미에서 주로 성적인 것으로 설명되어야 하지만, 추후의 저용에서 아주 다양한 형태를 띠고 나타나게 되었습니다. 정신분석적으로 훈련되지 않은 많은 분야의 사람들은 이런 파생 양태에 대한 우리의 설명에 분노하기 쉬운데, 그들이 보기엔 우리가 마치 그 본래적 기반 위에 추후에 세워진 모든 것을 부정하거나 폄하하는 것처럼 보이기 때문입니다. 그럼에도 그런 발견들은 매우 교훈적이고 흥미롭습니다. 조형미술에서 특정한 주제의 기원을 거슬러가는 측면에서도 같은 것이 적용됩니다. 예를 들어 M. J. 아이슬러(1919)는 자기 환자들의 꿈에 나타나는 징후들을 뒤쫓은 후, '프락시텔레스의 헤르메스(기원전 4세기경 활동했던 조각가 프락시텔레스가 만든 헤르메스 조각상—옮긴이)'에 표현된, 어린 남자아이를 어르는 젊은이의 형상에 대한 분석적 해석을 했습니다. 그리고 마지막으로 나는, 신화적 주제들이 얼마나 자주 꿈 해석을 통해서 그에 대한 설명을 얻게 되는지 언급하지 않을 수 없습니다. 예를 들어 미궁 설화는 항문 탄생의 상징으로 볼 수 있습니다. 꼬불꼬불한 미로는 창자이며 아리아드네의 실타래는 탯줄에 해당합니다.

꿈-작업이 이용하는 표상 방법들은 더 면밀한 연구들을 통해 더욱더 우리에게 친숙해져 왔습니다(이것은 매우 흥미로운 주제이며 연구 가능성이 무궁무진합니다). 이에 관한 몇 가지 예를 말씀드리겠습니다. 예를 들어, 꿈에서는 비슷한 것들 다수가 빈번한 관계를 표상합니다. 한 어린 소녀의 주목할 만한 꿈을 예로 들어 봅시다. 소녀는 매우 커다란 홀에 들어와서 누군가 의자에 앉아 있는 것을 보았습니다. 같은 장면이 여섯 번 혹은 여덟 번 이상 반복되었지만, 매번 그 사람은 소녀의 아버지였습니다. 해석의 부수적 내용들로 미루어 그 방이 자궁을 의미한다는 사실을 인식할 때, 이 꿈은 더 쉽게 이해됩니다. 이 꿈은 이런 식으로 소녀들에게서 자주 발견되는 환상과 동급이 되는데, 소녀가 아직 자궁에 있을 때, 그러니까 엄마가 임신 중일 때 아버지가 자주 방문하여 그

때부터 벌써 소녀는 아버지와 만나고 있었다는 겁니다. 꿈속에서는 때때로 상황이 역전된다는 사실에 현혹되어선 안 됩니다—아버지의 '들어옴'은 그녀 자신의 입장으로 대체되었으며, 이것은 자체적인 특별한 의미를 갖습니다. 아버지 모습이 자주 나타난 것은 문제의 사건이 반복해서 일어났다는 것을 표현할 뿐입니다. 결국, 꿈은 다수를 통해 빈번함을[20] 표현하는 면에서 스스로에게 과중한 짐을 지우지 않는다는 것이 인정되어야 합니다. 이 단어의 본래적 의미를 되새기는 것이 필요합니다. 오늘날 그것은 시간적인 반복을 의미하지만, 원래는 공간에서의 집적에 유래한 것입니다. 사실 일반적으로, 꿈-작업은 가능하다면 시간적 관계를 공간적인 것으로 바꾸며 그런 식으로 표상합니다. 예를 들어, 사람들이 모여 있는 장면을 꿈꾼다고 할 때, 마치 오페라 안경을 거꾸로 들고 바라보는 것처럼 그들이 매우 작고 멀리 떨어져 있는 듯이 보이게 됩니다. 여기서 공간적으로 작음, 멀리 떨어져 있음은 모두 같은 것을 의미합니다. 즉, 정말로 의미된 것은 시간에서의 멀리 떨어짐이며, 우리는 그 장면이 아주 먼 과거의 것임을 이해하게 됩니다.

다시 되돌아가, 여러분은 내가 예전 강의에서 꿈의 해석을 위해 외현적 꿈의 순전히 형식적인 특징들을 이용할 수 있다고 말하고, 예를 들며 설명했던 것을 기억할 것입니다. 즉, 그것들을 잠재

---

20 독일어로 Häufigkeit(빈번함) 및 Häufung(다수). 두 단어 모두 Haufen(heap ; 무더기)에서 파생된 것임.
21 《정신분석 강의》 11강을 참조할 것.

적 꿈-사고[21]의 내용을 밝히는 데 사용할 수 있습니다. 여러분도 이미 알다시피, 하룻밤 동안 꾼 모든 꿈들은 단일한 맥락에 속합니다. 그러나 그런 꿈들이 그 사람에게 하나의 연속으로 나타나느냐, 혹은 여러 개의 부분들로 나누어지느냐, 몇 부분으로 나뉘느냐는 전혀 상관없는 문제는 아닙니다. 그런 부분들의 개수는 잠재적 꿈-사고의 구조적 형태에서 독립적인 초점들의 개수와 일치하는 경우가 많으며, 혹은 꿈꾼 사람의 정신생활에서 갈등하는 경향들의 개수에 대응하곤 합니다. 그리고 그것들 각각은 꿈의 한 특정한 부분에서 주된 주제(독점적인 주제는 아닐지라도)로 표현됩니다. 짧은 서론적 꿈과 그에 뒤따르는 더 긴 본론적 꿈은 조건절과 귀결절의 관계를 이루는 경우가 많으며, 이에 대한 명료한 예들을 나는 예전 강의에서 제시했습니다.[22] 꿈꾼 사람에 의해 '삽입된 형태'로 묘사되는 꿈은 실제로 꿈-사고에서 종속절에 대응될 것입니다. 프란츠 알렉산더(1925)는 여러 쌍의 꿈들에 대한 한 논문에서, 하룻밤에 꾼 두 개의 꿈들을 합쳐서 생각할 경우, 두 단계에 걸쳐 소망을 실현함으로써 꿈의 과업을 분할해 완수하는 경우가 적지 않다는 것을 보여주었습니다. 각각의 꿈을 따로 떼어서는 그 같은 결과를 달성할 수 없지만 말입니다. 예를 들어, 꿈-소망의 내용이 어떤 특정한 사람에게 불의한 행동을 하고 싶은 것이라고 해봅시다. 이 경우 첫 번째 꿈에서, 그 사람은 본인 그대로 나타나지만 하고 싶은 행동은 오직 미약하게만 암시될 것입니다. 그러나 두 번째 꿈에서는 상황이 달라집니다. 하고 싶은 행동은 숨

---

22 《정신분석 강의》 12강을 참조할 것.

김없이 드러나지만, 그 사람은 누군지 알 수 없는 모습으로 나타나거나 혹은 무관한 사람으로 대체되어 나타납니다. 이것은 여러분이 보기에도 확실히 교묘한 잔꾀라고 생각할 것입니다. 한 쌍의 꿈 사이에 나타나는 유사한 또 다른 관계도 있습니다. 한 가지 꿈에는 처벌이 표상되고, 다른 꿈에는 죄스러운 소망의 실현이 표상됩니다. 이것은 '만일 그에 대한 처벌을 감수할 수 있다면, 금지된 것을 스스로에게 허용할 수 있다'는 의미입니다.

나는 여러분을 이런 사소한 발견들 및 분석 작업에서 꿈-해석의 이용에 관한 논의들에 더 이상 잡아둘 수 없습니다. 여러분은 꿈의 성격이나 의미에 관해 우리의 근본적인 관점에 어떤 변화가 이루어졌는지 듣고 싶어 조바심하고 있을 것입니다. 나는 이미 여러분께 정확히 이 지점에 관해선 말씀드릴 게 별로 없다고 경고한 바 있습니다. 전체 이론에서 가장 논란이 많이 되는 지점은 확실히, 모든 꿈은 소망의 실현이라는 주장이었습니다. 문외한들에 의해 필연적으로 그리고 반복해서 제기되는 반대는 불안몽을 꾸는 경우도 많다는 것이었는데, 이것은 내 예전 강의[23]에서 완벽하게 다루었다고 생각합니다. 소망하는 꿈, 불안몽, 처벌몽으로 나뉘어짐에도 우리의 이론은 손상되지 않고 그대로 보존되었습니다.

처벌몽도 역시 소망을 실현하는 꿈입니다. 단, 본능적 충동과 관련된 소망이 아니라 마음속에서 비판, 검열, 처벌하는 심급의 소망을 실현하는 것입니다. 순전히 벌을 주는 내용의 꿈일지라도,

---

23 《정신분석 강의》 14강을 참조할 것.

우리는 간단한 정신적 추론으로 그 처벌몽을 야기시킨 소망하는 꿈을 복구할 수 있으며, 이런 소망의 거절 때문에 처벌몽이 외현적 꿈으로 대체된 것입니다. 신사숙녀 여러분, 여러분도 아시다시피 꿈 연구는 첫째로 신경증의 이해에 큰 기여를 했으므로, 신경증에 대한 우리의 지식이 추후에 꿈에 대한 견해에 영향을 미칠 수 있다는 것을 여러분도 당연하게 생각할 것입니다. 앞으로 말씀드리겠지만[24] 우리는 마음속에 비판적이고 금지하는 특별한 심급이 존재한다는 것을 전제해야 했으며, 우리는 이것을 '초자아(super-ego)'라고 이름 붙였습니다. 꿈의 검열도 역시 이 심급의 작용이라는 것을 알게 되었으므로, 우리는 꿈의 형성에서 초자아가 담당하는 역할을 더 자세하게 주목하지 않을 수 없었습니다.

꿈의 소망성취 이론에 대해서는 오직 두 가지 심각한 문제들이 제기되었습니다. 그에 대한 논의는 우리를 먼 곳으로 이끌며, 사실 아직까지 완전히 만족할 만한 결론에 이르지 못한 상태입니다.

이런 곤란들 중 첫 번째 것은 쇼크를 경험한 사람들, 즉 심각한 심리적 외상(전쟁 중에 매우 자주 발생하며 외상적 히스테리의 기반을 제공하는 그런 종류의 것)을 입은 사람들이 꿈속에서 주기적으로 그 외상적 상황으로 되돌아가곤 한다는 사실에서 제기됩니다. 꿈의 기능에 관한 우리의 가설에 따르면 이런 것은 일어나선 안 됩니다. 극도로 충격적인 외상적 경험으로 이렇게 되돌아감으로써 어떤 갈망하는 충동이 충족될 수 있단 말입니까? 매우 짐작하기 어렵습니다.

---

24 뒤에 이어지는 31강을 참조할 것.

이런 사실들 중 두 번째 것은 우리가 분석 과정에서 거의 매일 만나는 것입니다. 그리고 이것은 다른 것처럼 그렇게 중요한 반론을 내포하지는 않습니다. 여러분도 알다시피, 정신분석학의 과제들 중 하나는 우리의 아주 어린 시절을 가리고 있는 기억상실의 베일을 들어 올리고 그 안에 담긴 초기 아동 성생활의 면면들을 의식적 기억으로 가져오는 것입니다. 아동의 이런 최초의 성적 경험들은 불안, 금지, 좌절, 처벌이라는 고통스러운 감정들과 결합되어 있습니다. 우리는 그것들이 억압되었다는 것을 이해할 수 있습니다. 하지만 그렇다 할지라도 그 기억들이 어떻게 꿈-생활에 자유로이 접근할 수 있고, 어떻게 많은 꿈-환상들의 패턴을 제공하며, 어떻게 꿈들이 어린 시절의 이런 장면들의 재생과 그에 관한 암시들로 채워지는지 이해할 수 없습니다. 그 경험들의 불쾌한 성격과 꿈-작업의 소망충족이라는 목적이 결코 양립할 수 없는 것처럼 보인다는 점을 인정해야 합니다. 하지만 이 경우에 우리는 곤란을 확대하는 것일 수 있습니다. 결국 이런 유아 시절의 경험들은 충족되지 못한 본능적 소망에 대한 쉽게 소멸될 수 없는 갈구를 남기기 때문에, 그들의 일생 전체를 통해 꿈을 형성할 에너지를 제공하는 것이며, 우리는 그 강력한 분출 속에서 불쾌한 사건의 요소들이 다른 것들과 함께 표면으로 떠오르도록 강제된다는 가능성을 확실히 추정할 수 있습니다. 그리고 한편 이 요소들이 재생되는 방식 및 형태를 보면, 왜곡을 수단으로 하여 불쾌를 부정하려는, 그리고 좌절의 경험을 충족으로 전환시키려는 꿈-작업의 노력이 확실히 드러납니다.

외상성 신경증에서는 상황이 달라집니다. 이런 사례들에서 꿈은 주기적으로 불안을 생성하며 끝을 맺습니다. 우리는 이 경우에 꿈의 기능이 실패했다고 인정하기를 두려워해서는 안 될 것 같습니다. 나는 예외가 규칙을 확인해준다는 속담에 의지하고 싶지도 않습니다. 이 격언은 미심쩍은 지혜입니다. 그러나 확실히 예외가 규칙을 전복하지는 않습니다. 만일 탐구를 위한 목적으로 꿈 같은 하나의 특정한 심리적 기능을 전체로서의 심리적 기제에서 분리시킨다면, 우리는 그에 독특한 법칙을 발견할 수 있을 것입니다. 하지만 이것을 다시 일반적 맥락으로 편입시킬 때, 우리는 이런 발견들이 다른 힘과의 충돌에 의해 모호해지거나 훼손될 수 있다는 점을 염두에 두어야 합니다. 우리는 꿈이 소망의 실현이라고 말합니다. 여러분이 이 후자의 반론들을 참작하길 원한다 해도, 그럼에도 꿈은 소망을 실현하려는 '시도'라고 말할 수 있습니다. 심리적 역동 관계를 올바로 이해할 수 있는 사람이라면 누구든, 여러분이 뭔가 다른 것을 말했다고 추정하지는 않을 것입니다. 꿈은 상황에 따라 자신의 목적을 오직 불완전하게만 성취할 수 있으며, 혹은 그 의도를 완전히 포기해야 할 때도 있습니다. 외상에 대한 무의식적인 고착은 이런 장벽들 중 가장 우선적으로 꿈의 기능에 걸림돌로 작용하는 듯합니다. 밤에는 억압이 완화되어 외상적 고착이 위쪽으로 압력을 가하는 것이 가능하기 때문에 잠자는 이가 꿈을 꾸게 되는데, 외상적 사건의 기억-흔적들을 소망의 성취로 변환시키려는 꿈-작업의 기능에 실패가 발생합니다. 이런 상황 때문에 잠을 잘 수 없는 상태가 발생하며, 그 사람은 꿈 기능의 실패에 대한 두려움 때문에 잠 자기를 포기합니다. 이런 외상성 신경증의 경우는 극단적인 사례입니다. 하지만 우리는 어린 시절의 경험들 역시 외상적인 성격을 갖는다는 점을 인정해야 하며, 다른 조건 하에서도 더 경미하기는 하지만 꿈의 기능에 장애가 발생한다는 사실에 대해 그리 놀랄 필요는 없습니다.[25]

---

25 마지막 세 단락에 제시된 내용은 프로이트가 《쾌감원칙을 넘어서》(1920g) 2장 및 3장에서 처음으로 제기한 것이다. 이와 관련된 내용은 뒷부분의 32강에서도 찾아볼 수 있다.

30강 꿈과 신비주의[1]

신사숙녀 여러분, 오늘 우리는 좁은 길을 따라가볼 것이지만, 이 주제는 또한 우리를 많은 가능성으로 인도할 수 있습니다.

여러분은 내가 꿈과 신비주의의 관계를 논하려 한다는 사실을 별로 놀라워하지 않을 것입니다. 사실 꿈은 종종 신화적 세계로의 통로로 여겨져왔으며, 오늘날에도 많은 사람들은 꿈을 초자연적인(occult) 현상으로 생각합니다. 또한 꿈을 과학적인 연구 대상으로 삼아온 우리조차도, 꿈의 어떤 실타래를 따라가면 그런 모호한 현상과 연결된다는 것을 부정하지 않습니다. 신비주의, 심령학—이런 말들은 무엇을 의미하는 걸까요? 여러분은 내가 경계가 불명확한 이런 영역을 명확히 규정하려 시도한다고 생각해서는 안 됩니다. 우리는 모두 이 말들이 암시하는 바를 대략적이고 분명치 않은 방식으로 알고 있습니다. 이 말들은 일종의 '다른 세계'를 지시하며, 그곳은 우리가 과학의 도움을 받아 축조한 절대적인 법칙들에 따라 움직이는 광명의 세계 저 너머에 있습니다.

---

1 어니스트 존스는 프로이트에 대한 전기(1957) 3권, 14장에서 신비주의에 대한 프로이트의 태도를 포괄적으로 개괄했다.

심령학에서 단언하는 바는, '하늘과 땅 위에는 우리가 철학을 통해 꿈꾸는 것보다 훨씬 많은 것들이 존재한다'는 것입니다. 물론 우리는 학구적 철학이라는 좁은 관점에 사로잡힐 필요는 없습니다. 우리는 무엇이든 믿을 만하다고 생각되는 것은 믿을 준비가 되어 있습니다.

우리는 이 주제를 과학의 다른 소재들과 마찬가지 방식으로 탐구할 것입니다. 우선 그런 사건들이 실제로 일어날 수 있는 것인지 확실히 하고, 그리고 오직 그런 후에만, 즉 그런 현상들의 실재성에 의문의 여지가 없을 때만, 그런 현상을 설명하려는 노력에 착수할 것입니다. 그러나 이런 결정을 실행에 옮기는 것조차도 지적·심리적·역사적 요인들로 인해 곤란에 부딪치고 있다는 점을 부인할 수는 없습니다. 이것은 다른 주제를 연구할 때는 찾아볼 수 없는 문제입니다.

첫째로, 지적인 곤란입니다. 내가 생각하고 있는 것을 다소 조잡하지만 분명하게 우선 여러분께 말씀드리겠습니다. 예를 들어, 우리의 당면한 문제가 지구의 내부 구조를 연구하는 것이라고 해봅시다. 여러분도 알다시피, 우리는 그에 대해 아무것도 확실히 아는 것이 없습니다. 중금속으로 이루어진, 뜨거운 상태일 것이라고 추측해볼 뿐입니다. 그런데 어떤 사람이 지구의 내부가 탄산이 다량 함유된 물, 즉 일종의 소다수로 되어 있다고 주장한다고 해봅시다. 우리는 이에 대해 매우 있음직하지 않은 일이고, 모든 추측들과도 모순되며, 우리가 현재의 금속 가설을 채택하는 데 기반이 된 많은 요인들도 고려하지 않은 거라고 말할 것입니다. 그럼에도 이것은 상상도 할 수 없는 수준은 아닙니다. 만일 누군가가 그 소다수 가설을 테스트할 수 있는 방법을 제시한다면, 우리는 크게 반대함 없이 그에 따를 것입니다. 하지만 이번엔 다른 사람이 나타나서, 지구의 중심핵은 잼(jam)으로 되어 있다고 진지하게 주장한다고 가정해봅시다. 이에 대한 우리의 반응은 매우 다를 것입니다. 우리는 생각하기를, 잼은 자연계에서는 발생할 수 없고, 인간이 조리해서 만든 산물이며, 더구나 이런 물질의 존재는 그 이전에 과실수와 열매의 존재를 전제하는데, 아무리 생각해봐도 지구의 내부에 그런 식물과 인간의 요리법에 해당하는 것이 있다고는 상상하기 어렵다고 느낄 것입니다. 이런 지적인 반론들의 결과는 우리를 관심의 전환으로 이끕니다. 우리는 지구의 중심핵이 정말 잼으로 되어 있는지 고찰을 진전시키는 대신에, 이것을 주장하는 사람이 도대체 어찌된 사람인지 스스로 물을 것이며, 혹은 기껏해야 그 사람에게 어떻게 그런 결론에 도달하게 되었냐고 묻게 될 것입니다. 잼 이론을 주장한 불운한 인물은 모욕을 느끼고, 우리가 이른바 과학적 편견이라는 지반 위에서 그의 주장의 객관적 연구를 거부한다고 불평할지도 모릅니다. 하지만 이런 불평은 그에게 도움이 안 됩니다. 편견이란 항상 배척해야 하는 것은 아니며, 가끔 쓸데없는 수고를 덜어주기 때문에 때로는 정당하고 편리하게 이용될 수 있는 것이기 때문입니다. 그리고 사실 이런 선입견은 충분한 근거에 입각한 다른 판단들로부터의 유추에 의해 내려진 결론일 뿐입니다.

신비주의자들의 모든 주장도 우리에게 잼 가설과 똑같은 종류의 효력을 가집니다. 따라서 우리는 일견에 그것을 거부하는 것을 정당한 것으로 생각하며, 더 이상 탐구하려 하지 않습니다. 하지만 상황이 그렇게 간단하지는 않습니다. 내가 앞에서 말한 것과 같은 비교는 아무것도 입증하지 못하며, 혹은 다른 모든 비교와 마찬가지로 거의 아무것도 증명하지 못합니다. 그것이 이 경우에 들어맞는 것인가는 의심스러운 것으로 남으며, 그런 예를 선택할 때부터도 경멸적으로 거부하는 우리의 태도가 많이 반영되었기 때문입니다. 선입견은 때때로 유용하고 정당합니다. 그러나 옳지 못하고 유해할 때도 있는데, 우리는 어느 경우가 전자이고 어느 경우가 후자인지 분명히 말할 수 없습니다. 과학의 역사 내에도 조급한 비판에 경종을 울린 예들이 수두룩합니다. 우리가 현재 운석이라고 부르는 돌들이 외계에서 지구로 떨어진 것이라거나, 산의 바위 속에서 조개껍질이 발견될 때 그곳이 먼 옛날에는 바다 밑바닥이었다는 가설들은, 오랜 세월 동안 말도 안 되는 것으로 간주되었습니다. 말이 난 김에 말하자면, 정신분석학도 무의식이 존재한다는 추론을 제안했을 때 비슷한 상황을 겪었습니다. 그리하여 우리 분석가들은 새로운 가설들을 거부하는 면에서 지적인 고찰을 사용하는 데 매우 신중하게 되었으며, 때로는 그런 가설들이 우리에게 반감, 의심, 불확실성의 느낌을 준다는 것도 인정하고 있습니다.

나는 [이 주제에 대한 우리의 접근을 복잡하게 하는] 두 번째 요소를 심리학적인 것이라고 말했습니다. 이것은 인간들이 무언가를 쉽게 믿는 경향과, 기적에 대한 뿌리 깊은 신념을 가리킨 것입니다. 인생이 그 엄격한 규율 아래 우리를 얽어매려 하는 가장 첫 순간부터, 우리는 사고 법칙들의 절대성과 단조로움에 대항하여, 또 현실성 검증[2]의 요구에 대항하여 무언가 내적인 저항감을 느낍니다. 이성은 우리로부터 많은 쾌락의 가능성을 억제하는 적이 됩니다. 우리는 일시적으로나마 이성으로부터 후퇴할 때, 그리고 난센스의 유혹에 굴복할 때 얼마나 많은 즐거움을 얻게 되는지 발견합니다. 학생들은 말장난을 즐깁니다. 과학적 집회가 끝나고 나면, 전문가들은 스스로의 활동을 농담거리로 삼습니다. 또, 매우 진지한 사람들조차 농담을 즐깁니다.[3] '인간이 소유한 가장 강력한 힘인 이성과 과학'[4]에 대한 더 심각한 적대감은 항상 기회를 엿보고 있습니다. 그래서 우리는 몸이 아플 때 '자격 있는' 의사가 아니라, 기적을 광고하는 사람이나 자연요법 치료사들을 찾게 됩니다. 심령학에서 제시하는 주장들은, 그것이 법칙과 규율의 틀을 깨뜨리는 것인 한에서 많은 호응을 얻곤 합니다. 이런 내용은 비판의식을 달래어 잠재우며, 지각을 미혹시키고, 정당화될 수 없는 확증과 동의를 강제합니다. 인간들의 이런 경향을 고려한다면, 심령학적 문헌들에 제시되는 정보의 많은 부분을 에누리하여 들을 충분한 이유가 있다고 할 수 있습니다.

나는 세 번째의 우려를 역사적인 것이라고 불렀습니다. 나는

---

2 즉 그것들이 실재인가를 알기 위해 테스트하는 과정. 이것은 〈꿈 이론에 대한 메타심리학적 보충〉(1917d)에서 논의된다. 《정신분석 강의》 23강도 참조할 것.
3 이 '난센스의 즐거움'은 프로이트가 농담에 관해 쓴 책(1905c)의 4장에서 충분히 논의되어 있다.
4 괴테, 《파우스트》, 1부, 4막.

이를 통해 사실 심령학의 세계에는 새로운 것이 전혀 없다는 것을 지적하고자 한 것입니다. 그 안에서는 고대 시절부터, 또 고대의 책들 속에서 우리에게 전해져 내려오는 모든 징표, 기적, 예언, 환영 들이 다시 나타나며, 이것들은 억제되지 않은 상상력 혹은 편향된 거짓말의 산물이거나, 인간이 아직 무지 속에 있고 과학의 정신이 태동기에 있던 시절의 산물로서 오랫동안 간주되어왔습니다. 우리가 만일 신비주의자들이 주장하는 사건들이 오늘날에도 일어난다는 것을 받아들인다면, 고대로부터 우리에게 전수되어온 이야기들의 확실성도 믿을 수밖에 없습니다. 그리고 우리는 모든 민족의 전통과 신성한 책들이 유사한 놀라운 이야기들로 가득하다는 것과, 여러 종교는 자기 종교의 신빙성을 바로 그런 기적적인 사건들 위에서 주장하고, 그 안에서 초인적인 힘이 작용한 증거를 찾는다는 점을 숙고할 수밖에 없습니다. 상황이 이렇다고 할 때, 신비주의에 대한 관심은 사실 종교적인 것이며, 심령학 운동의 은밀한 동기들 중 하나는, 과학적 사고의 발달로 많은 위협을 받게 된 종교를 도우려는 목적이라고 생각하게 되는 것을 피하기 어려울 것입니다. 그리고 이런 동기의 발견으로 우리의 불신은 더욱 증가하며, 소위 그런 신비적 현상들의 탐구에 착수하기 싫은 경향도 더욱 커집니다.

그렇지만 이런 혐오감도 이제 극복되어야 합니다. 우리는 사실성의 질문에 마주치게 됩니다—신비주의자들이 말하는 내용은 진실인가, 거짓인가? 결국 이것은 관찰을 통해 판단될 수 있을 것입니다. 근본적으로 우리는 신비주의자들에게 감사해야 합니다. 고대로부터 전해 내려오는 놀라운 이야기들은 우리가 검증할 수 있는 범위 밖에 있습니다. 그것들이 실증될 수 없는 것이라면, 엄격히 말해서 그것을 논박하는 것도 불가능함을 우리는 인정해야 합니다. 그러나 우리와 같은 시점에 위치한 동시대의 사건들은, 우리가 명확한 판단을 내릴 수 있는 범위 내에 있습니다. 그런 기적들이 오늘날 일어나지 않는다는 확신에 도달한다면, 그런 일이 고대에는 일어났을 수도 있다는 반론을 두려워할 필요가 없습니다 (이런 경우에는 다른 설명들이 훨씬 가능성 있을 것입니다). 이렇게 하여 우리는 문제가 되는 우려들을 확실히 했고, 신비적 현상을 탐구할 준비가 되었습니다.

그러나 불행하게도 우리의 정직한 의도에도 불구하고 극도로 호의적이지 못한 상황들과 마주치게 됩니다. 우리는 관찰을 통해 무언가를 판단하려 하지만, 그런 관찰들은 우리의 감각적 인식이 불분명하고 집중력이 많이 무디어진 상황에서 진행됩니다. 오랫동안 아무것도 보이지 않다가 어둠 속이나 희미한 붉은 빛 속에서 불분명한 형태로 나타납니다. 혹자는 우리의 신뢰하지 못하는 비판적 태도가 그런 현상이 일어나는 것을 막는다고 말하기도 합니다. 이렇게 하여 초래된 상황은, 우리가 보통 과학적 질문들을 탐구하는 데에 익숙해져 있는 그런 상황의 왜곡된 모습입니다. 이런 현상은 '영매(mediums)'라고 하는 사람들에 의해 관찰되는데, 이들은 어떤 분야에 특히 '예민한' 감각을 가졌지만, 뛰어난 지성이나 인간됨을 갖춘 것도, 과거의 기적 수행자들처럼 위대한 사상이나 진지한 목적에 고무된 것도 아닌 사람들입니다. 반대로 그들의 은밀한 힘을 믿는 사람들조차 그들에게 강한 불신을 표시하는 경우가 많습니다. 그들 중 대부분은 벌써 사기꾼으로 판명되었으며, 나머지 사람들도 그와 같은 운명을 맞게 되리라고 우리는 정당하게 예상할 수 있습니다. 그들이 보여주는 것들은 아이들의 짓궂은 장난이나 마술사의 기교라는 인상을 줍니다.[5] 이런 영매들의 강령회에서는 아직 한번도 뭔가 유용한 것이 나온 적이 없습니다. 예를 들어, 새로운 힘의 원천이 밝혀졌다거나 하는 그런 일은 없습니다. 우리는 사실, 마술사가 빈 중절모에서 비둘기를 꺼내는 마술을 보여줄 때, 그에게서 비둘기를 만들어내는 방법에 대한 힌트를 기대하지는 않습니다. 나는 어떤 사람이 객관적인 태도를 유지하며 뭔가를 알아보려는 마음으로 신비주의 집회에 참석했으나, 시간이 지남에 따라 점차 진력이 나고, 요구되는 것들에 넌더리를 내며 멀어져가서 결국 아무것도 얻지 못한 채 이전의 편견으로 되돌아오는 사람을 쉽게 상상할 수 있습니다. 이런 사람에 대해서는 적절한 행동 방식이 아니었다는 비난이 돌아갈 수 있을 것입니다. 탐구하고자 하는 현상이 어떤 것인지, 어떤 상황에서 나타나는 것인지 미리 규정지어서는 안 된다고 말입니다. 그와 반대로 우리는 영매들의 신뢰하지 못할 특징들을 밝히려는 최근의 노력들에 포함된 예방적·감독적인 방법들을 계속해서 관철하고 강화해야 합니다. 그러나 유감스럽게도 이런 현대적인 예방법은, 손쉽게 신비주의적 관찰에 접근할 수 있는 가능성을 차단하는 계기가 됩니다. 심령학의 탐구가 특수화된 전문 분야가 되어, 일반인들이 하나의

---

5 《환상의 미래》(1927c) 5장에 비슷한 언급이 있다.

관심거리로 추구할 수 없는 활동이 되기 때문입니다. 그리하여 이런 연구들에 종사하는 사람들이 어떤 결론을 내놓기 전까지는, 어느 정도의 의심과 각자의 추측에 의존할 수밖에 없습니다.

이런 추측들 중 확실히 가장 그럴 듯한 것은, 사기와 환상이 꿰뚫기 힘든 장막을 둘러치고 있는 신비주의의 내부에 아직 인식되지 못한 진짜 핵심이 있다는 것입니다. 하지만 우리는 어떻게 이 핵심에 접근할 수 있을까요? 어떤 지점에서 문제를 공략해야 할까요? 내 생각엔 바로 이 지점에서 우리는 꿈으로부터 도움을 받을 수 있습니다. 꿈은 이 모든 혼란에도 불구하고 우리가 텔레파시라는 주제에 집중해야 한다는 암시를 줍니다.

'텔레파시(telepathy)'라고 하는 것은, 여러분도 알다시피, 특정한 시간에 일어난 어떤 사건이, 우리가 익히 알고 있는 커뮤니케이션 수단들을 통하지 않고서도, 공간적으로 떨어진 곳에 있는 다른 사람의 의식에 거의 같은 순간에 도달한다고 추정되는 현상입니다. 이 사건은 그런 정보를 수신하는 사람이 대상이 된 사람에게 강한 감정적 관심을 가지고 있다는 것을 암묵적으로 전제합니다. 예를 들어, A라는 사람이 어떤 사고로 죽음의 위기에 처해 있다고 할 때, 그와 가까운 관계에 있는 B라는 사람(A의 어머니나 딸, 혹은 약혼녀)은 거의 동일한 순간에 시각적 혹은 청각적 인식을 통해 그 사건을 알게 됩니다. 후자의 경우엔, 마치 전화를 통해 그런 사실을 전달받은 것과 같다고 할 수 있습니다. 실제로는 그런 일이 없었는데도 말입니다. 이것은 무선 전신의 일종의 심리적 대응물입니다. 나는 여러분께 그런 사건들이 있음직하지 않음을 주장할 필요도 없고, 그런 사례들의 다수를 기각하게 만드는 충분한 이유들도 있습니다. 하지만 이런 식으로 쉽게 처리해버릴 수 없는 소수가 남습니다. 내가 이제 의도적으로 '추정되는(alleged)'이라는 단어를 제쳐놓고, 마치 텔레파시 현상의 객관적 실체를 믿는 것처럼 이야기를 계속해나가는 것을 허락해주시기 바랍니다. 하지만 사실은 그렇지 않으며 내가 어떤 확신도 가지고 있지 않음을 염두에 두어야 합니다.

사실 온건한 사실 외에는 여러분께 말씀드릴 것이 별로 없습니다. 나는 또한 근본적으로 꿈은 텔레파시와 거의 관련이 없다고 말해야 할 것이므로, 여러분의 기대는 훨씬 더 줄어들 것입니다. 텔레파시는 꿈의 성격에 관해 새로운 것을 알려주지 않으며, 꿈도 텔레파시의 실재성에 관한 직접적인 증거를 제공하지 못합니다. 더욱이 텔레파시 현상은 꿈과 밀접한 관계에 있는 것이 절대 아닙니다. 깨어 있는 상태에서도 일어날 수 있기 때문입니다. 꿈과 텔레파시의 관계를 논하는 유일한 이유는, 꿈의 상태가 텔레파시 메시지를 받기에 특히 적합한 상태로 보이기 때문입니다. 이런 것들은 바로 '텔레파시적 꿈(telepathic dream)'이라고 하는 경우가 되며, 이것들을 분석하면 우리는, 텔레파시적 메시지가 대낮의 잔여물의 다른 부분들과 비슷한 역할을 했다는 것, 즉 꿈-작업에 의해 동일한 방식으로 변형되며 그 목적에 기여하도록 형성되었다는 점에 대한 확신을 얻게 됩니다.

이런 텔레파시적 꿈 하나를 분석하는 중에, 이 강의의 출발점으로는 사소하게 보일지라도, 내게 충분한 흥밋거리를 제공한 어떤 일이 일어났습니다. 내가 1922년에 이 문제를 처음으로 설명했을 때, 내 수중에는 오직 하나의 관찰 사례밖에 없었습니다. 그 이후로 나는 비슷한 수많은 사례들을 관찰했지만, 나는 계속해서 그 첫 번째 예를 고수하려고 합니다. 그것이 설명하기 가장 쉽고, 또 당장에 문제의 핵심으로 여러분을 인도할 수 있기 때문입니다.[6]

매우 지적인 한 남성이 내게 편지를 보내왔는데, 그 자신의 설명에 의하면 자신은 절대로 '신비주의를 믿는 경향의' 사람이 아니라고 했습니다. 하지만 자신이 꾼 꿈이 꽤나 중요하게 생각되었기 때문에 내게 편지를 쓴 것이었습니다. 그는 어느 정도 떨어진 곳에 사는 자신의 딸이 12월 중순에 첫 출산을 할 예정이었다는 말로 편지를 시작했습니다. 이 딸은 그에게 매우 소중했으며, 그녀도 아버지를 매우 좋아하고 따랐다고 합니다. 그런데 11월 16~17일 밤에, 그는 자기 아내가 쌍둥이를 낳는 꿈을 꾸었습니다. 적당한 설명을 찾을 수 없는 그 외의 많은 여러 가지 사실들이 뒤따르고 있지만 여기서는 건너뛰기로 하겠습니다. 꿈에서 쌍둥이를 낳은 여인은 그의 두 번째 아내로, 딸의 계모였습니다. 그는 현재의 아내로부터 아이를 갖고 싶은 마음이 없었고, 그의 설명에 의하면 그녀 또한 아이를 분별 있게 키울 소양이 없었습니다. 더욱이 꿈을 꾼 시점에서 그는 그녀와 성관계를 오랫동안 중단한 상태였습니다. 그가 내게 편지를 쓰게 된 것은 꿈 이론의 타당성에

____

6 이것은 〈꿈과 텔레파시〉(1922a)에서 훨씬 자세한 설명과 함께 처음으로 발표되었다.

대한 의심 때문이 아니었습니다. 현재의 아내가 아이를 낳는 꿈은 그의 소망과 완전히 반대되기에, 꿈의 외현적 내용으로 볼 때 이런 반론이 정당화되기는 하지만 말입니다. 또한 그에 따르면 이런 바라지 않는 사건이 일어날지 모른다는 가능성도 전혀 없었습니다. 그가 꿈 이야기를 내게 써 보내게 된 이유는, 11월 18일 아침에 그의 딸이 쌍둥이를 낳았다는 전보를 받았기 때문이었습니다. 그 전보는 하루 전에 발송된 것이었고, 출산은 11월 16~17일 밤에, 즉 그가 자기 아내의 쌍둥이 출산 꿈을 꾸던 거의 비슷한 시간에 이루어진 것이었습니다. 이 남자는 꿈과 사건의 일치를 우연으로 보느냐고 내게 물었습니다. 그는 자신의 꿈을 텔레파시로 보는 것을 주저했습니다. 꿈의 내용과 실제 사건이 그가 생각하기에 매우 중요하다고 생각되는 지점에서 차이가 있었기 때문입니다. 즉 쌍둥이를 낳은 주체가 달랐습니다. 하지만 그의 말을 들어보면, 그가 실제로 텔레파시 꿈을 꾸었더라도 별로 놀라지 않을 것임을 알 수 있습니다. 왜냐하면 그는 자기 딸이 그 고통스러운 시간 중에 '특별히 그를 생각했을' 것이라고 확신하고 있었기 때문입니다.

신사숙녀 여러분, 나는 여러분이 이 꿈을 곧 해석할 수 있고, 내가 왜 이런 예를 들었는지 이해하고 있으리라고 확신합니다. 방금 말씀드렸던 남성은 자신의 두 번째 아내에게 불만족하여 차라리 첫 번째 결혼에서 낳은 자기 딸과 같은 아내를 갖기를 원했던 것입니다. 무의식이 관련된 한에서 '같은'이라는 단어는 탈락됩니다. 그리고 이제 그날 밤에 텔레파시적 메시지가 도착하여 그의 딸이 쌍둥이를 낳았다고 말해줍니다. 꿈-작업은 이 소식을 포착하여, 자기 딸을 두 번째 아내의 위치에 놓고 싶다는 그의 무의식적인 소망이 그것에 작용되도록 하고, 이렇게 해서 진짜 소망을 가리고 메시지를 왜곡하는 혼란스러운 외현적 꿈이 등장하게 된 것입니다. 우리는 그것이 텔레파시적 꿈이라는 것을 보여주는 것이 오직 꿈의 해석이라는 것을 인정해야 합니다. 정신분석은 우리가 다른 식으로라면 발견하지 못했을 텔레파시적 사건을 드러내 보여 왔습니다.

　하지만 오해가 있어서는 안 됩니다! 이 모든 것에도 불구하고, 꿈 해석은 텔레파시적 사건의 객관적 현실성에 관해 아무것도 말해주지 않았습니다. 그것은 다른 식으로 설명될 수 있는 하나의 환상일 수도 있습니다. 그 남성의 잠재적 꿈-사고는 이런 것일지도 모릅니다— '내 딸이 혹시 한 달을 잘못 계산한 거라면 오늘이 바로 출산이 있을 날짜다. 그리고 마지막에 그 애를 보았을 때 임신한 모양이 쌍둥이를 가진 것처럼 보였다. 죽은 아내는 그렇게도 아이들을 좋아했는데, 딸이 쌍둥이를 낳은 것을 보면 얼마나 좋아했을까!' (이 마지막 문장은 여러분께 말씀드리지는 않았지만, 꿈을 꾼 남성의 몇 가지 연상을 기반으로 한 것입니다) 이 경우에 그 꿈을 꾸도록 만든 요인은 텔레파시적 메시지가 아니라 꿈을 꾼 사람 측에서의 충분한 근거에 기반한 의혹이었을 것입니다. 하지만 결과는 같을 것입니다. 여러분도 보셨겠지만 이 꿈에 대한 해석조차도, 우리가 텔레파시의 객관적 현실성을 인정해야 하는지에 관한 질문에는 전혀 아무것도 대답해주지 않습니다. 그것은 오직 그 사례의 모든 상황에 대한 총체적인 조사를 통해서만 결정될 수 있을 것입니다. 그러나 유감스럽게도 이런 조사는 이 경우뿐만 아니라 내가 알고 있는 어떤 다른 예에서도 가능한 것이 아닙니다. 텔레파시 가설은 가장 간단명료한 설명을 제공하기는 하지만, 이 점은 큰 중요성을 갖지 못합니다. 가장 간단한 설명이 항상 정확한 설명인 것은 아니기 때문입니다. 진실은 종종 간단한 문제가 아닌 경우가 많으며, 그렇게 파급 효과가 큰 가설에 편들기 전에 우리는 매우 조심스럽게 행동해야 합니다.

우리는 이제 꿈과 텔레파시의 주제를 떠날 수 있습니다. 나는 이에 대해 더 이상 말씀드릴 게 없습니다. 하지만 우리에게 텔레파시에 관해 무언가를 알려주는 것처럼 보이는 것이 꿈 자체가 아니라 꿈의 해석이라는 것, 꿈의 정신분석학적 탐구라는 점에 주의를 기울여주시기 바랍니다. 따라서 다음의 논의에서 우리는 꿈은 완전히 한쪽으로 제쳐두고, 정신분석학의 적용이 신비주의적인 것으로 묘사되는 다른 사건들에 대해서도 뭔가를 알려줄 수 있다는 기대를 따라가볼 것입니다. 예를 들어 '상념전이(thought-transference)'라는 현상이 있는데, 이것은 텔레파시와 매우 비슷하며 별다른 어려움 없이 같은 것으로 간주될 수 있습니다. 이것은 한 사람의 정신적 과정들 — 생각, 감정 상태, 능동적 충동들 — 이 우리에게 친숙한 의사소통 수단인 말이나 신호를 통하지 않고서도 빈 공간을 지나 다른 사람에게 전이된다는 것을 말합니다. 여러분은 이런 종류의 것이 실제로 일어난다면 얼마나 놀라운 일인지, 얼마나 큰 실제적 중요성을 가질 것인지 상상할 수 있을 것입니다. 덧붙여 말하자면, 과거로부터 전해지는 기적 이야기 중에 이런 현상을 다룬 것이 이상할 정도로 매우 드물다는 것도 언급할 수 있습니다.

나는 환자들을 정신분석적으로 치료하는 과정에서, 전문적 점쟁이들의 활동은 상념전이에 관해 특히 흠잡을 데 없는 관찰을 할 수 있는 기회를 감추고 있다는 인상을 받았습니다. 그들은 몇 가지 종류의 방법들[7]―카드를 늘어놓거나, 필적 및 손금을 연구하고, 혹은 점성술적인 계산을 하는 등―에 몰두하는 변변치 않고 열등하기까지 한 사람들인데, 동시에 그들은 고객의 과거나 현재 상황의 몇 가지 요소들에 대해 매우 잘 알고 있는 듯이 과시한 후, 다음엔 고객들의 미래를 예언합니다. 일반적으로 고객들은 이러한 그들의 능력에 매우 만족한 듯이 보이고, 나중에 혹시 예언대로 들어맞지 않더라도 별로 화내지 않습니다. 나는 그러한 경우를

---

7 그의 사후에 출간된 초기 논문인 〈정신분석과 텔레파시〉(1941d)〔1921〕 1절에서, 프로이트는 점쟁이들이 몇 가지 무의미한 활동을 통해 주의를 흩뜨려놓는 것이 무의식적 정신과정을 해방시키는 한 가지 수단으로서 중요성을 갖는다는 것을 상세히 논했다. 그는 이 논문에서 또한 몇 가지 종류의 농담에서 유사한 '마음을 산란케 하는 장치'를 사용하는 것을 비교하고 있다. 이에 대해서는 농담에 관한 그의 책(1905c) 5장을 참조하라. 프로이트는 훨씬 일찍, 《히스테리 연구》(1895d)에 대한 기술적 부연에서, 최면을 발생시키는 몇 가지 기술들에 관해 동일한 설명을 전개했으며, 특히 환자의 이마를 누름으로써 잊혀진 사실들을 이끌어내는 그의 초기 방법을 기술했다. 그리고 그는 이것을 후에 《집단심리학》(1921c) 10장에서 최면에 관한 논의 중에 발전시켰다. 《일상생활의 정신병리》(1901b) 6장의 거의 끝부분에, 자동적 행동에 주의가 쏠리면 그 행동의 수행이 방해를 받는다는 언급과도 비교해보라.

여러 번 보아왔고, 그것들을 분석적으로 연구해볼 수 있었습니다. 이제 여러분께 이런 사례들 중 가장 흥미로운 경우를 말씀드리고 자 합니다. 나는 의학적 신중함의 의무 때문에 이야기에 설득력을 더해줄 많은 부분을 충분히 말씀드리지 못합니다. 하지만 매우 조심하여 어떤 왜곡도 발생하지 않도록 노력했습니다. 자, 이제, 내 여성 환자들 중에 점쟁이와 이런 경험이 있는 환자의 이야기를 한 번 들어보십시오.[8]

그녀는 대가족의 장녀였고, 아버지에게 극도로 강한 애착을 가지고 성장했습니다. 그녀는 어린 나이에 결혼을 해서 결혼생활에 완전히 만족해하고 있었습니다. 단 한 가지 점만 빼놓고 말입니다. 그들에겐 아이가 생기지 않았으므로, 그녀는 사랑하는 남편을 완전한 아버지의 자리로 대체할 수 없었습니다. 그녀가 수년간의 낙담 끝에 산부인과 수술을 결심했을 때, 그녀의 남편은 문제가 자신에게 있다는 사실을 털어놓았습니다. 결혼 전 병으로 인해 아이를 낳을 수 없는 몸이 되었다는 것이었습니다. 그녀는 이 실망스러운 발견을 큰 충격으로 받아들여 신경과민이 되었으며, 〔남편에게 불충실하게 되는〕 유혹에 넘어갈까봐 두려워했습니다. 남편은 그녀를 달래줄 목적으로 파리로 출장 가는 길에 그녀와 동반했습니다. 어느 날 그들이 호텔 로비에 앉아 있을 때, 그녀는 호텔 종업원들이 웅성거리는 것을 발견했습니다. 무슨 일이냐고 묻자,

---

8 이 사례는 〈정신분석과 텔레파시〉에 훨씬 긴 분량으로, 약간의 내용상의 차이를 보이며 기술되어 있으며, 1925i의 C절에서는 훨씬 간략하게 요약된다.

'교수님'으로 불리는 점쟁이가 와서, 한쪽에 있는 작은 방에서 상담을 해주고 있다고 했습니다. 그녀는 자기도 가보고 싶다는 뜻을 나타냈습니다. 그러나 남편이 반대했기 때문에, 그녀는 그가 보지 않은 사이에 상담실로 몰래 들어가 점쟁이와 대면했습니다. 그녀는 스물일곱 살이었지만 훨씬 어려보였고 결혼반지도 빼놓은 상태였습니다. 교수는 재가 가득 들어 있는 쟁반에 그녀가 손자국을 찍게 한 후, 주의 깊게 찍힌 모양을 조사했습니다. 다음에 그는 그녀가 지금까지 겪어온 어려운 고난들에 대해 말한 후, 그녀가 결국은 결혼하게 될 것이며, 서른두 살이 되면 두 아이의 엄마가 될 거라고 위안이 되는 확답을 들려주었습니다. 그녀가 내게 이 이야기를 들려줬을 무렵 그녀는 마흔세 살이었고, 병세가 심했으며 아이를 낳을 가망성도 없었습니다. 즉, 그 예언은 실현되지 않았던 것입니다. 하지만 그녀는 그 이야기를 말할 때 전혀 기분 나빠하지 않았고, 오히려 즐거운 사건을 떠올리는 듯 만족스러운 표정이었습니다. 그녀가 예언에서 제시된 두 숫자[2와 32]에 대해 아무런 개념도 없었다거나, 대체 그것이 무얼 의미할 수 있는지 아무런 예감을 갖고 있지 않다는 것을 쉽게 짐작할 수 있습니다.

여러분은 이 이야기를 이해할 수 없다고 생각하며, 내가 왜 이 것을 여러분께 말씀드렸는지 의아하게 생각할 것입니다. 나도 분석을 통해 세세한 부분들에 확실한 의미를 부여하여 예언의 해석에 도달하지 않았다면(이것이 중요한 지점입니다), 완전히 여러분과 같은 의견이었을 것입니다. 이 두 숫자는 내 환자의 어머니의 인생에서 중요한 자리를 차지하고 있었습니다. 그녀의 어머니는 서른 살이 넘어서 결혼을 했고, 가족 안에서는 그녀가 잃어버린 시간을 보충하려는 듯 서둘러 아이들을 낳았다는 사실이 종종 거론되곤 했습니다. 처음 두 아이들(이 중 큰 아이가 이야기의 화자입니다)은 최대한 짧은 간격을 두고 태어났기 때문에, 생일이 같은 해에 있었습니다. 따라서 사실 그녀의 어머니는 서른두 살 무렵에 벌써 두 아이의 엄마가 되어 있었습니다. 그러므로 그 교수가 말했던 것은 내 환자에게 다음과 같은 의미를 가졌습니다 — '아직 어리다는 사실에서 위안을 찾아라. 당신은 아이를 낳기까지 그렇게 오래 기다려야 했던 당신 어머니와 같은 운명이며, 당신도 서른두 살 무렵에는 두 아이를 갖게 될 것이다.' 그러나 어머니와 같은 운명을 갖는 것, 스스로를 어머니의 위치에 놓는 것, 아버지의 동반자로서의 위치를 차지하는 것은 사춘기 시절의 그녀에게 가장 큰 소망이었고, 이것의 실현 불가능성 때문에 그녀는 아프기 시작했던 것입니다. 점쟁이는 어떤 상황에도 불구하고 그 소망이 실현될 거라고 그녀에게 약속했습니다. 그러니 어떻게 그녀가 점쟁이에게 호감을 갖지 않을 수 있었겠습니까? 하지만 그 교수가 우연히 만난 고객의 내부적인 가정사를 알고 있었다는 게 가능하다고 생각하십니까? 말도 안 되는 일입니다! 그렇다면 어떻게 그는 예언 중에 그 두 숫자를 포함시킴으로써 내 환자의 가장 강렬하고 비밀스런 소망에 호소할 수 있는 지식에 도달할 수 있었을까요? 이에 대해서는 오직 두 가지 설명만 가능할 것입니다. 내가 들었던 이야기가 사실이 아니고 실제 사건은 다른 식으로 일어났거나, 혹은 상념전이가 실제로 존재한다는 것입니다. 또 이런 가

정도 있을 수 있습니다. 그 환자가 16년이라는 긴 세월이 흐르는 동안, 문제가 되는 두 개의 숫자를 그녀의 무의식으로부터 끄집어내어 기억 속에 집어넣었다고 말입니다. 이런 추측을 뒷받침할 만한 증거는 없지만, 이것을 배제할 수는 없으며, 나는 여러분이 상념전이의 현실성보다는 이런 종류의 추론을 더 달갑게 받아들일 거라고 생각합니다. 여러분이 상념전이 쪽의 설명을 택한다면, 신비주의적 사실을 생성하는 것이 분석이라는 것을 잊지 마십시오. 인식이 거의 불가능한 정도까지 왜곡되었을 때 무언가를 드러내는 것은 분석입니다.

이것이 내 환자의 경우와 같이 오직 한 가지 사례와 관련된 문제라면, 우리는 어깨를 으쓱하고 무시해버릴 수 있습니다. 한 가지 사례를 기반으로 이렇게 결정적인 부분에 대해 신념을 구축하려는 시도는 아무도 하지 않을 것입니다. 하지만 내가 이와 유사한 사례를 많이 경험해왔음을 여러분은 믿어주셔야 합니다. 나는 이와 같은 많은 예언들을 수집해왔고, 이 모든 것들로부터 점쟁이가 자기에게 질문하는 사람들의 생각을, 혹은 더 나아가 그들의 은밀한 소망들을 단지 표현해주었다는 인상을 받았으며, 따라서 이런 예언들을 관련된 사람의 주관적인 산물, 환상, 혹은 꿈과 마찬가지의 것으로 해석할 수 있는 문제라고 느꼈습니다. 물론 모든 사례들이 똑같이 설득력 있는 것은 아니며, 더 합리적인 설명을 배제해야 할 가능성이 똑같이 있는 것은 아닙니다. 하지만 그 전체를 놓고 볼 때, 상념전이를 하나의 사실로써 가능성 있게 생각해야 할 것 같은 강한 경향은 남습니다. 주제의 중요성을 생각해서라도 나는 내 모든 사례들을 여러분께 말씀드려야 할 것입니다. 하지만 그럼으로써 수반될 설명의 장황성과 의사로서의 비밀 엄수 의무를 깨야 한다는 부담 때문에 그렇게 할 수 없습니다. 대신 여러분께 몇 가지 사례만 더 말씀드리면서 최대한 내 양심의 부담을 덜고자 노력하겠습니다.

어느 날 나는 매우 지적인 젊은 청년의 방문을 받았습니다. 그는 박사 학위의 최종 시험을 준비하고 있던 학생이었는데, 그의 호소에 따르면 모든 관심과 집중력을 잃어버렸고 정연한 기억력마저도 사라졌기 때문에 시험을 치를 수 없다고 했습니다.[9] 이렇게 무기력한 상태가 오기 전의 과정은 곧바로 해명되었습니다. 그는 고통스러운 자기 극복의 과정을 거친 후에 병이 들어버린 것입니다. 그에게는 여동생이 한 명 있었는데, 그는 그녀에게 강렬한 사랑의 감정을 느끼고 있었지만 항상 그런 감정을 억누를 수밖에 없었습니다. 그것은 그녀도 마찬가지였습니다. 그들은, '우리가 결혼할 수 없다니 정말 유감이야!'라고 자주 말하곤 했습니다. 그런데 한 점잖은 남성이 여동생과 사랑에 빠지게 되었습니다. 그녀는 그의 사랑을 받아들였지만, 그녀의 부모님은 그들의 결합에 동의하지 않았습니다. 이런 어려움에 처하자 이 젊은 커플은 그녀의 오빠를 찾았고, 그는 도움을 거절하지 않았습니다. 그는 그들의 서신 왕래를 중재해주었으며, 그의 영향력으로 인해 부모님도 결

---

9 이 사례는 〈정신분석과 텔레파시〉에서도 더 상세한 설명과 함께 제시된다.

국 이 결혼에 찬성하게 되었습니다. 그러나 약혼 중인 상태에서 어떤 사건이 일어났는데, 그 의미를 추측하기 어렵지 않은 일이었습니다. 그는 매제가 될 사람과 함께 가이드도 없이 어려운 산행 길에 올랐는데, 중간에 길을 잃어 거의 살아 돌아오자 못할 뻔했습니다. 그는 여동생이 결혼한 직후 이런 정신적 탈진 상태에 빠지게 된 것이었습니다.

그는 정신분석을 받은 후에 공부할 수 있는 능력을 다시 회복하여, 내게서 떠나 시험에 대비하러 갔습니다. 하지만 시험을 성공적으로 통과하고 나서, 같은 해 가을에 잠시 동안 내게 돌아왔습니다. 그가 여름 이전에 겪었던 놀라운 경험을 말한 것은 바로 그때였습니다. 그가 살던 마을에는 대단한 인기를 끌던 점쟁이가 한 명 있었습니다. 영주 가문의 왕자들도 중요한 일에 착수하기 전 그녀에게 조언을 구하러 오곤 했습니다. 그녀가 하는 방식은 매우 간단했습니다. 우선 예언을 듣고자 하는 사람의 생일을 물었는데, 그 외의 것은, 이름조차도 전혀 묻지 않았습니다. 다음엔 점성술 책을 보며 오랫동안 계산을 한 후, 최종적으로 그 사람에 관련된 예언을 했습니다. 내 환자는 자기 매제에 관해서 그녀의 신비한 비법을 들어보기로 했습니다. 그는 그녀를 방문해서 매제의 생일을 말해주었습니다. 점쟁이는 계산을 마친 후에 다음과 같은 예언을 했습니다—"이 사람은 올해 7월이나 8월에 가재나 굴 중독으로 죽을 것이다." 내 환자는 "정말 놀라운 예언이었습니다!" 라고 말하며 이야기를 맺었습니다.

나는 처음부터 매우 언짢은 기분으로 이야기를 들었습니다. 그래서 그가 외침과 함께 말을 맺었을 때 이렇게 물을 수밖에 없었습니다. "그 예언에서 놀라운 점이 뭐라고 생각하십니까? 벌써 늦가을인데 당신의 매제는 죽지 않았습니다. 그랬다면 당신은 진작 내게 말했겠지요. 즉, 예언은 실현되지 않았지 않습니까?" 그가 대답하기를, "그건 분명히 그렇습니다. 하지만 놀라운 점은 이것 때문이에요. 매제는 가재와 굴을 엄청나게 좋아하는데, 지난여름, 내가 점쟁이를 만나러 가기 전에, 그는 굴 중독[10]의 발작으로 거의 죽을 뻔했어요." 이에 대해 내가 뭐라고 말할 수 있었겠습니까? 나는 그처럼 고등 교육을 받은 사람이, 어쨌거나 성공적인 분석 치료를 마친 후에도 그 연관성을 제대로 통찰하지 못한다는 사실에 기분이 상했습니다. 내 입장으로서는, 점성술 표를 통해 가재나 굴 중독 발작의 발병을 계산하는 것을 믿기보다는, 내 환자가 예전에 병을 앓은 원인이 된 라이벌에 대한 억압된 증오를 아직 극복하지 못했고, 그 점쟁이는 단지 그의 기대를 말로 표현해주었을 뿐이라고 추측하는 쪽이었습니다. 즉 "그런 식성은 쉽게 사라지는 것이 아니니, 매제는 언젠가 같은 방식인 중독으로 인해 죽게 될 것이다"라는 기대 말입니다. 나는 이 사례에 대해 다른 어떤 설명도 생각할 수 없었음을 인정해야 할 것입니다. 내 환자가 나를 상대로 농담을 하려 한 것이 아니라면 말입니다. 하지만 그때에도 혹은 그 이후에도 그에게선 전혀 그런 낌새가 없었으며, 자기가 진지하게 말했던 그대로를 의미하는 것처럼 보였습니다.

---

10 〈정신분석과 텔레파시〉에는 '가재 중독'으로 나와 있다.

또 다른 사례도 있습니다.[11] 영향력 있는 지위에 있는 어느 젊은 청년이 한 유한마담과 관계를 맺고 있었는데, 이 관계는 특기할 만한 충동으로 점철되어 있었습니다. 그는 때때로 그녀를 조롱하고 모욕하여 마침내 절망에 빠져버릴 때까지 그녀의 마음을 몹시 상하게 하곤 했습니다. 그가 그녀를 그 지경에까지 몰고 가면 마음이 홀가분해져서 그녀와 화해를 하고 그녀에게 선물을 사주곤 했습니다. 하지만 이제 그는 그 관계에서 벗어나기를 원했습니다. 그 충동은 비정상적으로 보였고, 이 관계가 자신의 평판에도 좋지 않을 거라는 사실을 알고 있었습니다. 그는 자기만의 아내를 갖고 가정을 이루고 싶었습니다. 하지만 그 자신의 힘으로는 그녀로부터 벗어날 수 없었기 때문에, 정신분석의 도움을 청했습니다. 이런 가학적인 충동이 한 차례 지나간 후에, 이때는 벌써 분석이 시작된 후였는데, 그는 그녀에게 종이에 뭔가를 써보라고 하여 필체 연구가에게 갖다 주었습니다. 그리고 필체 연구가로부터 결과를 통보받은 것에 의하면, 그 글을 쓴 사람은 극도의 절망 상태에 있어서 며칠 이내로 자살을 할 거라고 했습니다. 하지만 실상 이런 일은 일어나지 않았고 그녀는 죽지 않았습니다. 하지만 분석의 도움을 받아, 그는 그 관계에서 성공적으로 해방될 수 있었습니다. 그는 그녀로부터 떠나 좋은 아내가 되어줄 수 있을 것 같은 젊은 여성에게로 갔습니다. 그 후 곧 어떤 꿈을 꾸었는데, 이 여성의 가치에 대해 의심이 시작되고 있다는 징후를 보여주는 것이었습니

---

11 이 사례도 〈정신분석과 텔레파시〉에 자세히 소개되어 있지만, 여기서의 설명이 어떤 측면에서 볼 때 더 풍부하다.

다. 그는 그녀의 필적 견본도 얻어서 필체 연구가에게 의뢰했고, 그 결과 그의 우려를 확증하는 답신을 받았습니다. 그래서 그는 그녀를 아내로 삼으려는 생각을 버렸습니다.

특히 첫 번째 경우와 관련하여 필체 연구가에 대한 위상을 확실히 알기 위해, 우리는 주인공의 비밀스런 과거에 대해 더 자세히 알아야 합니다. 그는 사춘기 시절에 (그의 정열적 성격에 걸맞게) 거의 미칠 지경까지 어느 유부녀와 사랑에 빠졌는데, 그녀는 아직 젊었지만 그보다는 나이가 많은 상대였습니다. 그녀가 거절하자 그는 자살을 시도했는데, 의심할 여지없이 진지하게 의도된 것이었습니다. 그가 죽음을 피할 수 있었던 것은 간발의 차이였으며, 회복되기까지 오랜 기간 동안 병석에서 지내야 했습니다. 그러나 이 필사적인 행동은 그가 사랑했던 여인에게 매우 깊은 인상을 남겼습니다. 그녀는 호의를 베풀어서 그의 연인이 되어주었고, 그 이후로 그는 그녀와 은밀하게 교류하며 진실로 기사도적인 헌신을 다 바쳤습니다. 그 후로 20년이 지나자, 그들은 둘 다 나이가 들었고(당연한 일이지만 그녀는 그보다도 한층 더 늙었고), 그의 맘속에는 이제 그녀와의 관계를 끊고 완전히 해방되어 자기만의 삶을 영위하고 스스로의 가정을 꾸려야겠다는 생각이 들었습니다. 그리고 이러한 권태와 동시에, 오랫동안 억눌러왔던 이 여인에 대한 복수의 갈망이 고개를 들었습니다. 일찍이 그녀의 퇴짜 때문에 자살을 시도한 적이 있듯이, 이제 그는 자기의 돌아섬으로 인해 그녀가 죽게 되기를 바랐습니다. 하지만 사랑의 마음이 아직 컸기 때문에, 이 희망은 그의 마음속에서 의식적으로 되지는 못하고 있었습니다. 또한 그는 그녀를 죽음으로 몰고 갈 정도로 괴롭힘을 가할 위치에 있지도 않았습니다. 이런 마음 상태에서 그는 앞서의 유한마담을 자신의 복수를 현실화해줄 일종의 희생양으로 삼았던 것입니다. 그리고 그는, 자신이 사랑하는 여인에게서 바라는 것이 그녀에게서 성공을 거둘지도 모른다는 기대를 갖고, 유한마담에게 모든 괴롭힘을 가했습니다. 복수의 진정한 대상이 원래 애인이었다는 사실은, 그가 그녀에게 자신의 변절을 숨기는 대신에, 자기의 여자 문제에 관해 조언을 들어주는 상대로 삼아, 모든 것을 터놓고 말했다는 사실에서도 드러납니다. 이미 오래전에 호의를 베푸는 것에서 호의를 받는 쪽으로 전락한 이 불쌍한 여인은, 그 유한마담이 그의 난폭한 언행을 통해 고통을 받았던 것보다, 아마도 이렇게 터놓고 조언을 강요받음을 통해 더 큰 고통을 받았을 것입니다. 그가 유한마담과 관련해서 호소했던, 또 그가 분석을 받으러 온 원인이 되었던 강박적 충동은, 물론 그의 오래된 애인으로부터 그녀에게로 전이된 것이었습니다. 그가 벗어나고 싶으면서도 그럴 수 없었던 것은 바로 옛 애인이었습니다. 나는 필적에 대해 전문가도 아니고 필적을 통해 성격을 알아맞히는 기술을 높게 평가하는 것도 아닙니다. 더구나 필적을 통해 어떤 사람의 미래를 이런 식으로 예언하는 가능성은 더욱 믿지 않습니다. 하지만 여러분도 보셨듯이, 우리가 필적학의 가치를 어떻게 생각하건 간에, 그 전문가가 자기에게 제시된 표본을 쓴 사람이 며칠 이내로 자살을 할 거라고 예언했을 때, 그것이 질문을 한 사람의 강력하고도 은밀한 소망을 단지 표현해주는 역할을 했다는 것을 여러분도 확실히 알 수 있을 것입니다. 이와 비슷한 종류의 일은 필체 연구가의 두 번째 뜻풀이의 경우에도 일어났습니다. 하지만 여기서 관계된 것은 무의식적인 소망이 아니었습니다. 필체 연구가의 입을 통해 분명한 표현을 얻은 것은, 질문자의 마음속에 싹트기 시작한 의심과 우려였습니다. 덧붙여 말하자면, 내 환자는 분석의 도움으로, 마법의 주문으로 얽힌 듯한 그 여자들에게서 벗어나 외부에서 사랑의 상대를 발견하는 데 성공했습니다.

신사숙녀 여러분, 여러분은 지금까지 꿈 해석과 정신분석 일반이 어떻게 신비주의를 돕는 역할을 하는지 들으셨습니다. 나는 직접 예를 들어가며, 쉽게 밝혀지지 않았을 신비주의적 사실들이 분석의 적용을 통해 어떻게 드러나게 되었는지 여러분께 보여드렸습니다. 정신분석학은 확실히 여러분이 가장 큰 관심을 가지고 있을 질문인, 이런 발견들의 객관적 현실성을 믿어야 할지 아닌지에 대해 직접적인 대답을 줄 수 없습니다. 그러나 분석의 도움으로 밝혀진 내용들은 여하튼 긍정적인 대답을 편드는 쪽의 인상을 주고 있습니다. 하지만 여러분의 관심은 이 지점에서 멈추지 않을 것입니다. 여러분은 정신분석이 관여하지 못하는, 비교도 안 될 정도로 풍부한 자료들에 대해 어떤 결론을 내릴 수 있을지 알기를 원할 것입니다. 하지만 나는 그런 탐구에 동행할 수 없습니다. 그것은 내 영역 밖입니다. 내가 할 수 있는 유일한 것은, 정신분석 치료 중에 내가 관찰했거나 혹은 정신분석의 영향에 의해 관찰하는 것이 가능했던 그런 종류의 발견에 대해 말씀드리는 것입니다.

나는 여러분께 그런 사례 한 가지를 말씀드릴 것인데, 이것은 추후에 내게 가장 강력한 인상을 남겼던 것입니다. 나는 이것을 매우 길게 설명할 것이며, 수많은 세부적 요소들에 여러분의 관심을 요청할 것인데, 그렇다 할지라도 관찰의 설득력을 크게 높여주었을 많은 것들을 불가피하게 삭제할 수밖에 없었습니다. 이 사례는 그 자체로서 충분히 명백하여 분석에 의해 밝혀질 필요가 없는 그런 종류의 예입니다. 하지만 그것을 논하는 것은 분석적 방법의 도움 없이는 불가능합니다. 하지만 나는 미리, 분석 상황에서의 명백한 상념전이인 이 예도 또한 모든 의심으로부터 면제되지 않으며, 신비적 현상의 현실성을 뒷받침하는 절대적 증거가 될 수 없음을 미리 말씀드려야겠습니다.[12]

그러면 들어보십시오. 1919년의 어느 가을 날, 오전 10시 45분쯤에, 런던에서 막 도착한 데이비드 포사이스(David Forsyth) 박사[13]가 내게 명함을 보내왔는데, 나는 그때 환자를 보고 있던 중이었습니다. (런던대학의 내 존경하는 동료는, 그가 내게 정신분석의 기법들을 배우며 몇 달간 머물렀다는 사실을 이런 식으로 드러

---

12 이 사례는 〈정신분석과 텔레파시〉에 '세 번째 사례'로 포함되었어야 할 그런 예다. 프로이트는 이것을 빠뜨린 이유를 그 논문에서 설명하고 있다. 거기서 지적되었듯이, 원래의 초고는 없어지지 않고 보존되었는데, 여기에 수록된 것과 거의 유사하기 때문에 각각 따로 예를 들어 두 책에 실렸어야 했는지 의문이 남는다. 하지만 그 원고는 다시 한번 원인 모를 이유로 사라졌다는 것도 덧붙여야겠다.

13 런던의 차링 크로스 병원의 자문 의사였던 데이비드 포사이스 박사(1877~1941)는 1913년에 창설된 런던 정신분석학회의 초기 멤버였다.

내는 것을 무분별한 경솔함으로 간주하지 않으리라고 나는 확신합니다) 나는 그에게 인사만 간단히 하고, 다음에 다시 만나기로 약속했습니다. 포사이스 박사는 여러모로 내 특별한 관심을 끄는 사람이었습니다. 그는 내 대외적 활동이 전쟁으로 인해 중단된 이후 내게 온 첫 번째 외국인이었으며, 따라서 더 나은 시절이 올 것임을 예고하는 사람이었습니다. 그 후 얼마 지나지 않아, 열한 시경에, 내 환자 중 한 사람인 P선생이 도착했습니다. 그는 마흔에서 쉰 살 사이의 똑똑하고 호감이 가는 남자였는데, 원래는 여자 문제 때문에 내게 분석을 의뢰했습니다. 그의 경우는 치료로 효과를 볼 기미가 없었기 때문에 오래 전부터 치료를 끝내자고 제안했지만, 그는 계속하기를 원했는데, 아마도 내게서 아버지의 모습을 발견하고 그런 '전이' 속에서 편안함을 느꼈기 때문일 것입니다. 그 시절에는 돈이 너무 없었기 때문에 돈은 아무 문제도 되지 않았습니다. 그와 같이 보내는 시간들은 나에게도 자극과 휴식이 되었기 때문에, 나는 결과적으로 의료적 처치의 엄격한 규정을 염두에 두지 않고, 분석 작업을 약속한 일정 기간 이상으로 계속하고 있었습니다.

그날 P는 여자들과 에로틱한 관계를 가지려는 문제로 되돌아가서, 예쁘고 매력적이고 가난한 소녀에 대해 다시 한번 말했습니다. 그녀가 처녀라는 사실에 자기가 미리부터 겁을 먹어 어떤 시도도 못해봤다고 말하며, 그렇지 않았다면 성공했을 거라는 내용이었습니다. 그는 그녀에 대해 전에도 몇 번 말했지만, 그날은 처음으로 그녀가 그를 '미스터 포사이트〔Herr von Vorsicht : 조심

씨—옮긴이]'라고 부르곤 한다는 사실을 말했습니다. 물론 그녀는 그의 장애의 진정한 원인을 전혀 모르고 있었는데도 말입니다. 이 말을 들은 나는 너무도 기이한 느낌이 들어서, 손에 들고 있던 포사이스 박사의 명함을 그에게 보여주었습니다.

이것이 이 사례의 기본적 내용입니다. 여러분은 아마도 별것 아니라고 느꼈을 것입니다. 하지만 좀더 들어보십시오. 그 뒤에는 더 많은 것이 숨겨져 있습니다.

P는 젊은 시절에 영국에서 몇 년 동안 머물렀고, 그 이후로 영문학에 대해 항구적인 관심을 갖게 되었습니다. 그는 수많은 영국 장서들을 소유했고, 가끔씩 그런 책들을 내게 가져오곤 했습니다. 나는 그를 통해 베넷(Bennett)이나 골즈워디(Galsworthy) 같은 작가들을 알게 되었는데, 전에는 거의 접해보지 못했던 책들이었습니다. 어느 날 그는 내게 골즈워디의 《재산가(The Man of Property)》라는 소설을 빌려주었습니다. '포사이트(Forsyte)'라는 이름을 가진 허구적 가족 내에서 일어나는 여러 가지 일에 대한 이야기였습니다. 골즈워디 자신도 자기가 만든 이 창조물에 매료되었음이 분명합니다. 그는 이후의 저작들에서도 반복적으로 이 가족을 등장시켜, 결국 이 가족과 관련된 모든 책들을 '포사이트가(家) 이야기'라는 제목으로 묶었기 때문입니다. 내가 말한 사건이 일어나기 바로 며칠 전에, 그는 내게 이 시리즈의 새로운 한 권을 가져왔습니다. '포사이트'라는 이름과 작가가 그 안에 구현하고자 했던 모든 전형적인 것들은, 물론 나와 P와의 대화에서 어떤 역할을 하게 되었고, 서로에 관해 많은 것을 아는 두 사람 사이에

서 쉽게 발생하는 비밀스런 언어의 역할을 하게 되었습니다. 이 소설들에 나오는 '포사이트'라는 이름은 내 방문객의 이름인 '포사이스(Forsyth)'와 약간은 차이가 나지만, 독일어로 발음하면 거의 똑같이 들립니다. 그리고 비슷한 발음의 영어 단어인 포사이트(foresight)가 있는데, 이것은 발음은 똑같고, '예견(Voraussicht)'이나 '조심(Vorsicht)'의 뜻으로 풀이될 수 있는 것입니다. 이렇듯 P는 사실 그 자신의 개인적 관심에서 그 이름을 끄집어낸 것인데, 그것은 같은 시간에 그가 모르고 있을 사건으로 인하여 나도 관심을 갖게 된 이름이었던 것입니다.

여러분은 이제 상황이 훨씬 그럴듯해 보인다는 데 동의할 것입니다. 그러나 내 생각에, P가 같은 진료 시간 중에 떠올린 두 개의 다른 연상들을 분석적으로 고찰한다면, 우리는 그 놀라운 현상에 대해 더 강렬한 인상을 받을 것이고, 그런 일이 일어나게 된 조건과 관련된 어떤 통찰을 얻을 수 있을 것입니다.

첫째로, 그보다 일주일 전쯤의 어느 날, 나는 열한 시에 P를 기다리다가 지쳐서, 안톤 폰 프로인트(Anton von Freund)[14] 박사를 방문하러 그의 하숙집으로 갔습니다. 나는 그 하숙집이 있는 건물의 다른 층에 P가 살고 있다는 것을 알고 깜짝 놀랐습니다. 이것과 관련하여, 나중에 P에게 내가 어떤 의미에서 그의 집을 방문했는지 말했습니다. 그러나 나는 그 하숙집에 있는 누구를 방문했는지 그 사람의 이름은 말하지 않았다고 확신합니다. 그런데 그는,

---

14 유명한 헝가리인 정신분석 학자.
15 영국에서 말하는 '성인 교육'을 담당했던 국립대학.

'미스터 포사이트'를 말한 후 곧이어, 국립대학[15]에서 영어 과목을 가르치고 있는 프로이트-오토레고가 혹시 내 딸이 아니냐고 물었습니다. 그리고 우리의 긴 교류 기간 동안 처음으로, 관청이나 기관 또는 편집자들에게서 자주 듣곤 하는 형태로 내 이름을 잘못 말하는 실수를 범했습니다. '프로이트'가 아니라 '프로인트'라고 말한 것입니다.

둘째로, 같은 상담 시간이 끝날 무렵, 그는 자기가 소스라치며 놀라 잠에서 깬 어떤 꿈 이야기를 해주었습니다. 정말 '악몽(Alptraum)'이었다고 그는 말했습니다. 그는 또한 얼마 전에 Alptraum에 해당하는 영어 단어를 잊어버렸는데, 누가 묻기에 그에 해당하는 영어 단어가 a mare's nest라고 말했다고 합니다. 물론 이것은 난센스라고 그는 말했습니다. a mare's nest(암말의 둥지 : 속임수, 사기라는 뜻으로 쓰임—옮긴이)는 믿을 수 없는 뻔한 변명 같은 것을 의미할 때 쓰는 말이며, Alptraum의 영어 번역은 nightmare입니다. 이 연상과 이전 것 사이의 공통점은 '영어'라는 것으로 보였습니다. 그러나 나는 약 한 달 전에 있었던 작은 사건을 떠올리지 않을 수 없었습니다. 그때 나는 P와 함께 방에 앉아 있었는데, 또 다른 방문객이 찾아왔습니다. 오랫동안 못 보았던 소중한 벗인 어니스트 존스 박사가 런던에서 이곳으로 왔던 것입니다. 나는 그에게 손짓을 하여 P와의 상담을 끝내는 동안 옆방에 가 있으라고 신호했습니다. 그러나 P는 대기실에 걸려 있던 사진으로부터 즉시 그가 누군지 알아채고는, 자기에게 소개시켜달라고 말하기 시작했습니다. 사실 존스는 악몽을 주제로 한 단행본을 집필한 사람이었습니다. 나는 P가 그런 사실을 알고 있었는지에 관해서는 모릅니다. 그는 어쨌거나 정신분석과 관련된 책을 읽는 것을 싫어하는 사람이었으니까요.

나는 P의 연상들의 배경과 그 동기에 관해 어떤 분석적 설명이 얻어질 수 있었는지 탐구한 것을 말씀드리는 것으로 시작해야 할 것입니다. P는 '포사이트(Forsyte)' 및 '포사이스(Forsyth)'라는 이름과 관련하여 내게 친숙한 인물이 되었습니다. 이것은 그에게도 마찬가지였으며, 내가 그 이름을 알게 된 것은 온전히 그의 덕택이었습니다. 놀라운 사실은, 새로운 사건(런던 의사의 도착)에 의해 그 이름이 또 다른 의미에서 내게 중요하게 된 바로 직후에 그가 그 이름을 난데없이 분석 시간에 거론했다는 점입니다. 하지만 그 이름이 분석 시간에 등장한 방식 또한, 그 이름이 등장한 사실 자체만큼이나 흥미롭습니다. 예를 들어 그는, '당신도 알고 계신 그 소설 속의 포사이트라는 이름이 갑자기 제 머릿속에 떠올랐습니다'라고 말하지 않았습니다. 그는 그 원천을 의식적으로 인식한 것도 아닌데, 그 이름을 자신의 경험 속에 짜 넣고 그것과 관련된 발언을 했던 것입니다. 다른 때에도 얼마든지 가능했던 발언인데 하필이면 그때 말했던 것입니다. 그가 말하고자 했던 것은, '저도 역시 포사이스(Forsyth)입니다. 그녀가 저를 그렇게 부르곤 하거든요'였을 것입니다. 여기서 드러나는 질투심 어린 요청과 우울한 자기비하의 혼합은 쉽게 눈치 챌 수 있는 것입니다. 이것을 다음과 같이 완성한다면 더 확실히 알 수 있을 것입니다 ― '당신의 관심이 온통 새로 도착한 사람에게 쏠려 있다는 것은 내게 굴욕적인 일입니다. 내게 돌아오세요. 어쨌든 나도 포사이스(Forsyth)가 아닙니까? 그녀가 날 부르듯, 나는 단지 조심 씨(Herr von Vorsicht)일 뿐이지만 말입니다.' 그리고 그의 사고의 연쇄는 '영어'라는 연상의 실타래를 따라, 이전에 있었던 두 개의 사건들로 돌아갔고, 그것들도 역시 동일한 질투심의 감정을 흔들어놓을 수 있는 것들이었습니다. '며칠 전에 당신은 내 집을 방문했지만, 유감스럽게도 내가 아니라 프로인트 선생을 찾아온 것이었습니다.' 이 생각은 그가 '프로이트'를 '프로인트'로 말하는 실수를 범하게 만들었습니다. 강의 요강에서 본 '프로이트-오토레고'라는 이름은, 그녀가 영어 강사였기 때문에 명백한 연상의 고리를 제공했다는 것이 확실합니다. 그리고 몇 주 전에 있었던 또 다른 방문객에 대한 회상에서, 그는 역시 똑같은 질투심을 느꼈지만, 자기는 상대가 안 된다고 느꼈을 것입니다. 존스 박사는 악몽에 대한 논문을 썼지만, 자신은 기껏해야 그런 꿈을 꿀 수 있을 따름이기 때문입니다. '암말의 둥지(a mare's nest)'라고 뜻을 착각해서 말했던 것은 이와 관련됩니다. 그것은 오직 이런 뜻으로만 풀이될 수 있습니다 — '결국 나는 진짜 포사이스가 아닌 것과 마찬가지로 진짜 영국인도 아닙니다.'

나는 그의 질투심이 적당하지 않다거나 이해할 수 없는 것이라고 말할 수 없습니다. 나는 그에게 내가 그를 상담하며 분석해주는 시간이, 외국의 학생이나 환자들이 빈으로 돌아오면 끝나게 될 거라고 경고한 바 있습니다. 그리고 사실 얼마 지나지 않아 실제로 그렇게 되었습니다. 그러나 우리가 지금까지 고찰한 것은 분석적 작업의 단편이었습니다. 즉 그가 한 번의 상담 시간에 떠올린, 똑같은 동기가 자양분이 된 세 가지 연상에 대한 설명입니다. 그리고 이것은 이런 연상들이 상념전이 없이 이루어질 수 있었는지 아닌지에 대한 다른 질문과는 별 상관이 없습니다. 이 질문은 세 개의 연상들 각각에 대해 물을 수 있으며, 따라서 세 개의 개별적인 질문들이 도출됩니다. P는 포사이스 박사가 조금 전에 나를 처음으로 방문했다는 사실을 알았을까요? 그는 내가 하숙집으로 가 방문했던 사람의 이름을 알았을까요? 그는 존스 박사가 악몽에 대한 논문을 썼다는 것을 알았을까요? 아니면 그의 연상을 통해 밝혀진 것들은 오직 그와 관련된 내 지식에서 연유한 것일까요? 내 관찰이 상념전이에 호의적인 결론을 내릴 수 있는지는, 이 각각의 질문에 대한 대답에 달려 있을 것입니다.

첫 번째 질문은 우선 잠시 옆으로 제쳐둡시다. 다른 두 가지를 고찰하는 게 더 쉽기 때문입니다. 내가 그의 하숙집을 방문한 경우는 첫눈에 특히 설득력 있게 느껴집니다. 나는 그의 집에 방문했다는 것을 짧게 농담조로 말하면서 아무 이름도 언급하지 않았다고 확신합니다. 또한 관련된 사람의 이름에 관해서 P가 하숙집에 문의를 했다는 것은 매우 가능성 없는 일로 생각됩니다. P는 끝까지 그 사람의 존재에 대해 몰랐을 것입니다. 하지만 이 사례의 증거적 가치는 우연한 상황 설명에 의해 완전히 붕괴될 수 있습니다. 내가 그날 하숙집으로 가 방문했던 사람은 '프로인트(Freund)'라고 불릴 뿐만이 아니라, 우리 모두의 진정한 친구였습니다.[16] 이 안톤 폰 프로인트 박사는 많은 돈을 기부하여 우리 출판사가 설립되는 것을 가능하게 만든 인물이기도 합니다. 그의 이른 죽음과, 그 몇 년 뒤에 이어진 우리 동료 칼 아브라함의 죽음은 정신분석학의 발전 앞에 떨어진 가장 거대한 불운이었습니다. 따라서 나는 P선생에게 '나는 당신 집에 친구[Freund]를 방문하러 갔었소'라고 말했을 수도 있습니다. 그리고 이 가능성과 함께 두 번째 연상의 신비주의적 관심은 사라집니다.

세 번째 연상이 주는 신기한 느낌도 똑같이 빨리 사라질 수 있습니다. P가 정신분석 책들을 전혀 읽지 않는다면, 존스가 악몽에 관한 논문을 출판했다는 것을 알 수 있었을까요? 답은 '그렇다'입니다. 그는 우리 출판사에서 나온 책을 몇 권 가지고 있었고, 그 표지들에서 새로 발간된 책들의 제목을 봤을 수 있습니다. 이것은 입증될 수는 없지만, 반증될 수도 없는 것입니다. 따라서 우리는 이에 관해 아무런 결론도 내릴 수 없습니다. 유감스럽게도 나의 이 관찰은 다른 많은 유사한 것들과 마찬가지의 약점을 안고 있습니다. 글로 적는 시점이 너무 늦어서, 내가 P선생을 더 이상 만나지 않고 그에게 더 많은 질문들을 할 수 없는 시점에서 논의되고 있다는 것입니다.

그 하나만 놓고 보더라도 명백하게 상념전이의 현실성을 뒷받침하는 듯이 보이는 첫 번째 사건으로 다시 돌아가봅시다. P는 내가 그를 만나기 15분 전에 포사이스 박사가 나와 함께 있었다는 것을 알 수 있었을까요? 그의 존재에 대해서나 그가 빈에 왔다는

---

16 Freund는 물론 독일어로 친구(friend)에 해당한다. 프로이트는 그가 죽은 후 감동적인 부고를 썼다(1920c).

사실에 관해 어떤 정보라도 있었을까요? 두 질문 모두에 단호하게 부정적인 대답을 하려는 경향에 굴복해서는 안 됩니다. 나는 부분적으로 긍정적인 대답에 이르는 길을 찾을 수 있습니다. 나는 결국 노아가 홍수 후에 날아온 첫 비둘기를 기다리듯이, 영국에서 내게 교습을 받으러 올 박사 한 사람을 기다리고 있다는 말을 P선생에게 했을지도 모릅니다. 그랬다면 아마도 1919년 여름에 말했을 것입니다. 포사이스 박사는 도착하기 몇 달 전부터 서신을 통해 나와 합의를 보았기 때문입니다. 나는 어쩌면 그의 이름까지 말했을지도 모릅니다. 매우 가능성 없는 일로 생각되지만 말입니다. 그 이름이 우리 두 사람에게 갖는 다른 관련성의 관점에서 볼 때에도, 그와 관련된 대화는 필수적으로 뒤따랐을 것이고, 그에 관한 기억이 내 머릿속에 남았을 것입니다. 하지만 그런 대화가 있었는데도 불구하고 나는 그것을 까맣게 잊어버리고 있다가, 분석 시간 중에 '미스터 포사이트'라는 말이 튀어나오자 마치 기적을 본 듯 깜짝 놀랐을 수 있습니다. 자신을 회의주의자라고 생각하는 사람이 있다면, 자기의 회의마저도 가끔 의심을 품어보는 것이 좋을 것입니다. 어쩌면 나 자신에게도 기적적인 일을 믿으려는 은밀한 경향이 있어서, 신비주의적 사실을 창조해내는 데 힘몫을 하고 있는지도 모릅니다.

우리가 이렇게 하나의 기적적 가능성을 논외로 할 수 있다 해도, 그래도 가장 까다로운 문제가 우리를 기다리고 있습니다. P선생이 포사이스 박사의 존재와 그가 가을에 빈에 올 거라는 사실을 알고 있었다 하더라도, 그가 도착한 바로 그날에, 박사가 나를 방문한 바로 직후에 그의 존재에 대해 수용적이 되었다는 것을 어떻게 설명할 수 있겠습니까? 아마 우연의 일치라고 말하는 사람도 있을 것입니다. 그러니 설명 안 된 채로 내버려두자고 말입니다. 하지만 내가 P의 다른 두 가지 연상들을 논했던 것은, 그가 나를 방문하는 사람들에게 실제로 질투심 어린 감정을 갖고 있었다는 것을 여러분께 보여주어, 그런 우연성을 배제하기 위한 것이었습니다. 혹은 아마도, 가장 극단적인 가능성을 무시하지 않기 위해, P가 내 얼굴에 나타난 흥분된 표정(이것은 물론 나 자신도 알아채지 못한 것이지만)을 관찰하여 그로부터 박사의 도착을 알게 되었다는 가설을 시도해볼 사람도 있을 것입니다. 혹은 P선생은 (영국인 박사가 떠난 후 15분 후에 도착했기는 하지만) 나를 방문하러 오던 길에 그 사람과 지나치면서, 특유하게 영국적인 외모로부터 그가 누구인지를 깨닫고, 항상 질투심을 가지고 박사의 도착을 예견하던 상황에서 이렇게 생각했을 수도 있습니다 ― '아, 저 사람이 내 상담 시간에 종지부를 찍게 될 포사이스 박사구나! 저 사람은 아마도 막 교수님 집에서 나오는 길일 거야.' 나는 이런 논리적 고찰을 더 이상 진행시킬 수 없습니다. 우리는 다시 한번 확실치 않은 상태에 처합니다. 하지만 여기서도 나는 저울의 축이 상념전이를 인정하는 쪽으로 기운다는 느낌이 듦을 고백해야겠습니다. 더욱이 이런 '신비스런' 사건들을 분석 상황에서 경험해온 사람은 확실히 나 혼자만은 아닙니다. 헬렌 도이치(Helene Deutsch)는 1926년에 유사한 관찰 사례들을 발표했으며, 그것이 환자와 분석가 사이의 전이 관계에 의해 결정될 수 있는지를 연구했습니다.

나는 여러분이 이 문제에 대한 나의 태도에 분명히 만족하지 못할 거라고 생각합니다. 완전히 확신하지 못하면서도, 받아들일 준비는 돼 있는 듯 보이기 때문입니다. 아마도 여러분은, '평생 동안 과학자로서 성실하게 연구를 해왔음에도, 나이가 들어 정신이 나약해지고 종교적이 되어 쉽게 속아 넘어가는 사람의 예를 여기서도 볼 수 있구나'라고 생각하고 있을지 모릅니다. 나는 이 그룹에 몇몇 위대한 인물들의 이름이 포함된다는 것을 알지만, 여러분은 내 이름을 그 사이에 넣어서는 안 됩니다. 적어도 나는 종교적으로 된 것은 아니며, 경솔하게 속아 넘어가지는 않는다고 생각합니다. 다만 어떤 사람이 평생에 걸쳐 현실과의 고통스러운 충돌을 회피하려고 힘을 쏟았다면, 만년에 이르러서도 새로운 현실들 앞에서 언제든 고개를 숙일 준비가 돼 있다고 말할 수 있을 것입니다. 여러분은 분명히, 내가 온건한 일신론을 굳건히 고수하며, 모든 신비적인 것들을 끊임없이 부정하는 모습을 보여주기를 바랄 것입니다. 하지만 나는 비위를 맞추려는 행동은 할 수 없으며, 여러분께 상념전이의 객관적 가능성에 대해, 동시에 텔레파시에 대해서도 더 호의적인 생각을 갖도록 촉구해야만 하겠습니다.

여러분은 내가 정신분석적 방향에서 접근할 수 있는 한에서만 이런 문제들을 다루고 있다는 것을 잊지 않았을 것입니다. 10년도 이전에 이런 문제가 처음 내 시야에 들어왔을 때는, 나도 우리의 과학적 세계관이 위협 당할지도 모른다는 불안을 느꼈습니다. 만약 신비주의의 일부가 사실인 것으로 입증된다면, 과학적 세계관이 심령술이나 신비주의에 자리를 내주어야 할까봐 두려웠던 것입니다.[17] 하지만 오늘날 나는 다른 식으로 생각하게 되었습니다. 신비주의자들이 주장하는 것들 중 어떤 것이 참으로 밝혀지든 간에, 그것을 융합시키려 하지 않고 그에 관해 탐구할 수 없다는 입장을 취한다면 과학은 진정으로 참된 신뢰를 얻을 수 없다는 것입니다. 그리고 특히 상념전이가 관련된 한에서, 이것은 매우 붙잡기 힘든 정신 현상에까지 과학적(혹은 우리의 비판자들이 말하듯, 기계론적인) 사고의 모드를 확대시키는 데 좋은 영향을 미치는 듯합니다. 텔레파시의 과정은 한 사람 안의 정신적 활동이 다른 사람 안에 동일한 정신적 활동을 일으키는 것이라고 추정할 수 있습니다. 이 두 개의 정신적 활동 사이에 있는 것은 육체적 과정이며, 즉 한쪽 끝에서는 정신적 활동이 육체적 활동으로 전환되며, 다른 쪽 끝에서는 그 육체적 활동이 다시 한번 동일한 정신적 활동으로 전환되는 거라고 쉽게 추측할 수 있습니다. 우리가 전화를 통해 말하고 들을 때 일어나는 전환과 비교해서 생각하면, 더 명백하게 알 수 있을 것입니다. 그리고 우리는 심리적 활동의 이런 육체적 대응치만 포착할 수 있다는 것을 생각해보십시오! 나는 정신분석학이 육체적인 것과 이전까지 '심리적(psychical)'이라고 불리던 것 사이에 무의식을 집어넣음으로써, 텔레파시 같은 가설들을 위한 길을 닦아놓았다고 생각합니다. 우리가 스스로 텔레파시라는 생각에 익숙해진다면, 그것만으로도 많은 것을 달성할 수 있습니다. 오직 상상력을 통해서일지라도 시간이 흐르면서 정말 그렇게

---

17 이런 생각은 프로이트 사후에 출간된 논문 〈정신분석과 텔레파시〉(1941d)의 서론 부분에서 상당한 길이로 표현되고 있다.

됩니다. 거대한 곤충 집단이 어떻게 동일한 목적에 따라 움직이게 되는지 그 원리를 우리는 잘 모릅니다. 아마도 이런 종류의 직접적인 심리적 전이가 작용한다고 추측할 수 있습니다. 그리하여 우리는 이것이 인간들 사이의 원래적이고 원시적인 커뮤니케이션 수단이었는데, 계통 발생적인 진화의 과정에서, 감각 기관들에 의해 채택되었고 신호의 도움으로 정보를 전달하는 더 향상된 수단으로 대체되었을지도 모른다는 추측에 이르게 됩니다. 그러나 고전적인 수단도 배후에서 존속해왔으며, 특정한 상황 하에서는 여전히 효력을 발휘하는지도 모릅니다. 예를 들어, 격정적으로 흥분한 군중들 사이에서 말입니다. 이 모든 것에는 여전히 불분명하고 풀리지 않는 수수께끼들이 가득합니다. 하지만 이런 것에 겁먹을 필요는 없습니다.

만약 텔레파시 같은 것이 실제적 과정으로 존재한다면, 증명하기 어렵다는 사실에도 불구하고, 그것이 매우 흔한 현상은 아닌지 의심해볼 수 있습니다. 특히 어린이의 정신생활에서 그것을 밝혀낼 수 있다면 우리의 기대에 부합하는 것이 될 것입니다. 여기서 우리는 어린이들이 자주 느끼는 불안인, 직접 말을 하지 않아도 부모님이 자신의 모든 생각을 읽고 있다는 불안을 떠올릴 수 있습니다. 이것은 텔레파시와 꼭 닮은 상대물이며, 아마도 성인이 된 후 하느님의 전지하심을 믿는 원천이 될 것입니다. 바로 얼마 전에는, 신뢰할 수 있는 분석가인 도로시 벌링엄(Dorothy Burlingham)이 〈아동 분석과 어머니〉(1932)라는 논문에서 어떤 관찰 사례를 발표했는데, 만약 확증될 수만 있다면 상념전이의 현실성에 관한 많은 의혹들에 종지부를 찍을 수 있는 그런 것이었습니다. 그녀는 이제는 더 이상 드문 것이 아닌, 어머니와 아이가 동시에 분석을 받는 상황을 이용했으며, 다음과 같은 몇 가지 놀라운 사건들을 보고했습니다. 어느 날 어머니는 분석 시간 중에 어린 시절의 어떤 회상에서 특별한 역할을 했던 금화에 대해 말했습니다. 그 직후에 그녀가 집으로 돌아가자, 열 살쯤 된 아들이 방으로 들어와서 그녀에게 대신 보관해달라며 금화 한 닢을 내밀었습니다. 그녀는 깜짝 놀라서 그게 어디서 났냐고 물었습니다. 그것은 이 꼬마가 생일날 받은 동전이었습니다. 하지만 그의 생일로부터 벌써 몇 개월이 지난 후였고, 왜 갑자기 소년이 정확히 그 시점에 금화를 기억하게 되었는지 하등의 이유도 없었습니다. 어머니는 이 사건을 아이의 분석가에게 말하고, 아이가 그런 행동을 하게 된 이유를 찾아달라고 부탁했습니다. 그러나 분석가는 아이가 왜 그런 행동을 했는지 아무런 해답도 발견하지 못했습니다. 그 행동은 그날 아이의 생활에 마치 낯선 존재처럼 갑자기 끼어든 것이었습니다. 몇 주가 지난 후 이 어머니는 분석가가 지시한 대로, 자신의 경험들을 적기 위해 책상에 앉아 있었는데, 갑자기 아이가 들어와서 금화를 돌려달라고 했습니다. 분석 시간에 가져가서 보여주려고 한다는 것이었습니다. 분석가는 아이의 이 소망에 대해 역시 어떤 이유도 발견할 수 없었습니다.

　자, 우리는 다시 우리의 출발점이었던 정신분석학으로 돌아온 것입니다.

31강 심리적 인격의 해부[1]

신사숙녀 여러분, 여러분은 사람이든 사물이든 외부의 것들과 관계를 맺을 때, 출발점의 의미가 중요하다는 것을 알고 있을 것입니다. 이것은 정신분석학에 있어서도 마찬가지입니다. 정신분석학의 발전이나 일반 사람들에게 수용되는 측면에서도, 정신분석학이 마음의 모든 요소들 가운데서도 자아에게 가장 낯선 것, 즉 증상(symptoms)을 대상으로 연구를 시작했다는 것은 아무래도 상관없는 문제는 아닙니다. 증상은 억압된 것으로부터 기인하는데, 자아 앞에 대표자로 나온 격입니다. 그러나 억압된 것이 자아에게 낯선 영역인 것은(내부의 낯선 영역), 현실이 — 이 같은 유다른 표현을 용서해주신다면 — 외부의 낯선 영역인 것과 마찬가지입니다. 증상들을 따라가다보면 무의식, 본능적 삶, 성욕에 이르게 됩니다. 그리고 정신분석에 가해지는 모든 명쾌한 반대들, 즉 인간은 단지 성적인 동물이 아니라 더 고상하고 고차원적 충동을 가진 존재라는 반론에 마주치게 되는 것도 바로 이 지점입니

---

1 이 강의의 내용 중 많은 부분은 《자아와 이드》(1923b)의 1, 2, 3, 5장에서 유래한 것이다(일부분은 내용이 보충되었다).

108

다. 그러나 그들은 이런 고차원적 충동의 인식에 의해 한없이 숭고한 존재가 되어, 스스로 난센스를 생각하고 사실을 무시할 수 있는 권리를 가진 듯 행동한다는 점도 덧붙여 두어야겠습니다.

여러분이 더 잘 알 것입니다. 우리는 아주 처음부터, 인간은 본능적 삶의 욕구와 그에 대항해 내부에서 발생한 저항 사이의 갈등으로 병이 들었다는 것을 말입니다. 우리는 이 같은 저항, 배척, 억제하는 심급을 한순간도 잊어본 적이 없습니다. 이것은 특별한 힘인 자아본능(ego-instincts)을 갖추고 있다고 생각되며, 통속 심리학에서 말하는 자아와 일치하는 것입니다. 그러나 과학적 탐구를 통해 이루어지는 진보가 매우 더디고 많은 노력이 필요하다는 관점에서 볼 때, 정신분석학이 모든 분야를 동시에 연구할 수는 없으며, 모든 문제에 관해 입장을 단숨에 표현할 수 없는 것이 현실입니다. 하지만 우리가 결국 억압된 것으로부터 억압하는 힘으로 관심을 돌리는 것이 가능해졌을 때 요점이 달성될 수 있었으며, 그 자체로 명백해보이는 이 자아 안에서도 예기치 않은 것들이 발견되리라는 확실한 기대를 가지게 되었습니다. 하지만 최초의 접근법을 발견하는 것도 쉽지 않은 일이었습니다. 그리고 오늘 내가 여러분께 말씀드리려는 것이 바로 이것입니다.

하지만 나는 지난번에 강의했던 심리적 지하세계(psychical underworld)로의 입문보다 이 자아심리학(ego-psychology)의 설명이 여러분에게 조금 다른 느낌을 주게 될 거라고 추측하고 있습니다. 왜 꼭 그래야만 하는지는 분명히 말씀드릴 수 없습니다. 내가 이전까지 말씀드린 것들이 아무리 이상하고 기묘할지라도 대부분 사실이었던 데 반해, 여러분이 앞으로 듣게 될 것은 거의가 의견(즉 추론)이라는 데 그 이유가 있을 것입니다. 그러나 이말이 정확히 맞는 것은 아닙니다. 조금 더 고찰해보면, 자아심리학에서 실제적 자료들을 가지고 논리적으로 추론하며 사색하는분량이, 신경증에 대한 심리학의 경우보다 그다지 많지 않음을 알게 됩니다. 나는 다른 설명이나 내가 기대했던 결과들도 마찬가지로 파기해야만 했습니다. 그래서 이제는 그것이 어느 정도 대상자체의 성질에 관한 문제이며, 그것을 다루는 데 익숙해져야 할문제라고 생각하게 되었습니다. 어쨌거나, 나는 여러분이 판단의면에서 지금까지보다 더욱 조심스럽고 삼가게 되더라도 놀라지않을 것입니다.

탐구의 시작점에서 우리가 처해 있는 상황이 하나의 길잡이가되어줄 수 있습니다. 우리는 자아를, 바로 자신의 자아를 탐구 주제로 삼고자 희망합니다. 하지만 그게 가능할까요? 결국 자아는그 진정한 본질에 있어 주체입니다. 그것이 어떻게 객체가 될 수있겠습니까? 하지만 그렇게 될 수 있다는 사실에는 의심의 여지가없습니다. 자아는 그 자신을 대상으로 삼을 수 있으며, 그 자신을다른 대상들처럼 다룰 수 있고, 자신을 관찰할 수 있고, 자신을 비판할 수 있으며, 그 외에 자신을 상대로 무슨 일이든 감행할 수 있습니다. 여기서 자아의 한 부분은 나머지 부분을 제치고 위로 올라섭니다. 따라서 자아는 분할될 수 있습니다. 자아는 일시적이기는 하지만, 수많은 기능을 하는 중에 스스로를 분할합니다. 이 부분들은 나중에 다시 합쳐질 수 있습니다. 이것은 일반적으로 알려진 것에 색다른 강조점을 두는 것일 수도 있지만, 정확히 말해 새로운 사실은 아닙니다. 반면, 우리는 병적인 상태가 사태를 확대하고 더 조잡하게 만듦에 의해 그렇지 않았으면 포착되지 않았을 정상적인 상태들에 우리의 주의를 인도할 수 있다는 사실에 익숙합니다. 균열이나 틈새가 보이는 곳에는 대체로 분절이 존재합니다. 수정을 바닥에 던지면 그것은 깨져버립니다. 하지만 제멋대로 부서지는 것이 아니라 일정한 균열의 선을 따라 조각조각 부서지는데, 그 경계는 평소에는 보이지 않지만, 수정의 구조에 의해 미리 결정되어 있던 것입니다. 정신병 환자들도 이와 같은 종류의 분열되고 붕괴된 구조를 갖고 있습니다. 옛날 사람들은 정신이상자에 대해 존경이 깃든 두려움을 느꼈는데, 우리도 그런 심정을 억누를 수 없습니다. 그들은 외적인 현실로부터 멀어져갔지만, 바로 그 사실 때문에 내적·심리적 현실에 대해 더 많은 것을 알며, 일반적 상황에서는 접근 불가능했을 수많은 것들을 우리에게 드러내 보여줄 수 있습니다.

이 환자들 중 한 그룹은 자기가 관찰을 당한다는 망상에 시달립니다. 그들은 어떤 미지의 힘—아마도 사람들—이 끊임없이, 자신의 가장 내밀한 행동에 이르기까지 관찰을 하며 괴롭힌다고, 또 환상 속에서 그런 관찰의 결과를 보고하는 목소리를 듣는다고 우리에게 호소합니다. 즉 '이제는 이런 말을 할 거야, 이번에는 외출하려고 옷을 입을 거야'라고 말입니다. 이런 종류의 관찰 망상은 피해 망상과 같은 것은 아니지만, 많이 다르지는 않습니다. 이것은 사람들이 자신을 의심하고 있으며, 자기가 어떤 금지된 행동을 하기를 기다리고 있다가 그 순간에 붙잡으려 하고, 그로 인해 자기가 처벌을 받게 되리라는 망상을 전제합니다. 만약 이런 정신이상자들의 경우가 실제의 현실이라면 어떻겠습니까? 그들의 자아 속에서 이런 식으로 감시하고 처벌을 위협하는 심급이 우리 각자 안에도 있다면, 그리고 그들 안에서는 그것이 단지 자아로부터 날카롭게 분리되어 외적인 현실로 대체되는 착오만이 일어난 거라면 어떻겠습니까?

나는 같은 생각이 여러분에게도 떠오를 것인지 잘 모르겠습니다. 이런 임상적 사례들로부터 받은 강한 인상에 입각해서, 나는 관찰하는 심급이 나머지 자아로부터 분리된 것은 자아 구조의 일반적인 모습이 아닐까 하는 생각을 하게 되었고, 이 생각은 내 머릿속을 떠나지 않았으며, 이렇게 나누어진 심급의 더 자세한 특징과 연관관계를 탐구하려는 생각을 갖게 되었습니다. 나는 즉시 다음 단계에 착수했습니다. 관찰을 당한다는 망상의 내용은 그것이 오직 판결과 처벌의 준비단계라는 것을 암시하고 있으며, 따라서 이 심급의 또 다른 기능은 우리가 소위 '양심(conscience)'이라고 부르는 것임에 틀림없다고 추측할 수 있습니다. 우리가 그렇게 규칙적으로 우리의 자아로부터 분리시키고, 그렇게 쉽게 나머지 자아와 맞설 수 있는 것은, 우리 안의 양심 외에는 찾아보기 힘듭니다. 나는 내게 쾌락이 될 거라고 생각되는 어떤 것을 하고 싶은 강렬한 욕구를 느끼지만, 양심이 허락하지 않는다는 이유에서 그것을 포기합니다. 혹은 나는 매우 강한 쾌감의 기대에 설득되어, 양심의 목소리가 금지하는 어떤 것을 실행하고 말지만, 추후에 양심은 괴로운 책망으로 나를 벌주고 내 행동에 대해 뼈저린 후회를 하게 만듭니다. 나는 내가 자아 안에서 구별하기 시작한 특별한 심급을 '양심'이라고 간단히 말해야 할지도 모릅니다. 하지만 그 심급을 독립적인 것으로 상정하고, 양심은 그것의 기능들 중 하나이며, 양심의 판결 활동의 필수적인 준비단계인 자기관찰(self-observation)도 그런 기능 중 하나라고 가정하는 것이 더 신중할 것입니다. 그리고 어떤 것이 독립적인 존재를 갖는다는 것을 인식할 때, 우리는 그것에 이름을 주어야 하므로, 지금부터 나는 자아 안에 있는 이 심급을 '초자아(super-ego)'라고 부르겠습니다.

나는 이제 여러분이 우리의 '자아심리학(ego-psychology)'이라는 것이, 흔히 사용되는 추상적 개념을 글자 그대로 조잡한 의미에서 취한 것뿐이지 않느냐고, 그런 개념들을 실체로 변환시킨 것일 뿐이지 않느냐고, 별로 얻어질 게 없다는 식으로 경멸조의 비난을 한다 해도, 그에 대처할 준비가 되었습니다. 이에 대해 나는, 자아심리학은 보편적으로 알려진 것을 벗어나기 힘들다고 대답하겠습니다. 이것은 새로운 것을 발견하기보다는 사태를 보는, 그리고 사태를 재편하는 새로운 방식을 찾는 문제일 것입니다. 그러므로 여러분의 경멸적인 비판정신을 당분간 고수한 채로 앞으로 이어질 설명을 기다려보십시오. 병리학의 사실들은, 여러분이 통속 심리학에서 헛되이 찾고 있는, 탐구를 위한 기반을 우리에게 제공해줍니다. 나는 이런 것을 바탕으로 계속해나가고자 합니다.

우리는 어느 정도의 자율성을 누리며, 자신의 의향을 갖고 있고, 자아와는 별도의 에너지원을 갖는 이런 초자아의 개념에 거의 친숙하지 않습니다. 그보다는 임상적 구도가 우리의 인식에 뿌리 깊은데, 그것은 이 심급의 엄격함과 잔인함, 또 자아와의 가변적인 관계를 똑똑히 보여주는 것입니다. 나는 우울증(melan-cholia)[2]의 상태, 혹은 더 정확히 말해서 우울증 발작의 상태를 생각하고 있는데, 이에 대해서는 꼭 정신과 의사가 아니더라도 여러분도 많이 들어보셨을 것입니다. 그 원인과 메커니즘에 대해 우리는 별로 아는 바가 없지만, 이 병의 가장 주목할 만한 특징은, 초자아—여러분이 보통 '양심'이라고 부르는 것입니다—가 자아를 다루는 방식입니다. 우울증 환자는 건강한 기간 동안엔 다른 사람들과 마찬가지로 자기 자신에 대해 온건한 정도의 가혹함을 보일 수 있는 데 반해, 우울증 발작 동안에는 초자아가 극도로 가혹하게 불쌍한 자아를 학대하며, 모욕하고, 함부로 대하고, 직접적인 처벌로 위협하고, 아주 먼 과거까지 거슬러 올라가 그 당시에는 가볍게 넘어갔던 일로 자아를 책망합니다. 마치 그동안 비난할 거리를 모으고 있다가, 이제 현재적인 힘의 뒷받침을 받게 되자 그것을 기반으로 유죄 판결을 내릴 기회만 호시탐탐 엿보고 있었던 듯이 말입니다. 초자아는 자기 손아귀에 있는 무력한 자아에게 가장 가혹한 도덕적 기준을 적용합니다. 일반적으로 초자아는 도덕성의 요구를 대변하며, 우리는 죄에 대한 우리의 도덕적 의식이 자아와 초자아 간의 긴장의 표현이라는 것을 일순간 깨닫게 됩니다. 신에게서 부여받은 것으로 간주되던, 그리고 우리에게 매우

---

2 현대적 용어로는 아마도 depression으로 표현되어야 할 것이다.

뿌리 깊게 박혀 있는 도덕성이 〔이런 환자들에게서〕 주기적인 현상으로 나타나는 것을 보는 것은 매우 놀라운 경험입니다. 왜냐하면 몇 달의 시간이 지나면, 모든 도덕적인 소란이 끝나서 초자아의 비판은 잠잠해지며, 자아는 원상회복되어, 다음 발작이 있을 때까지 다시 인간의 모든 권리를 누리게 되기 때문입니다. 이 병의 일부 형태에서는, 사실 이와 완전히 반대되는 종류가 그 사이의 기간 중에 발생합니다. 즉 자아는 완전히 도취된 행복한 상태가 되어 승리를 축하하는데, 마치 초자아가 모든 힘을 잃어버리고 자아로 융합된 듯합니다. 그리고 이 해방되고 흥분한 자아는 스스로에게 모든 취향의 억제되지 않은 만족을 허용합니다. 여기에는 풀리지 않은 수수께끼들이 가득합니다!

내가 초자아의 형성에 관해 많은 것을 발견했다고 말한다면, 여러분은 분명히 몇 가지 사례를 보여주는 것 이상의 더 많은 것을 기대할 것입니다. 칸트가 우리 안의 양심을 어두운 밤하늘을 비추는 별에 비유했듯이, 경건한 사람이라면 이 두 가지를 창조의 걸작으로 기리고 싶은 유혹을 받는 것이 당연합니다. 별들은 정말로 장대하지만, 양심에 관한 한 신은 불균등하고 부주의한 작품을 만들어놓았는데, 대다수의 사람들은 양심을 적은 양만 소유하거나, 거의 언급할 가치도 안 될 정도로만 가지고 있기 때문입니다. 양심이 신적인 기원을 갖는다는 언명에 담긴 심리적 진실성을 간과하려는 것은 아닙니다. 하지만 이 명제는 해석이 필요합니다. 양심은 '우리 안에' 있는 것이기는 하지만, 맨 처음부터 그랬던 것은 아닙니다. 이런 면에서 그것은 성생활과 실로 대비되는데, 이것은 생명의 처음부터 그 자리에 있었던 것이지, 나중에 덧붙여진 것이 아니기 때문입니다. 잘 알려져 있듯이, 어린 아이들은 무도덕적(amoral)이며 쾌락을 추구하는 충동에 어떤 내적인 거리낌도 갖지 않습니다. 뒤에 가서 초자아가 떠맡게 되는 역할은 처음에는 외부적인 힘, 즉 부모의 권위에 의해서 행사됩니다. 부모는 사랑의 징표를 보여줌으로써, 그리고 처벌로 위협함으로써 아이를 통제하는데, 이런 처벌은 사랑의 결핍을 상징하기 때문에 아이에게 두려움을 야기합니다. 이 현실적 불안(realistic anxiety)은 나중에 있을 도덕적 불안[3]의 선임자입니다. 이것이 지배하는 한, 초자아나 양심 같은 것을 이야기할 필요가 없습니다. 2차적 상황이 발전하는 것은 오직 추후의 문제인데(우리는 이것을 너무도 쉽게 정상적인 과정으로 간주합니다), 여기서 외적인 금지는 내면화되고, 초자아가 부모적 심급의 자리를 차지하여 감시하며, 그것은 이전에 부모가 자식에게 했던 것과 똑같은 방식으로 자아에게 명령하고 자아를 위협합니다.

이렇게 부모적 심급의 권한, 기능 그리고 방법들까지 양도받은 초자아는 단순히 그 계승자일 뿐만 아니라, 실제로 그 몸의 적법한 상속자입니다. 초자아는 직접적으로 부모적 심급으로부터 나와 그 자리를 이어받으며, 이것이 진행되는 과정은 이제 곧 설명드릴 것입니다. 하지만 우리는 먼저 양자 사이의 불일치를 숙고해 보아야 합니다. 초자아는 일방적으로 편향된 선택만 하는 것으로 보입니다. 즉 오직 부모의 엄격함과 가혹함, 금지하고 처벌하는

---

3 Gewissensangst, 글자 그대로 풀이하면 '양심 불안'.

기능만을 골라서 이어받은 듯하며, 부모의 사랑이 깃든 보살핌은 포함하지 않는 듯합니다. 만약 부모가 스스로의 권위를 심하게 밀어붙였다면, 아이가 가혹한 초자아를 발달시키리라는 것을 쉽게 이해할 수 있습니다. 하지만 우리의 기대와는 반대로, 아이가 온화하고 자상한 훈육을 받고 가능한 한 최대로 위협과 처벌을 피한 경우라도, 초자아는 가차 없이 엄격한 성격을 획득할 수 있다는 것이 경험을 통해 드러납니다. 나중에 초자아의 형성에 있어서 충동의 변화를 다룰 때, 우리는 이 모순점으로 다시 돌아올 것입니다.[4]

나는 부모와의 관계가 초자아로 변형되는 과정에 대해 내가 하고 싶은 만큼 마음껏 말씀드릴 수 없습니다. 부분적으로는 그 과정이 매우 복잡해서 내가 여러분께 전달하고자 하는 이 입문적 강의의 기본 틀에 맞지 않기 때문이고, 또 부분적으로는 우리가 그것을 완전히 이해한다고 확신할 수 없기 때문입니다. 따라서 여러분은 아래의 간략한 스케치에 만족해야 할 것입니다.

그 과정의 기반은 소위 '동일화(identification)'라는 것입니다. 즉 하나의 자아가 다른 자아와 동화되는 것이며[5] 그 결과 첫 번째 자아는 어떤 측면에서 두 번째 자아와 비슷하게 행동하며, 그것을 모방하고, 어떤 의미에서 그것을 자신에게로 받아들입니다. 동일화는 한쪽이 다른 쪽을 잡아먹는 식인 풍속과 종종 비교되곤 하는데, 그리 틀린 비유는 아닙니다. 이것은 다른 사람에 대한 애착의

---

4 뒤의 188페이지를 참고할 것.
5 즉 하나의 자아가 다른 자아와 닮아가는 것.

형태 중 매우 중요한 형태이며, 아마도 가장 최초의 형태일 것입니다. 그러나 대상의 선택과는 같지 않습니다. 양자의 차이는 대체로 다음과 같은 방식으로 표현될 수 있습니다. 만일 소년이 자기를 아버지와 동일화시킨다면, 그는 아버지같이 되기를 원합니다. 그러나 아버지를 선택의 대상으로 삼는다면, 그는 아버지를 갖기를, 소유하기를 원합니다. 첫 번째 경우에서 그의 자아는 아버지를 모델로 삼아 변화되지만, 두 번째 경우에서 이런 과정은 필요치 않습니다. 동일화와 대상-선택(object-choice)은 많은 부분에서 서로 독립적입니다. 그러나 예를 들어, 자기가 희구하는 성적인 대상에 스스로를 동일화시키고 그를 모델로 삼아 자신의 자아를 변화시키는 것도 가능한 일입니다. 성적인 대상으로부터 영향을 받아 자신의 자아를 변화시키는 것은 여성들에게서 자주 나타나며, 따라서 여성성의 특징이라고 일컬어지기도 합니다. 나는 이미 내 이전 강의들에서 동일화와 대상-선택이 함께 관련되는 매우 중요한 관계가 무엇인지 이미 말했습니다. 이것은 어른과 아이를 불문하고, 그리고 정상인과 병자를 불문하고 똑같이 쉽게 관찰될 수 있습니다. 어떤 사람이 대상을 상실하거나 그것을 포기할 수밖에 없었을 때, 그는 종종 스스로를 그 대상과 동일화함으로써, 그것을 자신의 자아에 다시 확립함으로써 보상을 얻으려 하며, 따라서 여기서는 대상-선택이 후퇴하여 동일화로 변하는 거라고 말할 수 있습니다.[6]

나 자신은 동일화에 대한 이 같은 설명이 전혀 만족스럽지 못합니다. 하지만 여러분이, 부모적 심급과의 성공적인 동일화에 의

118

해 초자아가 정립된다는 설명을 인정해준다면, 그걸로 충분할 것입니다. 이런 견해를 결정적으로 뒷받침하는 사실은, 자아 안에 이런 우월한 심급의 생성이 오이디푸스 콤플렉스의 운명과 가장 밀접하게 연결되어 있다는 것이며, 따라서 초자아는 어린 시절에 매우 큰 중요성을 갖는 감정적 애착의 상속자로 모습을 드러냅니다. 우리가 앞으로 보게 되듯이, 어린이는 오이디푸스 콤플렉스의 포기와 함께 부모에게 향했던 강렬한 대상-집중(object-cathexes : 정신 에너지가 어떤 표상에 부착되어 있는 것—옮긴이)을 단념해야만 하며, 대상의 이 같은 상실에 대한 보상으로, 아마도 자아 안에 이미 오래 전부터 형성되어 있던 부모와의 동일화가 크게 증대됩니다. 포기된 대상-집중의 침전물로서 이런 종류의 동일화는 아이의 삶 속에서 추후로도 계속 반복됩니다. 그러나 그 결과 자아 안에 특별한 자리가 마련되는 것은, 어린 시절에 일어나는 이런 변환의 첫 번째 사례가 감정적으로 극히 중요하기 때문입니다. 면밀한 연구 결과, 오이디푸스 콤플렉스의 극복이 불완전하게 이루어질 경우, 초자아는 그 힘과 성장의 면에서 저해를 받는다는 것이 밝혀졌습니다. 초자아는 또한 발달의 과정에서 부모의 자리에 들어앉은 사람들, 즉 교육자, 선생님, 이상적 인물로 선택된 사람들의 영향도 함께 받아들입니다. 보통의 경우 그것은 시초가 된 부모의 모델로부터 점점 더 멀어집니다. 즉 더욱 비개인

---

6 이 문제는 《정신분석 강의》에 사실 매우 간략하게만 암시되어 있다(26강 후반부를 참조할 것). 동일화는 《집단심리학》(1921c) 7장의 주제였다. 초자아의 구조는 《자아와 이드》(1923b) 3장에서 상세히 논의되었다.

적으로 되어갑니다. 자식은 생애의 여러 시기에 자신의 부모에 대해 각각 다른 평가를 내린다는 점을 잊지 말아야 합니다. 오이디푸스 콤플렉스가 초자아에 자리를 내주는 시점에서, 부모는 매우 숭고한 무엇입니다. 그러나 후에는 그 상당 부분이 퇴색합니다. 동일화는 이런 나중의 부모들과도 결부되며, 사실 이것은 정기적으로 성격의 형성에 중요한 기여를 합니다. 그러나 그에 의해 영향을 받는 것은 자아뿐이며, 초자아는 더 이상 영향을 받지 않는데, 초자아는 가장 초기의 부모 이미지(parental imagos)에 의해 결정되기 때문입니다.[7]

나는 여러분이, 초자아의 가설은 구조적인 관계를 설명하는 것이지, 양심 같은 몇몇 추상을 단지 인격화하는 것은 아니라는 사실을 이미 깨달았기를 희망합니다. 이 초자아에 귀속되는 한 가지 더 중요한 기능을 설명드려야겠습니다. 초자아는 또한 자아가 스스로를 평가하는 기준이 되고, 자아가 경쟁심을 느끼고, 그것이 요구하는 바를 훨씬 더 훌륭하게 완성하고자 하는 데 척도가 되는 '자아 이상(ego ideal)'의 운반자입니다. 이 '자아 이상'이 부모의 옛 이미지의 침전물이며, 아이가 어린 시절에 부모에게 부여했던 완벽성에 대한 존경의 표현이라는 것은 의심할 여지가 없습니다.[8]

나는 여러분이 특히 신경증 환자를 특징짓는 것으로 가정되는 열등감에 대해 많이 들어봤을 거라고 확신합니다. 이것은 특히 순

---

[7] 프로이트는 이런 입장을 〈마조히즘의 경제적 문제〉(1924c)라는 논문에서 논했다.

수문학(belle lettres)으로 알려진 책들 속에 자주 출몰합니다. '열등 콤플렉스(inferiority complex)'라는 용어를 사용한 한 저술가는, 이 말을 통해 정신분석학의 모든 과제를 성취했다고 생각하며, 자신의 이론 구조를 한층 높은 심리학적 단계로 올려놓았습니다. 사실 '열등 콤플렉스'라는 말은 정신분석학에서 잘 사용되지 않는 전문용어입니다. 그것은 기초가 되는 것은 말할 것도 없고, 어떤 간단한 의미도 담고 있지 않습니다. 소위 개인심리학자들(individual psychologists)[9]의 학파에서는, 열등 콤플렉스의 뿌리를 어떤 신체적 결함(organic defects)의 자기인식에 있다고 보는데, 이것은 우리가 보기에 근시안적인 실수로 생각됩니다. 열등감은 강력한 성적인 뿌리를 갖고 있습니다. 어린아이는 자기가 사랑받지 못한다고 생각하면 열등감을 느끼며, 어른도 마찬가지입니

---

8 이 구절에는 다소 모호성이 있으며, 특히 여기서 '자아 이상의 운반자'로 번역된 der Trager des Ichideals가 그렇다. 프로이트가 이 개념을 나르시시즘에 관한 논문에서 처음으로 소개했을 때는(1914c), '자아 이상' 자체와 '자아 이상으로부터 나르시시즘적 만족이 확보되었는지 관찰하는 역할을 하는, 그리고 이런 목적으로 끊임없이 실제 자아를 관찰하며 자아 이상에 의해 그것을 평가하는 특별한 심리적 심급'을 서로 구별했다. 이와 비슷하게, 《정신분석 강의》(1916~1917) 26강에서도 그는, '자신의 실제 자아와 그 각각의 활동을, 발달 과정 중에서 스스로 창조한 이상적 자아에 의해 평가하는, 자아 안에서 지배권을 갖고 있는 어떤 심급'을 감지하는 사람에 대해 말한다. 프로이트의 후기 저작들 중 일부에서, 이상 자체와 그것을 강제하는 심급에 관한 이 같은 구별은 흐릿해진다. 그러나 여기서는 그런 구별이 다시 부활하여 초자아가 그 강제하는 심급과 동일시되고 있는 듯하다. 밑으로 세 단락 아래에서 사용된 Idealfunktion이라는 용어도 같은 문제를 제기한다.

9 개인심리학자들의 관점은 뒤에 이어지는 34강의 235페이지에서 논의된다.

다. 실제로 열등한 것으로 간주되어야 하는 유일한 신체 기관은 퇴화된 남근, 즉 여성의 음핵(clitoris)입니다.[10] 하지만 열등감의 주요한 부분은 자아가 초자아와 갖는 관계로부터 기인합니다. 죄책감과 마찬가지로 열등감도 자아와 초자아 사이의 긴장의 표현입니다. 전체적으로 볼 때, 열등감과 죄책감을 분리시키는 것은 쉽지 않습니다. 전자를 도덕적 열등감에 대한 성애적 보상으로 간주한다면 좀더 분명히 구별될지도 모릅니다. 이 두 개념의 한계 설정에 관한 문제는 정신분석학 내에서 충분히 탐구되지 않았습니다.

열등 콤플렉스는 대중적으로 관심을 끄는 화제가 되었기 때문에, 나는 여러분께 재미 삼아 짧은 여담을 들려드리고자 합니다. 우리 시대의 한 역사적 인물은 지금 살아 있기는 하지만 이제 은퇴하여 후진으로 물러난 상태인데, 태어날 때 입은 외상으로 사지 중 하나에 결함을 안고 있었습니다. 그런데 특히 명사들의 전기를 편찬하기 좋아하던 우리 시대의 한 유명한 작가가, 여러 인물들 중에서도 내가 지금 말하고 있는 사람의 일생을 다루었습니다.[11] 사실 전기를 쓰는 데 있어 심리적 깊이를 서술할 필요성을 억누르기는 당연히 어려울 것입니다. 이런 이유에서 우리의 작가는 그 인물의 영웅적 인격의 모든 발달을, 신체적 결함에서 나왔을 것이 분명한 열등감 위에 세우고자 시도했습니다. 그러나 그렇게 함으

____

10 프로이트가 남녀 성의 해부학적 차이에 대해 쓴 논문(1925i)의 각주를 참고할 것.

11 에밀 루드비히의 《빌헬름 2세》(1926).

로써 그는 작지만 하찮은 것이 아닌 하나의 사실을 간과하고 말았습니다. 어머니들은 보통 자기 자식이 병약하거나 다른 면에서 장애를 갖는 운명에 처했을 때, 아이의 불공평한 핸디캡을 과잉적인 보살핌과 사랑으로 보상하려는 경향을 보입니다. 그러나 우리 앞에 놓인 사례에서, 그의 자존심 강한 어머니는 다른 식으로 행동했습니다. 아이의 결함을 이유로 모든 사랑을 거두어 가버린 것입니다. 그는 자라서 강력한 힘을 갖는 인물이 되었을 때, 어머니를 절대 용서하지 못하겠다는 것을 자신의 행위를 통해 증명해보였습니다. 어머니의 사랑이 아이의 정서에 미치는 중요성을 고려할 때, 여러분은 이 전기 작가의 열등감 이론에 암묵적인 수정을 가하지 않을 수 없을 것입니다.

이제 다시 초자아로 돌아가봅시다. 우리는 초자아에 자기관찰 기능, 양심 기능, 이상[을 보유하는] 기능[12]을 할당했습니다. 우리가 초자아의 기원을 말한 것으로부터, 그것이 심대한 중요성을 가진 생물학적 사실 및 운명적인 심리학적 사실을 전제로 한다는 것을 알 수 있습니다. 즉 인간의 아이는 오랫동안 부모에게 의존적이라는 사실과 오이디푸스 콤플렉스이며, 양자는 다시 밀접하게 상호 연결됩니다. 초자아는 우리에게 있어 모든 도덕적 제약의 대표자이며, 완벽을 향한 노력의 변호인입니다. 이것은, 즉 인간 생활의 한층 더 높은 측면으로 불리는 것을 우리가 심리학적으로 파악한 것이라 할 수 있습니다. 초자아 자체가 부모나 교육자 등의

---

12 Idealfunktion, 앞 페이지의 각주 8을 참조할 것.

영향에 귀속되기 때문에, 그 근원이 된 사람들을 주목하면 의미를 한층 더 잘 알 수 있습니다. 일반적으로 이러한 부모나 권위자들은 아이들을 교육할 때 그들 자신의 초자아의 권고에 따릅니다. 그들의 자아는 자신의 초자아에 대해 어느 정도의 이해에 도달했건 간에, 아이들을 교육히는 면에서 가혹하고 엄격합니다. 그들은 자기가 어렸을 때 겪었던 어려움은 까맣게 잊고, 과거에 자신에게 엄격한 규제를 가했던 부모와 자신을 완전히 동일화하곤 합니다. 이렇듯 아이의 초자아는 사실 부모를 모델로 삼아서가 아니라, 부모의 초자아를 모델로 삼아 축조됩니다. 그것을 채우는 내용물은 동일하며, 따라서 이것은 전통의 전달 수단이 되어, 이런 식으로 한 세대에서 다음 세대로 동일한 것을 실어 나르며 세월이 흘러도 변치 않는 가치 판단을 전달하는 수단이 됩니다. 여러분은 아마도 초자아를 고려하는 것이 인류의 사회적 행동 — 예를 들어, 범죄의 문제 — 을 이해하는 면에서 얼마나 중요한 도움을 줄지 쉽게 추측할 수 있을 것이며, 그것은 아마도 교육에 있어서도 실제적인 힌트를 줄 수 있을 것입니다. 유물론적인 역사관의 오류는 아마도 이런 중요한 요소를 평가절하했다는 데 그 원인이 있을 것입니다. 그들은 인긴의 '이데올로기'를 동시대의 경제 조긴의 산물이자 상부구조일 뿐이라고 주장하며 그 문제를 쉽게 넘겨버립니다. 이 말은 맞지만, 완전한 진실은 아닌 것으로 생각됩니다. 인류는 한번도 온전히 현재를 살았던 적이 없습니다. 여러 민족 및 사람들의 과거와 전통은 초자아의 이데올로기 속에서 전승되며, 이것은 현재의 영향을 아주 조금씩만 받아들이면서 조금씩만 변화해갑니다. 그리고 그것이 초자아를 통해 작용하는 한, 그것은 경제적 조건들과는 독립적으로 인간의 삶에 강력한 영향력을 행사합니다.

1921년에 나는 자아와 초자아의 구별을 집단심리학을 연구하는 데 사용해보려고 시도했습니다. 그리고 다음과 같은 공식에 도달했습니다 — 하나의 심리적 집단은 어떤 동일한 인물을 그들의 초자아에 받아들인 개인들의 집단이며, 이런 공통적 요소의 기반 위에서 서로를 자아의 측면에서 동일시하게 된 개인들의 총체라고 말입니다.[13] 이것은 물론 지도자가 있는 집단에만 해당하는 말입니다. 만일 우리가 이런 종류의 적용 사례를 더 많이 얻을 수 있다면, 초자아의 가설은 우리에게 더 이상 낯선 느낌이 들지 않을 것이며, 우리는 지하세계의 분위기에 익숙해져 있다가 정신 구조의 표면, 즉 상층부로 이행할 때 아직까지도 우리를 사로잡는 당황스러움에서 해방될 것입니다. 우리는 물론 자아와 초자아의 분리를 통해, 자아심리학에 관한 마지막 말을 마쳤다고는 생각하지 않습니다. 오히려 이것은 첫 번째 한 걸음입니다. 하지만 이 경우엔 단지 첫걸음을 떼기가 어려운 것만은 아닙니다.

그러나 이제 또 다른 문제가 우리를 기다리고 있습니다. 이렇게 말해도 좋다면, 자아의 반대쪽 끝에서 일어나는 문제입니다. 이것은 분석 작업의 관찰 중에 우리에게 제시된 것인데, 사실 매우 오래 전의 관찰이었습니다. 종종 일어나는 일이듯이, 이것의 중요성을 제대로 인식하게 되기까지는 오랜 시간이 걸렸습니다.

---

13 《집단심리학》(1921c) 8장의 끝을 참조할 것.

여러분도 알다시피, 정신분석학의 모든 이론은 환자로 하여금 자신의 무의식을 의식하게 만드는 과정에서 환자가 내보이는 저항의 지각 위에 기초하고 있습니다. 이런 저항의 객관적인 징후는 환자의 연상이 중단되거나, 혹은 지금 다루어지고 있는 주제에서 매우 멀리 벗어나는 것입니다. 환자 자신도 그 주제에 접근할 때 불편한 느낌을 감지함을 통해 그 저항을 주관적으로 인식할 수 있습니다. 하지만 이 마지막 징후는 부재할 수도 있습니다. 그러면 우리는 환자에게 당신의 행동으로 미루어볼 때, 당신은 지금 저항 상태에 있는 거라고 말해줍니다. 그러면 그는 자기는 그런 것을 전혀 모르며, 단지 연상을 떠올리기가 무척 힘들 뿐이라고 말할 것입니다. 결국 우리가 옳았던 것이 밝혀집니다. 하지만 이 경우, 우리의 끌어내려는 노력을 통해서 볼 때, 그의 저항은 억압된 것 자체만큼이나 무의식적이었습니다. 우리는 오래 전에 다음과 같은 질문을 했어야 합니다 — 환자 마음의 어떤 부분에서 이 같은 무의식적 저항이 발생하는 걸까요? 정신분석학의 초심자들은 '물론 그것은 무의식의 저항이다'라는 대답을 즉시 찾아낼 것입니다. 정말로 모호하고도 도움이 안 되는 답변입니다! 이런 답변이 저항이 억압된 것으로부터 나온다는 것을 의미한 거라면, 우리는 반드시 절대 그렇지 않다고 대답해야 합니다! 억압된 것에는 오히려 의식의 표면으로 뚫고 올라오려는 강력한 충동이 잠재되어 있다고 보아야 합니다. 저항은 오직 자아의 발현이며, 자아는 시초에 억압을 실행시켰고 이제 그것을 유지하기를 바랍니다. 더구나 이것은 우리가 항상 취해왔던 관점입니다. 이제 우리는 자아 안에 제한하고 거부하는 성격의 요구를 대변하는 초자아라는 특별한 심급을 가정했기 때문에, 억압이 초자아의 작업이며, 초자아 자신이 직접 수행하거나 자아가 초자아의 명령을 받아서 실행에 옮긴다고 말할지도 모릅니다. 만약 그렇다면 분석 중에 환자가 의식하지 못하는 저항을 만나게 될 경우, 이것은 초자아와 자아가 매우 중요한 상황들에서 무의식적으로 작용할 수 있거나, 혹은 (이것은 더욱 중요한 것일 수 있는데) 양자의 어떤 부분들, 자아와 초자아 자체의 어떤 부분들이 무의식적이라는 것을 의미하게 됩니다. 두 경우 모두에서 우리는, 한편으로는 (초)자아와 의식이, 다른 한편으로는 억압된 것과 무의식이 결코 일치하지 않는다는 불쾌한 발견에 직면해야 합니다.

그런데 신사숙녀 여러분, 나는 여기서 숨 쉴 틈을 찾기 위해 잠시 멈추고—여러분도 한숨을 돌리며 환영할 것입니다—여러분께 사과의 말씀을 드린 후에 논의를 계속 진행하겠습니다. 나는 여러분께 내가 15년 전에 시작했던 《정신분석 강의》를 보충하기 위한 무언가를 말하려 하는데, 나는 나뿐만 아니라 여러분도 그 사이의 기간 동안에 정신분석학 연구에만 전념해온 것처럼 전제해야 할 필요성을 느낍니다. 나는 이 가정이 적절치 않은 것을 압니다. 하지만 어쩔 수가 없으며, 다른 식으로는 할 수 없습니다. 이것은 물론, 스스로 정신분석가가 아닌 사람에게 정신분석학에 대해 통찰할 수 있는 기회를 주는 것이 일반적으로 매우 어렵다는 사실과 관련됩니다. 여러분은 우리가 비밀결사의 멤버들인 것처럼 자처하거나 신비적인 과학을 실행하는 듯한 인상을 주는 것을 싫어한다고 말할 때, 내 말을 믿을 수 있을 것입니다. 그러나 우리는 스스로에 대한 분석을 통해서만 얻을 수 있는 특별한 경험을 가지고 있지 못한 사람은 누구든 정신분석학의 논의에 참여할 자격이 없다는 신념을 갖게 되었고, 그것을 표현할 수밖에 없습니다. 나는 15년 전에 강의할 때, 우리 이론의 특정한 사변적인 부분들을 여러분께 말하는 것을 일부러 피했습니다. 그러나 내가 오늘 여러분께 말씀드릴 새로운 발견을 얻을 수 있었던 것은 바로 그 부분들로부터입니다.

다시 우리의 주제로 돌아와 봅시다. 자아와 초자아가 그 자체로 무의식적이냐, 단지 무의식적 효과만 산출할 뿐이냐는 의혹에 직면해서, 우리는 충분한 이유로 전자 쪽의 가능성을 편들었습니다. 사실 자아와 초자아의 상당 부분은 무의식적으로 남을 수 있고, 보통 무의식적인 단계에 머물러 있습니다. 즉 본인 스스로는 그 내용에 대해 알지 못하고 그것을 의식하기 위해서는 많은 노력이 필요하다는 뜻입니다. 자아와 의식, 억압된 것과 무의식이 일치하지 않는다는 것은 사실입니다. 우리는 의식-무의식의 문제에 대한 우리의 태도를 근본적으로 수정해야 할 필요성을 느낍니다. 우선 의식적인 것의 기준치를 축소할 필요성을 강하게 느끼는데, 너무나도 믿을 수 없는 것으로 입증되었기 때문입니다. 하지만 우리는 그것을 부당하게 취급하고 있는지도 모릅니다. 삶에 대해서도 말할 수 있듯이, 그것은 많은 가치가 있는 것은 아니지만 우리가 가진 모든 것입니다. 우리를 인도해주는 의식이라는 특성이 없다면, 우리는 심층심리학의 암흑 속에서 길을 잃고 말 것입니다. 하지만 우리는 좀더 새로운 태도를 취해야 합니다.

의식적인 것이 무엇인지에 관해서는 따로 논할 필요가 없습니다. 의심할 여지없이 명백하기 때문입니다. '무의식적(unconscious)'이라는 말의 가장 오래되고 가장 훌륭한 뜻풀이는 '서술적'입니다. 즉 그에 대해 사실은 아무것도 모르지만, 어떤 효과들을 보고 근원이 되는 것의 존재를 추론함으로써 그 존재를 가정할 수밖에 없는 심리적 과정을 우리는 '무의식적'이라고 부릅니다. 이 경우 우리가 무의식에 대해 갖는 관계는 우리가 다른 사람의 심리적 과정에 대해 갖는 관계와 같은데, 차이가 있다면 무의식은 내 자신 안에 있다는 것입니다. 그래도 좀더 정확히 정의하고자 한다면, 어떤 것이 특정한 순간에 활성화된다고 가정해야 하지만 그 순간에 우리는 그에 대해 아무것도 모를 경우, 우리는 그 과정을 '무의식적'이라고 부른다고 우리의 언명을 수정할 수 있을 것입니다. 이런 정의들은 우리에게 의식적 과정의 대다수는 오직 짧은 시간 동안만 의식적이라는 사실을 상기시킵니다. 즉 그런 과정들은 곧바로 잠재적(latent)이 되지만, 다시 쉽게 의식적이 될 수 있습니다. 그러나 잠재적인 상태에서도 그것이 여전히 어떤 심리적인 것임이 확실하다면, 우리는 그것이 무의식적이 되었다고 말할 수 있을 것입니다. 지금까지 우리는 아무것도 새로운 것을 얻지 못했을 수도 있습니다. 어쩌면 무의식의 개념을 심리학에 도입시킬 권리도 얻지 못했을 것입니다. 그러나 그러던 차에 실수를 할 때 관찰할 수 있는 새로운 경험과 마주치게 되었습니다. 예를 들어 말실수를 설명하려 할 때, 우리는 그 사람 내부에 특정한 발언을 하고 싶은 의도가 존재했다고 가정할 수밖에 없습니다. 우리는 그것을 말하는 도중에 일어난 실수로부터 확실하게 추론해낼 수 있습니다. 하지만 그 의도는 겉으로 드러나지 않았고 따라서 무의식적인 것으로 남습니다. 만일 우리가 추후에 그것을 화자에게 말해준다면, 그는 그것이 자기에게 친숙하다는 것을 인식할 수 있으며, 이 경우 그것은 오직 일시적으로만 그에게 무의식적인 것이었습니다. 하지만 그가 그것을 낯선 것으로 거부해버린다면, 그것은 영원히 무의식적인 것이 됩니다.[14] 이런 경험으로부터, 우리는 '잠재적'이라고 묘사되었던 것을 무의식적인 것이라고 언명할 권리 또한 소급적으로 획득합니다. 이런 역동적인 관계에 대한 고찰을 통해, 이제 우리는 두 종류의 무의식을 구별할 수 있습니다. 하나는 빈번히 일어나는 상황 하에서 쉽게 의식적인 것으로 바뀔 수 있는 것이고, 다른 하나는 이런 변환이 일어나기 어렵고, 상당한 노력을 들여서만 일어나거나 혹은 전혀 변환되지 못하기도 하는 것입니다. 무의식적이라는 말을 쓸 때 첫 번째 것을 의미하는지 두 번째 것을 의미하는지 혼란을 피하기 위해, 즉 그 말을 서술적인 의미에서 사용하는지 역동적인 의미에서 사용하는 것인지 구별하기 위해, 크게 문제가 되지 않는 간단한 해결책을 활용하기로 합시다. 우리는 오직 잠재적이기만 하고 따라서 쉽게 의식적이 되는 무의식을 '전의식(preconscious)'이라고 부를 것이고, '무의식

---

14 《정신분석 강의》 4강을 참조할 것.

(unconscious)'이라는 말은 의식으로 떠올리기 힘든 것을 지칭하는 데 돌리기로 하겠습니다. 우리는 이제 '의식' '전의식' '무의식'이라는 세 가지 용어를 정립했고, 이와 함께 정신 현상에 대한 우리의 논의를 계속 진행할 수 있습니다. 다시 한번 말하자면, 전의식이란 순전히 서술적인 의미에서만 무의식적인 것이므로, 현상을 뭉뚱그려 말하거나, 정신생활에서 무의식적 과정 일반의 존재를 방어할 필요가 있을 때를 제외하고는 그것에 '무의식'이란 명칭을 부여하지 않으려 합니다.

나는 여러분에게 지금까지의 설명이 그렇게 나쁘지 않았다고 생각하고 이런 편리한 운용을 허용해주실 거라고 희망합니다. 그렇지만 유감스럽게도 정신분석의 작업 중에 '무의식(unconscious)'이라는 말은 아직도 또 다른, 세 번째 의미로도 사용되게 되었으며, 이것은 확실히 혼란을 야기할 수 있습니다. 우리는 일반적으로 자아의 인식에서 후퇴해 있는 광범위하고도 중요한 정신생활의 영역이 있다는 것, 그 안에서 일어나는 과정들은 진실로 역동적인 의미에서 무의식적으로 간주되어야 한다는 새롭고 강렬한 인상을 받았으며, 따라서 '무의식'이라는 말을 지형학적 혹은 체계적인 의미에서도 이해하게 되었습니다. 우리는 전의식의 '체계'와 무의식의 '체계', 자아와 무의식 체계 사이의 갈등에 대해 말하게 되었는데, 이 말을 정신적인 어떤 특성을 말하기보다는 정신적인 영역을 지시하기 위해 더욱더 많이 사용하게 되었습니다. 자아와 초자아의 일부분이 역동적인 의미에서 무의식적이라는 발견은, 사실은 불편한 것이지만, 이 지점에서 복잡함을 없애주기 때문에 우리에게 안도감을 줍니다. 우리는 자아의 낯선 정신적 영역에 '무의식 체계(the system Ucs.)'라는 이름을 붙일 권리가 없습니다. 무의식적이라는 특성이 그 영역에만 한정되는 것이 아니기 때문입니다. 좋습니다. 우리는 더 이상 '무의식'이라는 말을 체계적인 의미에서 사용하지 않을 것이며, 우리가 지금까지 그렇게 기술해왔던 것에 더 나은 이름, 더 이상 오해의 여지를 남기지 않는 이름을 부여할 것입니다. 니체의 축어적 사용을 따라서, 그리고 게오르그 그로덱[1923][15]의 제안을 받아들여, 우리는 앞으로 그것을 '이드(id)'라고 부를 것입니다.[16] 이 비인칭 대명사는 마음의 이 영역의 주된 특징(자아에 낯선 영역이라는 사실)을 표현하는 데 특히 잘 들어맞는 듯합니다. 초자아, 자아 그리고 이드—이제 이것들은 우리가 개인의 정신 구조를 나누는 세 가지 영역, 왕국, 범위가 되며, 이것들의 상호관계와 함께 우리는 다음의 논의를 진행하겠습니다.

하지만 먼저 짧은 보충설명을 하겠습니다. 나는 의식의 세 가지 특성이 정신 구조의 세 영역과 딱 맞아떨어지지 않기 때문에, 즉 세 쌍의 조화로운 조합으로 만들어지지 않기 때문에, 여러분이 어떤 의미에서 우리의 발견을 모호하다 생각하고 불만족스러워할지도 모른다고 느낍니다. 그러나 그것을 유감스러워 할 필요가

---

15 독일의 의사, 프로이트는 인습에 사로잡히지 않는 그의 사고방식에 매료되었다.

16 독일어로는 Es이며, 영어로는 흔히 사용되는 말인 it에 해당한다.

없으며, 그런 매끈한 배열을 기대할 수 있는 아무런 권리도 우리
에게 없다는 것을 스스로 되새겨야 합니다. 한 가지 비유를 들어
보겠습니다. 물론 유추는 아무런 결론도 내지 못하지만, 적어도
우리를 문제에 더 친숙하게 만들어줄 수 있습니다. 나는 매우 다
양한 지형(산지, 평원, 여러 개의 호수들)과 혼합된 인종으로 구성
된 한 나라를 상상합니다. 이곳에는 게르만인, 마자르인, 슬로바
키아인이 살고 있는데, 이들은 활동 영역이 각각 다릅니다. 이곳
의 상황을 보면, 목축업을 하는 게르만인들은 산악지방에 거주하
고, 곡물과 포도를 재배하는 마자르인들은 평원에 살며, 물고기를
잡고 갈대를 꼬는 슬로바키아인들은 호수 근처에 거주하는 식으
로 서로의 활동 범위와 생활 반경이 구분되어 있습니다. 분할이
이처럼 명료하고 깔끔하다면, 우드로 윌슨(Woodrow Wilson)은
매우 흡족해 할 것이고[17] 또한 지리 수업을 강의하기에도 매우 편
리할 것입니다. 그러나 여러분이 그 지역을 여행해본다면, 구분이
모호하고 분명하지 않은 혼합된 형태들을 발견하게 될 공산이 큽
니다. 게르만인, 마자르인, 슬로바키아인들은 지역 전체에 흩어져
서 살고 있으며, 산악지방에도 논이나 밭이 있고, 목축은 평원에
서도 이루어지고 있습니다. 여러분이 기대했던 것과 일치하는 몇
가지도 있을 것입니다. 물고기는 산에서 잡을 수 없고, 포도는 물

---

17 프로이트는 이 책을 쓰기 약 1년쯤 전에 베를린 주재 미국 대사인 W. C. 벌릿
과 함께 미국 대통령인 우드로우 윌슨에 대해 공동 저술을 마친 상태였다는 것
을 언급해야 할 것이다. 프로이트는 윌슨의 정치적 판단에 대해 매우 비판적이
었다. 그러나 이에 관한 책은 지금까지(1965) 출판되지 못했다.

에서 재배될 수 없기 때문입니다. 사실, 여러분이 보고 온 그 지역의 풍경은 전체적으로 보아 우리의 예측에 들어맞는 것입니다. 하지만 세부적인 면에서 종종 보이는 예외들은 감수할 수밖에 없습니다.

여러분은 이 새로운 이름 외에 내가 이드에 관해 새로이 말씀드릴 게 많다고 기대하지는 않을 것입니다. 그것은 우리 인격의 어둡고 접근 불가능한 영역입니다. 우리가 그에 대해 알게 된 적은 부분은, 꿈-작업에 대한 연구와 신경증 증상들의 축조에 관한 탐구 중에 얻어진 것이며, 그 대부분이 부정적인 성격의 것이고 오직 자아와의 대조를 통해서만 묘사될 수 있는 것입니다. 우리는 이드에 유추적으로 접근합니다. 우리는 그것을 혼돈의 영역, 끓어오르는 자극들로 가득 찬 '가마솥'이라고 말합니다. 우리는 그것의 끝 단면이 육체와 연결되어 있어 영향을 받아들이며, 그 안에서 본능적 충동들의 심리적 표현을 발견한다고 묘사하지만,[18] 그것이 어떤 하층에 있는지는 말할 수 없습니다. 그 안에는 본능으로부터 산출된 에너지가 가득하지만, 거기엔 어떤 조직도 없으며, 어떤 총체적 의지도 산출하지 않고, 오직 쾌락 원칙에 복종하며 본능적 욕구를 충족시키려고 간구하는 것입니다. 이드에는 사고의 논리적 법칙은 적용되지 않으며, 모순의 법칙 같은 것도 지켜지지 않습니다. 상반되는 충동들이 나란히 존재하는데, 하나가 다른 하나를 상쇄시키거나 감소시키지도 않습니다. 기껏해야 에너

---

18 프로이트는 여기서 충동은 육체적인 것이고, 정신적 과정은 그에 대한 대변자라고 간주하고 있다.

지 방출을 향한 경제적 압력의 지배 하에, 한데 모여 절충안을 내놓을 수 있을 뿐입니다. 이드 안에는 부정(negation)과 비교될 수 있는 게 전혀 없습니다. 그리고 우리는 공간과 시간이 정신활동의 기반이 되는 필수적인 형태라는 철학적 명제에 예외가 있다는 것을 놀라움과 함께 인식합니다.[19] 이드에는 시간 개념에 대응하는 것이 없습니다. 그 안에는 시간의 경과에 대한 인식이 없으며, (가장 놀라운 것이고 더 많은 철학적 고찰을 필요로 하는 것이지만) 그 정신적 과정의 어떤 변화도 시간의 경과에 의해 산출되지 않습니다. 이드 밖으로 한번도 나가본 적이 없는 소망에 찬 충동들뿐만 아니라, 억압에 의해 이드로 내려앉은 어떤 느낌들도 실질적으로 불멸합니다. 그것들은 수십 년이 지난 후에도 지금 막 일어나는 사건처럼 진행됩니다. 그것들은 분서 자업을 통해서 의시저이 된 후에만, 오직 과거에 속하는 것으로 인식될 수 있으며, 그 중요성을 상실하고, 그 에너지의 집중(cathexis)에서 벗어날 수 있습니다. 정신분석의 치료적 효과가 상당 부분 위치하고 있는 것도 바로 이 지점입니다.

나는 억압된 것이 시간의 경과에도 불변한다는 확실한 사실을 우리가 이론적으로 너무도 활용하지 않았다는 인상을 여러 번 받았습니다. 이것은 가장 심오한 발견으로 이를 수도 있는 중요한 주제입니다. 그러나 유감스럽게도 나 역시 이 부분에서 진전을 이루지 못했습니다.

이드는 물론 가치 판단을 전혀 모릅니다. 선과 악, 도덕성과도

19 칸트의 주장을 언급한 것임.

관계가 없습니다. 쾌락 원칙에 밀접히 연결되어 있는 경제적인 요소, 혹은—이런 표현을 좋아하신다면—양적인 요소가 그 모든 과정을 지배합니다. 방출을 갈구하는 충동 에너지는 우리의 견해로는 이드 안에 있는 모든 것입니다. 이런 본능적 충동의 에너지는 어떤 상태에서 마음의 다른 영역에 있는 것과 다르며, 훨씬 더 이동성이 있고 방출될 수 있는 것으로 보이기도 합니다.[20] 그렇지 않다면 이드의 특성이라 할 수 있는, 집중된 것의 질—자아 안에서 개념(idea)에 해당하는 것—은 전혀 염두에 두지 않는 전치(displacement)와 응축(condensation)은 일어나지 않을 것입니다. 우리는 이런 것들에 대한 이해를 넓히기 위해 많은 노력을 들여야 할 것입니다! 덧붙여 말하자면, 여러분은 우리가 이드에 무의식적이라는 특성 말고 다른 특성을 부여해야 할 위치에 있다는 것을 알 수 있을 것입니다. 자아와 초자아의 일부분은 원초적이고 비합리적인 특성을 갖지 않아도 무의식적이 될 수 있다는 것을 아셨을 것이기 때문입니다.[21]

우리가 자아를 이드 및 초자아와 잘 구별할 수 있다면, 실제 자

---

20 프로이트는 이 차이를 많은 구절들에서 언급하였다. 특히 〈무의식(The Unconscious)〉(1915e)에 대한 메타심리학적 논문의 5절과, 《쾌감원칙을 넘어서》(1920g)의 4장을 참조하라. 이 두 구문 모두에서 프로이트는 이 구별을 브로이어의 공으로 돌리는데, 《히스테리 연구》에 브로이어가 이론적으로 기여한 2(A)절의 각주를 염두에 두고 한 말임이 분명하다. 한편 프로이트는 〈무의식〉에서, 그 자신의 의견으로는, 이 구별이 신경 에너지의 성질에 관해 우리가 현재까지 얻어온 가장 깊은 통찰을 대변한다고 말한다. 158페이지의 각주 6을 참조할 것.

21 이드에 관한 이런 설명은 대체로 무의식에 관한 논문의 5절에 기반한 것이다.

아의 특성에 가장 잘 도달할 수 있을 것이며, 이것은 우리가 '지각-의식(Pcpt.-Cs.)'[22] 체계라고 기술하는 정신 구조의 가장 바깥 표면에 관한 자아의 관계를 조사함으로써 얻어질 수 있습니다. 이 체계는 외부 세계로 향해 있으며, 외부로부터 발생하는 지각들을 위한 매개체이며, 그 기능 중에 의식이라는 현상이 그 안에서 일어납니다. 이것은 전체 정신 구조의 감각기관이라 할 수 있는데, 외부로부터의 자극뿐만 아니라 마음의 내부에서 발생하는 자극들도 수용합니다. 우리는 자아가 외부 세계와의 근접과 영향에 의해 변경된 이드의 한 부분이라는 것, 자극을 수용하는 한편 보호막을 가지고 자극에 적응되어 있고, 살아 있는 생명체 주변을 둘러싸고 있는 피질층에 비유될 수 있다는 관점의 정당화를 위해 근거를 찾을 필요가 거의 없습니다. 외부 세계와의 관계는 자아에게 결정적인 요소가 되었습니다. 자아는 이드에 대해 외부 세계를 대변하는 역할을 떠맡았는데, 이드에게는 다행스러운 일이었습니다. 만약 이드가 본능적 욕구의 충족에 눈이 멀어 궁극적인 외부의 힘을 무시한다면 파멸을 피하기 힘들었을 것이기 때문입니다. 자아는 이 기능을 완수하기 위해 외부 세계를 관찰해야만 하고, 그 정확한 표상을 지각의 기억 흔적들 속에 배치해야 하며, '현실성 검증(reality-testing)'[23] 기능을 수행하여, 외부 세계의 표상에서 내적인 자극들로부터 유래한 부가물은 무엇이든 제쳐놓아야 합니다. 자아는 이드의 명령 하에서 운동성으로의 접근을 제어합니다. 자

---

22 Perceptual-conscious.
23 71페이지의 각주 2를 참조할 것.

아는 욕망과 행동 사이에 사고 활동이라는 형태의 유예를 둠으로써,[24] 그것을 기억 속에 남아 있는 경험의 잔류물을 활용하는 시간으로 삼습니다. 자아는 이런 식으로 이드 안에서 아무런 구속도 없이 사건의 진행을 관장하는 쾌락 원칙을 몰아냈으며, 훨씬 더한 확실성과 성공을 보장하는 '현실 원칙(reality principle)'으로 그 자리를 대체했습니다.

설명하기 매우 힘든 시간에 대한 관계도 지각 체계를 통해 자아에 도입되었습니다. 이 체계의 작동 방식이 시간 개념의 원천이라는 사실에는 거의 의심의 여지가 없습니다.[25] 하지만 자아를 이드와 구분 짓는 것은 특히, 그 내용물 안에서 종합하려는 경향이며, 정신 과정 안에서 조합하고 통합하려는 경향인데, 이것은 이드 안에는 완전히 결핍되어 있는 것입니다. 우리가 이윽고 정신생활에서 본능을 다루게 될 때, 자아의 이런 핵심적인 성격을 근원까지 쫓아가는 데 성공할 수 있을 거라고 나는 희망합니다.[26] 이러한 특성 때문에 자아는 목표를 달성하기 위해 필요한 높은 수준의 조직체계를 갖게 되었습니다. 자아는 본능을 인지하는 데서부터 그것을 통제하는 수준으로 발전합니다. 하지만 이 후자는 오직 본능의 〔심리적〕 대변자[27]가 더 큰 질서 속에서 큰 관련성 안에 놓이게 됨으로써만 달성됩니다. 좀더 대중적인 방식으로 말하자면, 이드는 길들여지지 않은 정열을 표상하는 반면, 자아는 이성과 분별

---

24 뒤에 이어지는 157페이지에서 더 자세히 논의된다.

25 프로이트는 이 말을 통해 〈마술 칠판(Mystic Writing Pad)〉에 관한 논문 (1925a)의 끝에서 염두에 두고 있었던 것을 얼마간 표명했다.

을 표상한다고 말할 수 있을 것입니다.

이제까지 우리는 자아의 장점과 능력에 대해 좋은 인상을 주는 쪽으로 설명을 해왔습니다. 이제 그 반대쪽도 고찰해볼 시간입니다. 자아는 결국 이드의 한 부분일 뿐이며, 위험이 가득한 외부 세계와의 근접성으로 인해 편의상 변경된 부분입니다. 역동적인 관점에서 볼 때 자아는 약하며, 에너지를 이드로부터 빌려오는 것일 뿐입니다. 우리는 자아가 이드로부터 더 많은 양의 에너지를 끌어내는 방법(이것을 속임수라고 부를 수 있을 것입니다)에 대해 어느 정도 알고 있습니다. 예를 들어 이런 한 가지 방법은, 그 자신을 실제의 혹은 포기된 대상들과 동일화시키는 것입니다. 대상-집중(object-cathexes)은 이드의 본능적 요구로부터 솟아나옵니다. 자아는 우선 그것에 주목해야 합니다. 그러나 자아는 스스로를 그 대상과 동일화시킴에 의해 자신을 대상의 자리에 놓고 이드에게 추천하며, 이드의 리비도를 그 자신에게로 향하게 만들고자

---

26 프로이트는 사실, 이 강의들에서 그 주제로 돌아간 것으로는 보이지 않는다. 그는 《억압, 증후 그리고 불안》(1926d)에서 자아의 이 같은 특성을 자세하게 논했다. 그는 특히 후기 저작들에서 자아의 종합하는 경향을 강조했기는 하지만(예를 들어, 여러 저작들 중에서도 《문외한 분석의 문제》(1926e) 2장을 볼 것), 그 개념은 초기 시절에 그가 묘사했던 자아의 표상에도 암묵적으로 내재하는 것이었다. 예를 들어 그가 브로이어와 일하던 시기에 억압될 수밖에 없었던 개념들을 표현하기 위해 거의 항상 사용했던 용어에, '양립할 수 없음(incompatible)'이 있는데, 자아에 의해 종합될 수 없었던 것을 뜻한다. 방어의 신경정신학에 관한 첫 번째 논문(1894a)의 2절에서도 그런 표현을 찾아볼 수 있다.

27 134페이지의 각주 18을 참조할 것.

합니다. 우리는 앞서 119페이지에서 자아가 삶의 과정 중에 과거의 대상-집중의 이 같은 많은 양의 침전물을 자신에게로 받아들인다는 것을 이미 보았습니다. 자아는 전체적으로 보아 이드의 의도를 실행에 옮겨야 하며, 그런 의도가 가장 잘 달성될 수 있는 환경을 찾아냄으로써 그 과업을 완수합니다. 자아의 이드에 대한 관계는 말을 탄 기수에 비교될 수 있을 것입니다. 말은 운동 에너지를 제공하지만, 기수는 목적지를 결정할 권리를 가지며, 동물의 강력한 운동을 인도할 특권을 갖습니다. 하지만 기수가 그 자신이 가고자 하는 방향으로 말을 인도하여, 이드의 의도와 불협화음을 빚는 경우가 매우 자주 발생합니다.

자아는 억압에서 기인한 저항에 의해 이드의 한 부분과 결별하는 경우가 있습니다. 하지만 그 억압은 이드로 옮겨지지 않았습니다. 억압된 것은 이드의 나머지 부분과 융합됩니다.

우리는 두 주인을 동시에 섬겨서는 안 된다고 경고하는 속담을 알고 있습니다. 불쌍한 자아에게 상황은 더욱 안 좋습니다. 자아는 엄격한 세 주인을 섬기며, 그들 각자의 주장을 받들기 위해 노력하며, 서로 조화시키려고 애씁니다. 그들의 주장은 항상 엇갈리며 종종 상호 양립할 수 없는 듯 보이기도 합니다. 자아가 매우 자주 과업에 실패하는 것도 놀라운 일은 아닙니다. 자아의 세 압제적인 주인들은 외부 세계, 초자아 그리고 이드입니다. 그것들을 동시에 만족시키려는, 혹시 그것들에 동시에 복종하려는 자아의 노력을 뒤따르다 보면, 자아를 인격화하고 독립된 유기체로 세운 것에 유감스러운 생각이 들지 않을 것입니다. 자아는 세 방향에서

조여오는 압박을 느끼며, 세 종류의 위험에 처하고, 강하게 압박을 받을 경우 불안을 생성함으로써 그에 반응을 합니다. 자아는 감각 체계의 경험에서 기인한 것이기 때문에, 외부 세계의 요구들을 대변하는 역할에 귀속되지만, 자아는 또한 이드의 충실한 종이고자 노력하며, 그와 좋은 관계를 유지하려 하고, 스스로를 대상으로 추천하여 리비도를 자신에게로 끌어오려고 노력합니다. 자아는 이드와 현실 사이를 중재하려는 노력 중에, 이드의 무의식적인(Ucs.) 명령을 종종 스스로의 전의식적(Pcs.) 합리화로 감출 수밖에 없는데, 이드와 현실과의 갈등을 숨기고, 이드가 완고하고 굽히지 않는 상태로 남아 있을 때조차 현실을 주의하고 있다는 것을 공언하기 위한 외교적인 부정직(不正直)입니다. 한편으로, 자아는 매우 엄격한 초자아로부터 일거수일투족 감시를 받습니다. 초자아는 자아의 활동에 엄격한 기준을 부여하며, 이드 및 외부 세계로부터 자아가 받게 될 곤란은 전혀 고려에 두지 않고, 그런 기준들이 지켜지지 않으면 긴박한 열등감과 죄책감으로 자아를 벌합니다. 이렇듯 자아는 이드에 의해 충동질을 받고, 초자아에 의해 제한을 받으며, 현실로부터 거부를 당하면서, 자신에게 가해지는 이런 힘과 영향 사이에 조화를 이루려는 경제적 과업을 완수하려고 고군분투하고 있는 것입니다. 그러므로 우리가 종종 '인생은 쉽지가 않구나!'라는 탄식을 억누르기 힘든 것도 일리가 있습니다. 자아가 자신의 약함을 인정할 수밖에 없을 때는, 불안 속에서 그것을 표출합니다. 즉 외부 세계와 관련되는 현실적 불안, 초자아와 관련되는 도덕적 불안 그리고 이드 안의 정열의 힘과 관련

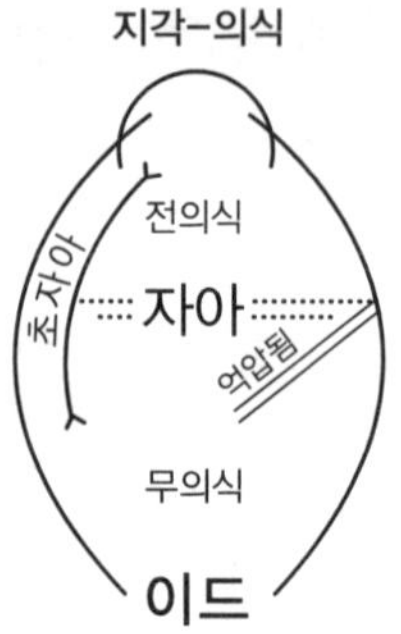

되는 신경증적 불안입니다.

나는 내가 지금까지 여러분께 설명했던, 정신적 인격의 구조적 관계를 단순한 그림으로 묘사해보려고 합니다.

이 그림에 나타난 것처럼 초자아는 이드 안으로 깊숙이 들어가 있습니다. 사실, 초자아는 오이디푸스 콤플렉스의 상속자로서 이드와 밀접한 관련을 가지며, 자아보다 지각 체계에서 멀리 떨어져 있습니다.[28] 이드는 오직 자아를 통해서만 외부 세계와 교류를 갖습니다―적어도 이 그림에서는 그렇습니다. 이 도식이 얼마나 정확한지는 현재로서 분명히 말하기 어렵습니다. 어떤 관점에서 보면 이것은 명백히 잘못된 것입니다. 무의식적인 이드가 점유하고 있는 공산은 자아나 전의식이 차지하고 있는 공간보다 훨씬 커야

---

28 이 그림을 《자아와 이드》(1923b) 2장에 있는 유사한 그림과 비교를 해본다면, 앞선 시기의 도식에는 초자아가 포함되어 있지 않다는 면에서 현재의 것과 많이 다르다는 것을 알 수 있다. 초자아가 빠진 것은 같은 책의 뒷부분에서 그 이유가 설명된다. 이 강의들의 초판에는 원래 시조 격인 《자아와 이드》에 나왔던 것처럼 이 그림이 수직의 형태로 인쇄되었다. 아마도 공간을 절약하기 위한 것 등 몇 가지 이유에서 한쪽 측면으로 몰려진 듯하다.

합니다. 나는 여러분이 생각 속에서 그것을 수정해주기를 요청합
니다.

　이처럼 매우 어렵고 그다지 명료한 것 같지 않은 설명을 끝맺
으면서, 마지막으로 한 가지 경고를 덧붙이겠습니다. 자아, 초자
아, 이드로 나뉘는 인격의 이런 구분을 생각할 때, 여러분은 정치
지리학에서 그어진 선 같은 인위적인 날카로운 경계선을 그려서
는 안 될 것입니다. 마음의 특성을 정당하게 취급하기 위해서는
스케치나 소박한 회화에서 볼 수 있는 것 같은 분명한 선의 경계
가 아니라, 현대미술가들이 즐겨 사용하는 방법인 하나의 색깔이
다른 색의 경계에 모호하게 녹아드는 형태의 것이 되어야 할 것입
니다. 일단 구분을 한 뒤에는, 지금까지 구분했던 것을 다시 한번
합쳐주어야 하는 것입니다. 여러분은 심리적 과정과 같이 파악하
기 힘든 것을 그림으로 나타내려는 이 첫 번째 시도를 너무 가혹
하게 비판해서는 안 됩니다. 이런 구분은 개인에 따라 내적으로
심대한 다양성을 보일 수 있습니다. 또한 실제 기능하는 중에 변
화가 일어나거나, 일시적으로 퇴화의 시기를 겪는 것도 가능한 일
입니다. 특히 이런 구분들 중 계통발생적으로 가장 나중에 나타났
고 가장 섬세한 부분인 자아와 초자아의 분화의 경우에, 이런 일
은 실제로 발생하는 듯합니다. 비슷한 사태가 심리적인 병으로부
터도 야기될 수 있다는 것 또한 의심의 여지가 없습니다. 또한 어
떤 신비적 비술을 이용하는 사람이 마음의 구별된 영역들 사이의
일반적인 관계를 뒤엎는 데 성공하여, 예를 들어 자아의 깊숙한
곳에서 일어나는 일들과, 보통은 접근 불가능한 이드 속에 있는

것까지 파악하게 되는 것도 상상 가능한 일입니다. 그러나 이 길
이 우리가 구원을 기대할 수 있는 궁극적 진리로 이끄는 것이냐는
분명히 의심할 수 있습니다. 그럼에도 정신분석의 치료적 노력은
비슷한 접근 방식을 택해왔다는 것이 인정되어야 합니다. 정신분
석적 치료의 목적은 사실, 자아를 강화하고, 자아가 초자아로부터
더 독립적이 되도록 하고, 그 지각의 범위를 넓혀주고, 조직을 확
대시켜주어, 자아가 이드의 새로운 부분들을 활용할 수 있도록 하
는 것입니다.[29] 이드가 있던 곳에, 이제 자아가 있게 될 것입니다.
이것은 문화적 작업입니다―네덜란드 조이데르 해(海) 방조제의
배수 공사와 다르지 않습니다.

---

29 프로이트는 비슷한 내용을 《자아와 이드》의 마지막 장에서 기술했다.

32강 불안과 본능적 삶

신사숙녀 여러분, 나는 불안과 정신생활의 원초적 본능들에 대해 우리가 파악한 것들〔conception ; Auffassung〕가운데 몇 가지 새로운 것들을 말씀드리고자 합니다. 여러분은 이런 시도에 놀라지 않을 것이며, 이런 새로운 발견들 중 어느 것도 이 문제에 최종적인 해결책을 제시하지 못한다고 말씀드려도 별로 놀라지 않으리라 생각합니다. 내가 여기서 '파악(conception)'이라는 말을 사용한 것은 이유가 있습니다. 이 문제는 우리에게 던져진 가장 어려운 과제라고 할 수 있지만, 곤란은 관찰의 불충분함에서 기인하는 것이 아닙니다. 우리에게 이런 수수께끼를 제공하는 것은 사실 가장 흔하고 가장 친숙한 현상입니다. 문제가 어려운 것이 논리적 사색의 난해한 성격에 있는 것도 아닙니다. 이 영역에서는 추론적 고찰이 큰 역할을 하지 못합니다. 하지만 이것은 진실로 파악의 문제입니다. 즉 정확한 추상적 개념들을 도입하고 그것들을 관찰의 원재료들에 적용시킴으로써 사태에 질서와 명료성을 부여하는 것이 관건입니다.

나는 예전의 강의 중 하나(스물다섯 번째 강의)를 불안 문제에 할애했습니다. 우선 그때 말씀드렸던 것을 간단히 요약해보겠습니다. 우리는 불안을 어떤 감정적 상태로 설명했습니다. 즉 쾌-불쾌 등의 특정한 느낌과 그에 부합하는 신경 자극 전달과 그에 대한 지각의 결합이라고 할 수 있지만, 또한 유전적 형질로 육화된 어떤 특수하고 의미심장한 사건의 침전물일 수도 있습니다—다른 것과 비교하자면 개별적으로 습득된 히스테리 발작과 유사한 것입니다.[1] 우리가 이런 종류의 감정적 흔적을 남겼다고 보는 사건은 출생의 과정인데, 그런 순간에 불안 상태의 특징이라고 할 수 있는 심장 박동과 호흡의 변화가 관찰되었습니다. 생애 최초의 불안은 그러므로 유독한 것이었다고 할 수 있습니다. 그 다음에 우리는 현실적 불안(realistic anxiety)과 신경증적 불안(neurotic anxiety)을 구분했는데, 전자는 우리가 쉽게 이해할 수 있는 것으로 외적인 위험, 즉 외부로부터 예상되는 손상에 대한 반응이고, 반면에 후자는 완전히 수수께끼에 쌓여 있으며 적절한 이유 없이 나타나곤 합니다.

현실적 불안에 대한 분석에서 우리는 그것이 감각적 집중과 운동성 긴장이 증가한 상태임을 알았고, 따라서 그것을 '불안 예기(preparedness for anxiety)'의 상대로 부르고자 합니다. 이런 상태로부터 불안 반응이 생겨납니다. 여기서 두 가지 결과가 가능합니다. 우선 불안의 발생—과거의 외상적 경험의 반복—이 신호에 한정되는 경우이며, 이 경우 다른 여타의 반응은 새로운 위험 상황에 적응하여 도주나 방어를 시도할 수 있습니다. 다른 하나는

---

1 《정신분석 강의》 25강에 기술된 더 명료한 설명을 참조할 것.

과거의 상황이 우위를 점하여 총체적인 반응은 오직 불안의 생성일 뿐 다른 것은 할 수 없는 경우입니다. 이 경우 감정적 상태는 마비로 이어져, 현재적 목적에 부적합한 것이 되어버립니다.

다음에 우리는 신경증적 불안을 살펴보았으며, 그것이 세 가지 조건 하에서 관찰될 수 있다고 지적했습니다. 첫째로, 그것은 자유롭게 유동하는 일반적인 염려의 형태로, 새롭게 나타나는 어떤 가능성에든 스스로를 일시적으로 부착시킬 수 있는 '기대 불안(expectant anxiety)'이라고 알려진 것의 형태로 나타납니다. 예를 들어, 전형적인 불안 신경증의 경우가 그런 사례입니다. 두 번째로, 소위 '공포증(phobias)'이라고 불리는 것 속에서 어떤 개념들과 단단히 연결되어 있는데, 이 경우엔 외부적 위험과의 연관성을 인정할 수 있지만 그 두려움의 정도가 비정상적인 비율로 크게 확대되었다고 생각할 수밖에 없습니다. 마지막으로, 불안은 히스테리 및 다른 형태의 심각한 신경증에서도 발견되는데, 거기에서 불안은 증상들을 수반하거나 발작을 통해, 혹은 더 지속적인 형태로 독립적으로 나타나지만, 외적인 위험이라는 가시적인 기반이 항상 부재합니다. 그 다음에 우리는 두 가지 질문을 던졌습니다 ― '신경증적 불안에서 사람들이 두려워하는 건 뭘까?' 그리고 '신경증적 불안을 외부적 위험에 대한 현실적 불안과 어떻게 관련 지을 것인가?' 하는 것입니다.

우리의 연구가 결코 헛된 것은 아니었습니다. 우리는 몇 가지 중요한 결론들에 도달했습니다. 불안 예기에 관해서는, 임상적 경험을 통해 그것이 성생활의 리비도 분배(libidinal economics)와 규칙적인 관련이 있다는 것을 밝혀냈습니다. 불안신경증의 가장 흔한 원인은 소진되지 않은 자극입니다. 리비도적 자극이 발생하지만 충족되거나 사용되지 않으면, 사용되지 않은 리비도가 우회하여 대신에 염려하는 심정이 발생합니다. 나는 이 충족되지 못한 리비도가 직접적으로 불안으로 변환된다고 말해도 틀리지 않다고 생각합니다. 어린이들에게서 매우 규칙적으로 발생하는 공포증들이 이런 견해를 뒷받침합니다. 이런 공포증들의 다수는 우리에게 매우 당황스러운 것이지만, 혼자가 되는 두려움이나 낯선 사람에 대한 두려움 같은 다른 것들은 이해하기 어려운 것이 아닙니다. 외로움이나 낯선 얼굴 등은 아이에게 엄마의 친숙한 얼굴에 대한 그리움을 불러일으키는데, 아이는 이 리비도적 흥분을 제어할 수 없으며 유동적인 상태로 놔둘 수 없으므로, 그것을 불안으로 변환시킵니다. 이 유아기의 불안은 따라서 현실적인 것이 아니라 신경증적인 종류로 간주되어야 합니다. 소아 공포증과 불안신경증에서의 불안에 대한 기대는 신경증적 불안이 발생하는 한 가지 방식에 대한 두 가지 사례를 보여줍니다. 즉 리비도의 직접적인 변환에 의한 것입니다. 우리는 곧 두 번째 메커니즘도 알게 될 것이지만, 첫 번째와 많이 다르지 않을 것입니다.

왜냐하면 우리는 히스테리 및 다른 신경증에서 불안의 원인이 되는 것이 억압의 과정이라고 생각하기 때문입니다. 우리는 이에 대해 전보다 더 완벽한 설명을 할 수 있게 되었다고 생각하는데, 억압될 수밖에 없었던 개념에 일어나는 것과 그에 붙어 있는 리비도의 몫에 일어나는 것의 구별을 통해서입니다. 억압을 받게 되는 것은 개념이며, 이것은 알아볼 수 없을 정도까지 왜곡될 수 있습니다. 하지만 그것에 붙어 있던 감정치는 그것이 공격성이든 사랑이든 감정의 성격과는 관계없이, 주기적으로 불안으로 변환됩니다. 한번 그렇게 되면 리비도의 몫이 어떤 이유에서 소진되지 못했든 간에, 즉 소아 공포증에서처럼 어린아이의 자아가 약하기 때문이든, 불안신경증에서처럼 성생활에서의 신체적 과정 때문이든, 히스테리의 경우처럼 억압에서 기인한 것이든, 본질적인 차이가 없어집니다. 이렇게 해서 현실에서는 신경증적 불안을 발생시키는 두 가지 메커니즘이 일치합니다.

이 탐구 과정에서 우리는 불안의 발생과 증상의 형성 사이의 매우 중요한 관계에 관심을 가지게 되었습니다. 이 두 가지는 서로를 대변하고 서로를 대체하기 때문입니다. 예를 들어, 광장공포증 환자는 길거리에서 불안의 발작과 함께 병이 시작되었을 수 있습니다. 이것은 그가 거리로 나가면 항상 반복될 것입니다. 그리고 그는 이제 광장공포증의 증상들을 발전시키게 되는데, 이것은 억제, 자아 기능의 제한으로 묘사될 수 있으며, 그는 이런 것을 수단으로 삼아 불안 발작을 모면할 수 있습니다. 예를 들어 우리는 강박증에서 증상의 형성에 끼어듦으로써 반대되는 상황을 목격할 수 있습니다. 환자에게 손을 씻는 의식을 행동으로 옮기는 것을 못하게 한다면, 그는 견디기 힘든 불안 상태로 빠지는데, 그런 의식은 확실히 증상의 발현으로부터 그를 보호해주던 것이었습니다. 또한 두 가지 중 불안의 발생이 먼저고 증상의 형성이 후자인 것으로 보입니다. 마치 불안 상태의 발발을 막기 위해 증상들이 생겨난 것처럼 말입니다. 이것은 어린아이에게 발생하는 첫 번째 신경증이 공포증이라는 사실에 의해서도 확인됩니다. 즉 처음에 불안이 발생한 것이 어떻게 나중에 증상의 형성으로 대체되는지를 분명히 보여주는 경우입니다. 우리가 신경증적 불안의 이해에 가장 잘 접근할 수 있는 것은 아마도 이런 상호 관계를 통해서일 것입니다. 동시에 우리는 신경증적 불안을 겪는 사람이 두려워하는 것이 무엇인가, 그리고 신경증적 불안과 현실적 불안 사이의 관계를 확립하는 문제에 답을 하는 데에도 성공했습니다. 그가 두려워하는 것은 분명히 자기 자신의 리비도입니다. 또한 이런 상황과 현실적 불안의 상황 사이의 차이점은 두 가지입니다―위험이 외부적인 것이 아니라 내부적인 것이라는 점과, 그것이 의식적으로 인식되지 않는다는 점입니다.

공포증에서는 이런 내부적 위험이 외부적인 것으로 전환되는 현상을 매우 쉽게 관찰할 수 있습니다. 즉 어떻게 신경증적 불안이 겉보기에 현실적인 것으로 바뀌는지 말입니다. 종종 매우 복잡한 사태를 단순화하기 위해, 모든 광장공포증 환자는 거리에서 사람을 만남에 의해 촉발되는 유혹의 느낌을 자기 안에 느끼고 그것을 두려워한다는 점을 생각해봅시다. 이것은 공포증 속에서 전치가 일어난 것이며, 이후로 그는 외적인 상황을 두려워하게 됩니다. 이로부터 얻는 이득은 확실히, 그런 방식으로 스스로를 더 잘 보호할 수 있다고 생각하게 되는 것입니다. 우리는 외적인 위험이 다가오면 도망가는 것으로 스스로를 구할 수 있지만, 내적인 위험으로부터 도망가는 것은 더 까다로운 일입니다.

불안에 대한 내 옛 강의의 결론에서, 나는 우리가 달성한 이런 다양한 발견들이 상호 모순되는 것은 아닐지라도, 어쩐지 서로 잘 들어맞지 않는 것 같다고 스스로 의견을 피력한 적이 있습니다. 우리가 발견한 것들을 열거해보면 다음과 같습니다. 불안은 그것이 감정적인 상태인 한에서 과거에 위험으로 다가왔던 사건의 재생인 듯하다는 것, 불안은 자기보존의 목적에 봉사하며 새로운 위험을 알리기 위한 신호라는 것, 불안은 어떤 이유에서든 소진되지 못한 리비도로부터 기인하며 억압의 과정 중에서도 발생한다는 것, 불안은 증상의 형성으로 대체되며 따라서 심리적 속박을 가져온다는 것입니다. 우리는 이런 여러 가지 조각들을 짜맞추어 전체적인 통합을 이루기에 뭔가 빠진 것 같다는 느낌을 갖습니다.

신사숙녀 여러분, 내가 바로 이전 강의에서 여러분께 말씀드렸던 것처럼, 우리는 심리적 인격을 해부하여 초자아, 자아, 이드로 구분하게 되었으므로, 이제 불안 문제에 대해서도 태도를 새로이 해야 할 필요가 있습니다. 우리는 자아가 불안의 유일한 자리라는 것[2], 즉 오직 자아만이 불안을 생성하고 그것을 느낄 수 있다는 명제를 정립했고, 그와 함께 수많은 것들을 새로운 측면에서 바라볼 수 있는 새롭고 안정된 위치를 확립했습니다. 따라서 '이드의 불

---

2 이 부분은 설명 방식은 약간 다르지만 《자아와 이드》(1923b)의 거의 끝부분에서 처음으로 언급된 말이다. 이것은 《억압, 증후 그리고 불안》(1926d)의 몇몇 부분에서도 논의되었다. 불안 문제에 관해 이어지는 논의의 상당 부분은 이 후자의 책에서 유래한 것이다.

안'을 말하거나 초자아에 염려의 능력을 부여할 때, 그게 무슨 의미인지 아는 것은 정말 어렵습니다. 반면, 우리는 불안의 세 가지 주된 종류, 즉 현실적 불안, 신경증적 불안, 도덕적 불안이 자아가 의존하는 세 가지 관계 ― 외부 세계, 이드, 초자아 ― 에 쉽게 상호 연결될 수 있다는 사실을 알았고, 그런 바람직한 합치점을 환영했습니다〔142페이지〕. 이런 새로운 관점과 함께, 위험한 상황을 알리는 신호로서의 불안의 기능이 두드러지는데(덧붙여 말하면, 우리에게 그리 낯설지 않은 관념), 이제 불안이 어떤 것을 재료로 만들어지느냐의 문제는 뒤로 제쳐지고, 현실적 불안과 신경증적 불안 사이의 관계가 놀랍도록 명료하고 단순화됩니다. 또한 우리는 단순하게 생각되는 것보다, 겉보기에 복잡하게 느껴지는 불안 발생의 경우를 더 잘 이해하게 되었다는 것도 말해두어야겠습니다.

우리는 최근 불안 히스테리로 분류되는 특정한 공포증에서 불안이 생성되는 방식을 연구해왔고, 오이디푸스 콤플렉스에서 발생하는 갈망적 충동의 전형적인 억압을 탐구할 수 있는 몇 가지 사례들을 골라냈습니다. 우리는 아이의 마음속에 어머니를 대상으로 한 리비도 집중을 발견하리라 기대했고, 그것이 억압의 결과 불안으로 변환되어 이제 증상의 형태로 아버지의 대체물에 부차되어 나타나는 거라고 예상했습니다. 나는 우리가 수행한 탐구의 자세한 내용을 여러분께 설명드릴 수는 없지만, 연구의 결과 예상과는 정반대의 놀라운 결과가 나왔다는 것을 말하는 것으로 충분할 것입니다. 불안을 생성시켰던 것은 억압이 아니었습니다. 불안은 그 이전부터 거기 있었으며, 억압을 만들어냈던 것이 불안이었습니다.[3] 하지만 그것은 어떤 종류의 불안이었을까요? 오직 외부의 위험에 직면해서 나타나는 불안, 즉 현실적 불안입니다. 소년이 자신의 리비도의 요구에 직면해서 불안을 느꼈다는 것은 사실입니다. 즉 이 경우에는 어머니를 사랑하는 것에 대한 불안이며, 따라서 사실 신경증적인 불안의 사례입니다. 하지만 이런 사랑과 갈구는 그에게 내적인 위험으로 나타나 결국 대상을 포기하도록 종용하는데, 그것이 외적인 위험 상황을 만들어낼 수 있기 때문입니다. 우리가 탐구하는 모든 경우마다 우리는 같은 결과를 얻었습니다. 우리는 내부적·본능적 위험이 외부적·현실적 위험의 상황에 대한 결정인자이자 준비인 것으로 드러나리라고 전혀 예측하지 못했음을 여러분께 고백해야겠습니다.

하지만 우리는 아이가 어머니를 사랑하고 원하는 결과로 두려워하는 것이 어떤 종류의 현실적 위험인지 언급하지 않았습니다. 그 위험은 거세당할지도 모른다는, 생식기를 잃게 될지도 모른다는 처벌의 위험입니다. 여러분은 결국 그게 실제 위험이 아니라고 반박할 것입니다. 우리의 소년들은 오이디푸스 콤플렉스 시기 동안 어머니를 사랑하게 되어도 거세를 당하지 않습니다. 하지만 사태는 그렇게 간단히 넘겨버릴 수 있는 게 아닙니다. 무엇보다도 이것은 거세가 실제로 이루어지느냐의 문제가 아닙니다. 결정적인 것은 위험이 외부로부터 가해진다는 것과, 아이가 그걸 믿는다

---

3 《억압, 증후 그리고 불안》의 4장을 참조할 것. 거기서 탐구되는 사례들로는 '꼬마 한스'와 '늑대 인간'이 있다.
4 남근기는 이 강의의 뒷부분(172페이지)에서 논의된다.

는 사실입니다. 사람들은 아이가 최초로 자위하게 되는 남근기[4] 동안, 그의 남근을 잘라버린다고 종종 위협하기 때문에 아이는 그 가능성을 믿게 되며, 그런 처벌이 주기적으로 실행되어 계통발생 적인 강화를 이루는 측면에서도 그에게 적용될 거라는 점이 암시 됩니다. 인간 가족들의 원시 시절 동안, 질투심 많고 잔인한 아버 지는 자라나는 소년들에게 실제로 거세를 행하곤 했으며, 원시적 종족들의 사춘기 의식에서 매우 자주 발견되는 할례가 그것의 명 료한 잔재가 아닌지 우리는 의심합니다. 이런 내용이 일반적인 상 식에서 너무 멀리 벗어난 것이라는 걸 압니다. 하지만 우리는 거 세 공포가 억압의 가장 흔하고 가장 강력한 모티브 중 하나이며, 따라서 신경증 형성의 동인이 된다는 관점을 고수해야 합니다. 거 세는 아닐지라도, 할례가 소년들의 자위 습관을 치료하거나 벌하 기 위한 목적으로 행해지곤 했다는 사례들의 분석은(영미 사회에 서는 전혀 드문 일이 아니었습니다), 우리의 확신에 마지막 확실성 을 더해줍니다. 나는 이 지점에서 거세 콤플렉스에 대해 더 깊이 들 어가고 싶은 유혹을 받지만, 우리의 주제를 계속 고수하겠습니다.

물론 거세에 대한 공포가 억압의 유일한 모티브인 것은 아닙니 다. 사실, 여성에게는 해당이 안 되기 때문입니다. 여성들은 거세 콤플렉스는 가질 수 있어도 거세될지 모른다는 두려움은 없습니 다. 여성들은 그것을 사랑의 상실에 대한 두려움의 형태로 느끼 며, 이것은 확실히 엄마가 없다는 것을 발견했을 때 아이가 갖는 불안의 추후적 연장입니다. 여러분은 불안에 의해 얼마나 사실적 으로 위험 상황이 인식되는지 깨달을 것입니다. 엄마가 부재하거나 아이로부터 사랑을 거둬가버린다면, 아이는 더 이상 욕구 충족을 확신할 수 없게 되고 아마도 가장 괴로운 긴장감에 노출될 것입니다. 불안의 이런 결정요소가 근본적으로 출생 시의 원초적 불안의 상황을 반복하는 것일 수도 있다는 의견을 거부하지 마십시오. 출생 시의 불안도 확실히 어머니로부터의 분리를 상징합니다. 사실, 페렌치[1925]가 제시한 사고의 실타래를 따라간다면, 거세의 공포를 이런 연속에 덧붙일 수 있을 것인데, 남성 성기의 상실은 어머니(혹은 그녀의 대체물)와 성적인 행위 속에서 다시 결합할 수 없다는 불능을 의미하기 때문입니다. 덧붙여 말하자면, 어머니의 자궁으로 돌아가고자 하는 매우 흔한 환상은 성교하려는 소망의 대체물이란 것을 말해두어야 하겠습니다. 이 지점에서 여러분께 말씀드릴 많은 흥미로운 것들과 놀라운 관계들이 있지만, 나는 정신분석학에의 입문이라는 틀 바깥으로 나갈 수는 없습니다. 나는 오직 정신분석학적 탐구가 여기서는 생물학적 사실들의 영역까지 침범한다는 사실에만 여러분의 주의를 촉구하겠습니다.

정신분석학에 많은 뛰어난 기여를 한 오토 랑크도 또한 출산의 행위와 어머니로부터 분리되는 것의 중요성을 특별히 강조한 이론을 개진했습니다[랑크, 1924]. 그렇기는 하지만 우리는 그가 이 요소로부터 끌어낸 극단적인 추론들을 신경증 이론과 분석 치료에 받아들이는 것이 불가능하다고 생각하게 되었습니다. 그는 출산 시에 겪은 불안이 나중에 발생하는 모든 불안 상황들의 모델이 된다는 점을 자기 이론의 핵심으로 삼았습니다.[5] 그러나 우리가 잠시 동안 이런 위험 상황들을 숙고해본다면, 사실 불안의 특정한 결정요소(즉 위험 상황)가 발달의 매 시기마다 특유한 형태로 주어진다는 것을 알게 됩니다. 이를 테면 심리적 무력함의 위험은 자아 초기의 미성숙 단계에 대응하고, 대상 상실(혹은 사랑의 상실)의 위험은 어린 시절 처음 몇 년간의 자기충족성의 결여에 대응합니다. 또 거세될지 모른다는 위험은 남근기와 대응하고, 마지막으로 특별한 위치를 점하는 초자아에 대한 두려움은 잠재기에 대응합니다. 발달 과정 중에 앞선 시기의 불안 결정인자들은 점차 떨어져나가는데, 자아의 강화로 인해 그에 상응하는 위험 상황들이 처음의 중요성을 잃기 때문입니다. 하지만 이것은 매우 불완전하게만 일어납니다. 많은 사람들은 사랑의 상실에 대한 두려움을 극복할 수 없습니다. 그들은 다른 사람들의 사랑으로부터 충분히 독립적이지 못하며, 이런 관점에서 어린애와 같은 행동을 계속해 나갑니다. 초자아에 대한 두려움은 보통 결코 사라지지 않는데, 그것은 도덕적 불안의 형태로 사회적 관계에서 필수적인 것이고, 개인은 아주 드문 경우에만 인간사회에서 독립적으로 존재할 수 있기 때문입니다. 과거 위험 상황들 중 몇몇도 불안의 결정인자에 현재적인 수정을 가하며 뒤늦게까지 살아남는 데 성공합니다. 따라서 예를 들어, 거세의 위험은 매독공포증의 흔적 뒤에서 존속합니다. 우리는 성인이 되면 더 이상 거세가 성적인 욕망의 방종함

---

5 프로이트는《꿈의 해석》의 재판(1909)에 부가된 주석에서 처음으로 이것을 발표했으나, 훨씬 이전부터 그의 이론이 빈에 있는 그의 옹호자들 사이에 상당 부분 알려져 있었다고 믿을 만한 이유가 있다. 랑크의 출산 이론에 대한 그의 비판은《억압, 증후 그리고 불안》8장과 10장에서 주로 논의된다.

에 대한 처벌로서 통상적으로 주어지는 것이 아니라는 것을 알게 되지만, 한편 이런 종류의 본능적 자유분방함이 심각한 질병을 불러올 수 있다는 것을 깨닫습니다. 우리가 신경증 환자라고 묘사하는 사람들은 위험에 대한 태도에서 아직 유아적으로 남아 있으며, 시기에 맞지 않는 과거의 불안 결정인자들을 극복하지 못했다는 것은 의심할 여지가 없습니다. 우리는 이것을 신경증 환자의 특성 규명에 대한 사실적 기여로 받아들일 수 있지만, 왜 그런 일이 일어나는지 설명하는 것은 쉬운 문제가 아닙니다.

나는 여러분이 내가 말하고 있는 것의 맥락을 놓치지 않고, 우리가 지금 불안과 억압 사이의 관계를 탐구하고 있다는 것을 기억하기를 바랍니다. 이 과정에서 우리는 두 가지 새로운 것들을 배웠습니다. 첫째는, 우리가 생각했던 것과는 반대로 불안이 억압을 만들어낸다는 것, 그리고 〔둘째로〕 두려움의 대상이 되는 본능적 상황은 궁극적으로 외부적 위험 상황으로 전환된다는 것입니다. 다음 질문은 이렇습니다—이제 우리는 어떻게 불안의 영향 하에서 억압의 과정을 묘사할 수 있을까요? 이에 대한 대답은 다음과 같을 것입니다. 자아는 솟아오르는 본능적 욕망의 충족이, 잘 기억하고 있는 위험 상황들 중 하나는 불러오리라는 것을 인지합니다. 따라서 이 본능적인 집중 에너지는 다소 억압되고, 중단되고, 무력화될 것임에 틀림없습니다. 우리는 자아가 강하고, 그 조직과 관련된 본능적 충동을 끌어온다면, 자아가 이 과업에 성공하리라는 것을 압니다. 하지만 억압의 경우에는, 본능적 충동이 여전히 이드에 속해 있고, 자아가 약함을 느낍니다. 이 지점에서 자아는 근본적으로 정상적인 사고와 동일한 테크닉을 통해 자구책을 찾고자 합니다. 사고는 적은 양의 에너지로 수행되는 실험적 행위이며, 장군이 대규모 군대를 직접 움직이기 전에 지도에서 작은 모형들을 이동시키는 것과 같은 것입니다.[6] 이렇게 자아는 문제가 되는 본능적 충동의 만족을 기대하며, 두려운 위험 상황의 시초에 불쾌한 감정이 재생되는 것을 허용합니다. 이와 함께 쾌-불쾌 원리의 자동성이 가동에 들어가고, 위험스러운 본능적 충동의 억압이 실행됩니다.

여러분은 이쯤에서 '잠깐만 멈추세요! 우리는 당신의 설명을 따라갈 수가 없습니다!'라고 외칠 것입니다. 여러분이 맞습니다. 좀더 쉽게 받아들일 수 있도록 하기 위해, 나는 얼마간 부연 설명을 덧붙여야 할 것입니다. 우선 나는, 어떤 상상할 수 없는 하층에서 에너지의 할당량들 간에 일어나는, 의식적인 것도 전의식적인 것도 아닌 과정임에 틀림없는 것을 일반적인 사고의 언어로 옮기

---

6 이 사고 활동을 통한 유예는 자아의 주된 기능들 중 하나로 바로 이전 강의(138 페이지)서 벌써 언급했다. 사고를 실험적인 소규모 활동으로 — '현실성 검증'의 필수적 요소로서 — 보는 개념은 프로이트 이론들 중 가장 초기의, 가장 근본적인 것들에 속하며, 그가 심리적 과정의 1차 과정과 2차 과정을 구분한 것과 밀접하게 관련된다(136페이지의 각주 20을 참조할 것). 이것은 1895년의 〈프로젝트〉 파트 I의 16, 17, 18절에서 처음으로 등장하며, 같은 저작의 파트 III, 3절(1950a)에서 다시 논의된다. 거기서는 표면적으로 신경학적 용어로 설명이 되지만, 《꿈의 해석》(1900a) 7장에서는 순전히 심리학적인 관점에서 다시 등장한다. 이것은 농담에 관한 책(1905c)의 7장, 〈정신 기능의 두 가지 원칙〉(1911b), 〈무의식〉 5장(1915e), 《자아와 이드》(1923b) 5장 그리고 〈부정(negation)〉(1925h)에서 다시 논의된다. 또한 프로이트의 마지막 주요 저작인 《정신분석 개요》 (1940)[1938] 8장에서 마지막으로 등장한다.

려 시도했다는 점을 인정해야만 합니다. 하지만 이것은 심한 결점은 아닌데, 다른 식으로는 될 수가 없기 때문입니다. 더 중요한 것은, 억압이 발생할 때 자아에서 일어나는 것과 이드에서 일어나는 현상을 명료하게 구분하는 것입니다. 우리는 방금 자아가 하는 일을 말했습니다. 즉 자아는 실험적인 집중 에너지를 사용하며, 불안 신호를 통해 쾌-불쾌 자동성을 시작시킵니다. 그 다음에는 몇몇 반응이 생성되는데, 다양한 비율에서 조합이 이루어질 수 있습니다. 불안 발작이 완전히 발생하고 자아는 거부감이 느껴지는 자극에서 완전히 후퇴할 수도 있고, 자아가 실험적 리비도 집중 대신에 리비도 반대-집중(anti-cathexis)으로 그 자극에 대항하며 이것이 억압된 충동 에너지와 결합하여 증상을 형성할 수도 있습니다. 혹은 리비도 반대-집중이 반동형성으로서, 자아의 특정한 성질의 강화로서, 자아의 영구적인 변화를 빚어내며 자아 안으로 편입될 수도 있습니다.[7] 불안의 발생이 단순한 신호에 그칠수록, 그만큼 더 자아는 억압된 것[충동]의 심리적 속박을 야기하는 방어 행동에 더 많은 노력을 들이며, 또한 그만큼 더 그 과정은, 완전히 같아질 수는 없을지라도, 자아의 일반적인 자구책(working-over)에 근접하게 됩니다.[8]

덧붙여 말하자면, 여기서 우리가 잠시 숙고해볼 한 가지 사항

---

7 반대-집중(anti-cathexis)의 결과로 자아가 변화된다는 이 개념은 프로이트의 아주 초기 저술의 일부에서도 발견되며, 예를 들면 〈방어의 신경정신학〉(1896b)에 대한 두 번째 논문의 끝 부분에서 제시된다. 또한 후기에 와서도 《억압, 증후 그리고 불안》 11장에서 논의되며, 매우 늦은 시기의 전문적 논문인 〈끝이 있는 분석과 끝이 없는 분석〉(1937c)의 II절과 V절에서도 더욱 상세히 설명된다.

이 있습니다. 여러분은 매우 정의하기 힘든 것인 '성격(character)'
이라고 하는 것이 온전히 자아에 귀속된다고 틀림없이 추정했을
것입니다. 우리는 이미 성격을 만드는 요소들에 대해 조금 기술했
습니다. 무엇보다도 우선, 이전에 부모의 심급이었던 것이 초자아
로 합병되는데, 이것은 의심할 여지없이 초자아의 가장 중요하고
결정적인 부분입니다. 또한 추후의 두 부모 및 다른 영향력 있는
인물들과의 동일화가 이루어지며, 그리고 단념한 대상-관계의 침
전물로서 형성되는 유사한 동일화도 역할을 합니다〔119페이지를
참조할 것〕. 그리고 성격형성에서 결코 빠질 수 없는 것으로서 반
동형성을 덧붙여야겠습니다—우선 억압을 만들어낼 때와, 나중에
더 일반적인 방법을 통해서 소망하지 않는 본능적 충동을 거부할
때 그렇습니다.[9]

　이제 다시 이드로 돌아가 봅시다. 억누르고자 하는 본능적 충
동과 관련해서 억압 중에 어떤 일이 일어나는지 추측하기란 쉬운
일이 아닙니다. 우리의 관심을 끄는 주된 질문은 그 자극의 에너
지에, 그 리비도 할당량에 무엇이 일어나는가 하는 점입니다. 즉
그것은 어떻게 사용되는 걸까요? 여러분은 억압에 의해 불안으로

---

8 불쾌한 정신적 사건에 대처하는 일반적인 방법으로서의 '자구책(working-
　over)'이라는 개념은 프로이트의 오래된 개념들 중 하나다. 예를 들어, 그가 브
　로이어와 〈예비적 커뮤니케이션〉을 저술하던 시절에 히스테리에 대한 강의에
　서 프로이트는 다음과 같이 말한다. '덧붙여 말하자면, 건강한 정신적 메커니즘
　은 심리적 외상의 효과에 대처하는 다른 방법들을 활용한다…… 즉 연상들에
　연결시키는 방식으로 자구책을 찾는다.' (1893h)
9 이 단락의 앞부분은 《자아와 이드》(1923b) 3장 첫 부분의 설명에서 유래한 것
　이며, 뒷부분은 《억압, 증후 그리고 불안》 11장(A)에 기반하고 있다.

변환되는 것이 바로 이것이라는 점을 우리의 앞선 가설을 통해 알고 계실 겁니다.[10] 하지만 우리는 이제 그렇게 말할 수 없습니다. 가장 신중한 답변은, 그것에 일어나는 일이 아마도 항상 똑같지는 않다는 것입니다. 아마도 억압된 충동과 관련해서 그 시점에 자아에서 일어나는 일과 이드에서 일어나는 일 사이에는, 우리가 알아야만 할 밀접한 상응관계가 있을 것입니다. 우리는 불안 신호에 의해 가동되는 쾌-불쾌 원칙이 억압에서 한 역할을 한다고 설명했기 때문에, 이제 우리의 예상을 좀 바꿔야 할 것입니다. 그 원칙은 이드에서 일어나는 일을 완전히 장악하고 구속되지 않은 지배력을 행사합니다. 따라서 이것은 문제가 되는 본능적 충동에 매우 심대한 변화를 가져오게 된다고 보아야 합니다. 우리는 억압으로 인해 영향이 널리까지 미치는 매우 다양한 결과가 발생하리라는 것을 충분히 예상할 수 있습니다. 일부 경우들에서 그 억압된 본능적 충동은 리비도 집중을 유지할 수 있으며, 자아로부터 끊임없는 압력을 받기는 하지만 이드 안에서 변화되지 않은 채 존속할 수도 있습니다. 다른 경우에서는, 그것이 완전히 붕괴되고, 관련된 리비도는 영구적으로 다른 경로로 전환되는 일이 발생할 수 있습니다. 나는 이것이 오이디푸스 콤플렉스가 일반적으로 처리될 때 일어나는 일이라는 견해를 표명했습니다. 따라서 이 바람직한 경우에서는 단순히 억압되는 것이 아니라 이드 안에서의 붕괴가 일어납니다.[11] 우리는 임상적 경험들을 통해, 억압의 통상적 결과

---

10 '억압'에 관한 메타심리학적 논문(1915d) 및 《정신분석 강의》 25강을 참조할 것.

대신에 리비도의 퇴화가 일어나는 사례가 많음을 알게 되었습니다. 즉 리비도 조직이 이전 단계로 퇴보하는 것입니다. 이것은 물론 이드 안에서만 일어날 수 있으며, 이런 일이 있을 경우 불안 신호에 의해 도입되었던 동일한 갈등의 영향 하에 위치하게 됩니다. 이런 종류의 가장 주목할 만한 사례는 강박신경증의 경우에 볼 수 있는데, 여기서 리비도 퇴화와 억압은 함께 수행됩니다.

신사숙녀 여러분, 나는 여러분이 이런 설명을 따라가기 힘들다고 느낄까봐, 그리고 내가 여러분께 속속들이 말씀드리지 않았다고 생각할까봐 걱정됩니다. 여러분의 불쾌감을 자아냈다면 매우 유감입니다. 하지만 나는 우리가 발견한 것들의 성격에 대해, 또 그것들을 탐구하는 것과 관련된 어려움에 대해 알려드리려는 것 외에 다른 목적은 설정할 수 없습니다. 정신적 과정의 문제로 더욱 깊이 파고들수록, 우리는 더욱 그것의 과다함과 복잡함을 알게 됩니다. 처음엔 우리의 요구를 만족시키는 것으로 보이던 수많은 간단한 공식들이 나중엔 부적합한 것으로 판명되곤 합니다. 우리는 지치지 않고 그것들을 바꾸고 개선하려는 노력을 계속합니다. 나는 이 책에 소개된 첫 번째 강의인 꿈 이론에 관한 강의에서, 그 영역에 15년간 새로운 발견이 거의 없었다는 것을 말씀드렸습니다. 하지만 여기 불안에 대한 논의에서, 여러분은 많은 것이 도입되고 많은 것이 바뀐 것을 알게 될 겁니다. 더구나 이런 새로운 것들은 아직 완전히 탐구되지 못했고, 아마도 그 때문에 설명하는 데 따르는 어려움이 더욱 큰 것 같습니다. 하지만 인내심을 가지

---

11 〈오이디푸스 콤플렉스의 해소〉(1942d)를 참조할 것.

십시오! 우리는 곧 불안이라는 주제에 작별을 고할 수 있을 것입니다. 우리가 만족스러울 만한 결론을 얻게 될 거라고 약속드릴 수는 없으나, 얼마간의 진보는 이룰 수 있을 거라고 희망합니다. 그동안에 우리는 모든 종류의 새로운 발견들을 해왔습니다. 예를 들어, 우리는 불안의 탐구를 통해 자아에 대한 설명에 새로운 특색을 덧붙였습니다. 우리는 자아가 이드에 비해 상대적으로 약하고, 이드의 충직한 종일 뿐이며, 이드의 명령을 실행하고 그 요구들을 실현시키기 위해 열심이라고 말했습니다. 우리는 이 언급을 철회할 의도가 전혀 없습니다. 반면 이 동일한 자아는 현실에 얼굴을 맞대고 있는, 이드에서 더 잘 조직화된 부분입니다. 우리는 양자 사이의 분리를 너무 과장해서는 안 되며, 자아가 그 자신의 위치에서 이드의 과정들에 영향을 미칠 수 있다 해도 놀라서는 안 됩니다. 나는 자아가 불안 신호를 통해 거의 전능한 힘을 갖는 쾌-불쾌 원칙을 실행에 옮김에 의해 영향력을 행사한다고 생각합니다. 반면 자아는, 그 직후 다시 자신의 약함을 드러내는데, 억압 행위에 의해 자아는 그 조직의 일부를 단념하고, 억압된 본능적 충동이 영구적으로 자신의 영향 범위에서 벗어나도록 허용하기 때문입니다.

그리고 이제, 불안 문제에 관해서는 오직 한 가지 언급만 남았습니다. 신경증적 불안은 우리의 손을 거쳐 현실적인 불안으로, 특정한 외부적 위험의 상황에 대한 두려움으로 바뀌었습니다—사실은 한 걸음 후퇴한 것입니다. 우리는 이런 종류의 위험 상황에서 실제로 위험스럽고 실제로 두려움을 일으키는 것이 무엇인지 자문했습니다. 그것은 확실히 주체에게 가해지는 객관적으로 산정될 수 있는 손상은 아닌데, 이것은 심리학적으로 아무런 중요성도 갖지 못하기 때문입니다. 그보다 그것은 마음에 일어나는 어떤 것입니다. 예를 들어 우리가 불안 상태의 모델로 들었던 출산은, 손상의 위험과 관련되기는 하지만, 결국 그 자체만으로는 거의 손상으로 간주될 수 없습니다. 모든 위험 상황이 그렇듯 출산에서 핵심적인 것은, 정신적 경험에 매우 긴장되는 자극 상태를 불러올 수 있다는 것이며, 그것은 불쾌감과 함께 인식되고, 자아가 쉽게 해소하며 다스릴 수 없는 것입니다. 쾌락 원칙의 노력들이 그 앞에서 붕괴되는 이런 종류의 상태를 '외상적(traumatic)' 순간[12]이라 부르기로 합시다. 다음에, 우리가 연속적으로 신경증적 불안, 현실적 불안, 위험 상황을 취하면, 우리는 다음과 같은 단순한 명제에 도달합니다 — 두려움을 일으키는 것, 불안의 대상이 되는 것은 어느 경우이든 외상적 순간의 출현이며, 이것은 쾌락 원칙의 일반적인 법칙에 의해 처리될 수 없는 거라는 것입니다. 우리가 쾌락 원칙을 부여받았다고 해서 객관적 외상으로부터의 보호를 보장받지 못하며, 우리의 심리적 경제학에 관한 특정한 손상으로부터의 보호만을 보장받을 수 있음을 즉시 이해하게 됩니다. 쾌락 원칙과 자기보존적 충동은 서로 매우 다릅니다. 양자의 의도는 시초부터 매우 많이 어긋납니다. 하지만 그 외에 다른

---

12 이 구문에서는 샤르코의 영향이 감지되며, 프로이트가 히스테리에 관해 논한 그의 가장 초기의 주장으로 거슬러올라가는 것이다. 예를 들어, 그의 첫 번째 논문이었던 〈방어의 신경정신학〉(1894a) I절을 참조할 것.

것도 볼 수 있으며, 아마도 이것은 우리가 찾고 있는 해법일 것입니다. 즉 모든 것이 상대적인 양의 문제라는 것입니다. 우리가 받는 인상을 외상적 순간으로 바꾸고, 쾌락 원칙의 기능을 마비시키고, 위험의 순간에 중요성을 부여하는 것은 오직 자극의 총체적 크기입니다. 이것이 본연의 모습이고, 수수께끼가 이렇게 단조롭게 풀릴 수 있다면, 유사한 외상적 순간들이 가설적인 위험의 상황과 관련되지 않고도 정신생활에 발생하는 것은 왜 가능하지 않을까요? 이 경우에는 불안이 신호로서 발생하는 것이 아니라 새로운 이유에서 새로이 생성되는 외상적 순간들이 될 것입니다. 우리는 임상적 경험을 통해 이런 것이 실제 일어나는 일이라는 것을 분명히 확인할 수 있습니다. 우리가 기술했던 메커니즘을 보여주는 것은 오직 추후의 억압에서이며, 거기서는 불안이 과거에 겪은 위험 상황에 대한 신호로서 발생합니다. 최초의 본래적 억압은 외상적 순간들로부터 직접적으로 발생하며, 이때 자아는 과도하고 엄청난 리비도의 요구에 직면합니다. 그리하여 억압은 출생 시의 불안을 모델로 삼을지는 모르지만, 자신의 불안을 새로이 구축합니다. 성적인 기능의 신체적 손상에서 기인하는 불안신경증의 경우에도, 그 불안 발생을 설명할 때 동일한 것이 적용될 수 있습니다. 우리는 이런 경우들에서 불안으로 전환되는 것이 리비도 자체라고 더 이상 주장할 수 없습니다.[13] 하지만 그럴지라도 나는 불안 발생에는 두 가지 기원이 있다는 것에 아무런 반론도 찾을 수 없습니다. 즉 외상적 순간의 직접적인 결과로부터 기인하는 것과, 그런 순간의 반복을 경고하는 신호로서 일어나는 것입니다.

신사숙녀 여러분, 이제 불안에 대한 설명이 끝났으므로 나는 여러분이 그 점을 기뻐하시리라고 생각합니다. 하지만 좋아하실 것 없습니다. 뒤에 이어질 설명도 더 나을 것은 없기 때문입니다. 나는 이 자리에서 여러분께 리비도나 본능 분야의 이론에 대해서도 말씀드리려고 계획하고 있는데, 이 분야에도 역시 새로운 발견들이 많았습니다. 여기에서 대단한 발전이 진척되어 그것에 대해 조금이라도 알려고 하는 모든 수고가 헛되지 않을 것이라고는 말하고 싶지 않습니다. 아닙니다. 이 분야는 우리가 입장을 정립하고 새로운 발견들을 하기 위해 애쓰며 노력하는 분야일 뿐입니다. 여러분은 오직 우리 노력의 증인만 될 수 있을 것입니다. 나는 여기서도 앞서 여러분께 말씀드렸던 몇몇 지점으로 돌아갈 것입니다.

본능 이론은 말하자면 우리의 신화입니다. 본능은 막연하다는 측면에서 훌륭한 가상의 실체입니다. 우리는 연구 중에 잠시라도 그것을 무시할 수 없지만, 본능을 확실히 파악했다고는 말할 수 없습니다. 여러분은 통속적인 관점에서 본능이 어떻게 다루어지는지 잘 알고 있을 것입니다. 사람들은 어떤 순간에 우연히 필요로 하게 된 만큼 많고 다양한 본능들을 가정합니다 — 자기주장의 본능, 모방의 본능, 놀이의 본능, 군기의 본능 그리고 그 밖의 많은 것들입니다. 사람들은 그것들을 채택하여 각각 특정한 역할을

---

13 《억압, 증후 그리고 불안》 8장에서, 프로이트는 최소한 가능성의 차원에서라도 불안신경증에서, '불안 발생을 통해 방출되고자 하는 것은, 바로 사용되지 못한 리비도의 잉여분이다'라고 여전히 주장했다. 현재의 문장에서 과거 이론의 마지막 흔적은 포기된 것으로 보인다.

하도록 한 후, 다시 그것들을 버립니다. 우리는 이런 모든 사소한 임시변통의 본능들 뒤에 우리가 조심스럽게 접근해야만 하는 뭔가 심각하고 강력한 무언가가 감춰져 있는 것은 아닌지 항상 의심해왔습니다. 우리의 첫 번째 발걸음은 충분히 신중했습니다. 우리는 우선 두 가지 가장 강력한 욕구에 따라 두 가지의 주된 본능, 혹은 본능 종류나 본능 그룹을 구별하는 것으로 시작했으며, 이렇게 하면 길을 잃고 헤매지 않으리라 생각했습니다. 이 두 가지는 배고픔과 사랑입니다. 우리가 다른 모든 학문들로부터 심리학의 독립성을 제아무리 열심히 주장할지라도, 여기서는 살아 있는 개별적 유기체가 자기보존과 종족보존이라는 두 가지 목표의 지배하에 있다는 확고부동한 생물학적 사실의 그늘 속에 서 있음을 인정해야 합니다. 그 양자는 서로 독립적인 것으로 보이며, 우리가 현재 알고 있는 한은 어떤 공통된 기원도 갖지 않고, 양자의 이해관계는 동물의 삶에서 종종 갈등을 빚곤 합니다. 사실, 우리가 지금 말하고 있는 것은 생물심리학이며, 생물학적 과정들의 심리적 부대현상에 대해 탐구하고 있는 거라고 볼 수 있습니다. '자아 본능'과 '성 본능'이 정신분석학에 도입된 것은 주체의 이런 측면을 표상하기 위한 것이었습니다. 우리는 전자에 개인의 보존, 주장, 확대와 관련된 모든 것을 포함시켰고, 후자에는 유아적·변태적 성생활에 이르는 모든 성적인 풍부함을 귀속시켰습니다. 또한 우리는 신경증을 탐구하는 과정에서, 자아가 제한하고 억압하는 힘이라는 것, 그리고 성적인 경향은 제한을 당하고 억압을 받는 대상이라는 것을 알게 되었습니다. 따라서 우리는 두 본능 그룹들 사이의 차이점뿐만 아니라, 그들 사이의 갈등에 대해서도 확실한 증거를 확보했다고 생각하게 되었습니다. 우리 탐구의 첫 번째 대상은 성적인 본능이었으며, 그 에너지를 우리는 '리비도(libido)'라 이름 붙였습니다. 우리가 본능이란 무엇인가, 그것이 어떤 성질을 갖는가에 대한 의견을 명료히 하려고 했던 것은 성적인 본능과의 관계에서였습니다. 그리고 여기에서 리비도 이론이 도출된 것입니다.

본능은 몸 안에 있는 자극의 원천으로부터 솟아나오며, 지속적인 힘으로 작용하고, 외적인 자극의 경우처럼 도망침에 의해 피할 수 없다는 점에서 일반적인 자극과 구별됩니다. 우리는 어떤 본능의 원천, 대상, 목표를 구분할 수 있습니다. 원천은 몸 안에서의 자극의 상태이며, 목표는 그 자극을 없애려는 것입니다. 그리고 원천에서 목표를 향해가면서 본능은 심리적으로 작용합니다. 우리는 이것을 특정한 방향으로 압력을 가하는 특정한 에너지의 할당량이라고 묘사합니다. '추동(Trieb)'[14]이라는 이름이 유래한 것은 이런 압박으로부터입니다. 사람들은 '능동적(active)' 본능과 '수동적(passive)' 본능에 대해 말하는데, 그보다는 능동적 목적을 갖는 본능과 수동적 목적을 갖는 본능이라고 말하는 것이 정확할 것입니다. 수동적인 목적을 달성하는 경우에도 활동력의 소비가 필요하기 때문입니다. 목표는 주체 자신의 몸 안에서 달성될

---

14 이 독일어는 종종 '충동(drive)'으로 번역되지만, 표준판 전집 전체에는 I권의 서론에 명시된 것과 같은 몇몇 이유에서 '본능(instinct)'이라는 말이 사용되었다.

168

수 있습니다. 보통은 외부의 대상을 받아들이는 형태이며, 그와 관련하여 본능은 외적인 목표를 달성합니다. 그러나 내적인 목적은 항상 육체적 변화, 즉 만족을 느끼는 상태로 실현됩니다. 본능이 육체적 원천과 관련된다는 사실이 특별한 성질을 부여하는지, 만약 그렇다면 그것이 무엇인지는 우리에게 분명하지 않습니다. 그러나 분석적 경험으로 볼 때, 한 가지 원천에서 나온 본능적 충동이 다른 원천에서 나온 충동과 결합되어 함께 변화를 겪을 수 있으며, 일반적으로 하나의 본능적 충족이 다른 것으로 대체될 수 있다는 것은 의심할 여지없는 명백한 사실입니다. 하지만 우리는 이것을 아주 잘 이해하고 있지는 못하다는 것을 인정해야 합니다. 본능이 그 목표 및 대상과 갖는 관계도 변화될 수 있습니다. 대상과 갖는 관계가 더 헐겁기는 하지만, 양자 모두 다른 것으로 교체될 수 있습니다. 우리는 사회적 가치관이 고려된 특정한 종류의 목표 및 대상의 변화를 '승화(sublimation)'라고 부르고자 합니다. 이밖에도 '목표 달성이 저지된(inhibited in their aim)' 본능을 구별할 수 있는데, 이것은 우리에게 잘 알려진 원천으로부터 나왔으며 모호하지 않은 목적을 가진 본능적 충동이지만, 만족으로 가는 길에서 중단되었고, 따라서 지속적인 대상-집중과 영구적인 〔감정의〕 경향성을 발생시키는 종류의 것입니다. 이러한 것에는 예를 들어 부드러운 애정 관계(tenderness) 같은 것이 있는데, 그 원천은 의심할 여지없이 성적인 욕구에서 비롯된 것이지만 언제나 그 충족은 포기될 수밖에 없는 것입니다.[15]

여러분도 보시다시피, 본능의 수많은 특징들과 변모 과정은 아직도 우리에게 미지의 것으로 남아 있습니다. 성적인 본능과 자기 보존적 본능 사이에 나타나는 더 진전된 구분을 여기서 언급해야 할 것인데, 이것은 전체로서의 본능 그룹들에 적용될 경우 가장 심대한 이론적 중요성을 갖게 될 그런 것입니다. 성적인 본능은 유연성이 크며, 목표를 바꿀 수 있는 능력이 있고, 하나의 본능적 충족이 다른 것으로 대체될 수 있는 교체가능성이 있으며, 우리가 억제된 본능을 통해 좋은 예를 들었듯이 목표 추구의 측면에서 시간적으로 유예될 수 있는 성질 때문에 우리의 주의를 끕니다. 그러나 이런 성격은 다행스럽게도 자기보존적 본능에는 적용되지 않는데, 그것은 유연성이 없고, 유예를 허용하지 않으며, 매우 다른 의미에서 필수적이며, 억압과 불안과도 매우 다른 종류의 관계를 맺고 있다고 말할 수 있겠습니다. 그러나 조금만 더 숙고해보면, 이런 예외적인 위치가 모든 자아 본능에 적용되는 것이 아니라, 오직 배고픔과 목마름에만 적용되며, 이런 본능 원천의 독특한 성격에 기반한 것이라는 것을 알 수 있습니다. 이 모든 것들이 매우 혼란스럽게 느껴질 것인데 그 주된 이유는, 원래 이드에 속해 있던 본능적 충동들이 조직화된 자아의 영향 밑에서 어떤 변화를 겪게 되는지 우리가 별도의 고찰을 하지 않았기 때문입니다.

우리는 본능 생활이 성적인 기능에 봉사하는 방식들을 탐구하는 면에서 더 확고한 기반을 확보했습니다. 여기서 우리는 매우 명확한 지식을 얻었는데, 여러분에게도 이미 친숙한 내용입니다.

---

15 이 단락의 내용은 대체로 〈본능과 그것의 변천〉(1915c)의 첫 부분을 반복한 것이다.

170

우리는 처음부터 본능을 성적인 기능의 목표—두 성세포의 결합—를 향한 충동의 운반수단으로서 인식하지 않습니다. 우리가 보는 것은 몸의 여러 구역 및 영역들에서 일어나는 엄청나게 많은 수의 부분적 본능들이며, 이것들은 정당하게 서로 독립적으로 충족을 갈구하고, 우리가 '기관-쾌감(organ-pleasure)'[16]이라고 부를 수 있는 것 속에서 그런 충족을 발견합니다. 성기는 이런 '성감대' 중 가장 최종적인 것이며 '성적(sexual)' 쾌감이라는 이름은 그것의 기관-쾌감에서 빠질 수 없습니다. 쾌감을 갈구하는 이런 충동들 모두가 성 기능의 최종적 조직 체계로 귀속되는 것은 아닙니다. 그들 중 많은 수는 억압이나 다른 수단을 통해 직접적 분출이 저지되며, 그중 몇몇은 내가 이미 말했던 놀라운 방식에 의해 〔169~170페이지〕 원래 목적과는 다른 쪽으로 전환되어 다른 충동들을 강화하는 데 사용됩니다. 또한 다른 것들은 사소한 역할을 계속해 나가면서, 예비적 행위의 수행 및 전구 쾌감(fore-pleasure)[17]의 생성을 위해 봉사합니다. 여러분은 이 매우 긴 발달 과정 중에 예비적 조직화의 몇몇 단계들이 어떻게 인식될 수 있는지, 그리고 성적인 기능의 이런 역사를 통해 어떻게 그에 일어나는 변이와 위축을 설명할 수 있는지 이미 들으셨습니다. 이런 '전성기기'의 단계들 중 첫 번째 것은 '구순기(oral)'라고 할 수 있는

---

16 프로이트는 이 용어를 《정신분석 강의》 21강에서 꽤 자세히 논했다. 거기에는 현재 단락의 앞부분에 제시되는 상당한 내용이 똑같이 기술되고 있다.

17 프로이트의 《성 이론에 관한 세 가지 논문》(1905d)의 세 번째 논문 I절에서 전구 쾌감에 관한 자세한 설명이 제시된다. 농담에 관한 책에서도 같은 주제가 몇몇 지점에서 다루어진다.

데, 품에 안긴 아기가 영양을 공급받는 방식과 부합하게, 입의 성 감대가 그 시기의 성적인 활동이라고 불릴 수 있는 것을 지배하기 때문입니다. 두 번째 단계에서는, '가학적'이고 '항문적'인 충동들 이 전면에 떠오르는데, 이빨이 돋기 시작하고, 근육체계가 강화되고, 괄약근 기능을 통제할 수 있게 되는 발달의 양상과 명백하게 관련되어 있습니다. 우리는 특히 이 주목할 만한 발달 단계에 관해 많은 흥미로운 세부 사항들을 알게 되었습니다.[18] 세 번째로 '남근기(phallic)'가 나타나는데, 이 시기에는 양쪽 성 모두에게 남 성의 성기(여자의 경우 남자의 성기에 해당하는 것)가 간과할 수 없는 중요성을 획득합니다.[19] 우리는 '성기기(genital)'라는 이름을 사춘기 이후에 확립되는 결정적인 성적인 조직화를 위해 남겨두 었습니다. 이 시기에는 남성의 성기가 오래 전에 획득했던 의미를 여성의 성기도 처음으로 인정받게 됩니다.

지금까지의 설명은 진부한 반복에 불과합니다. 여러분은 내가 이번에 언급하지 않은 내용은 더 이상 유효하지 않은 거라고 잘못 해석해서는 안 됩니다. 이렇게 반복해서 설명드린 것은 우리가 새 롭게 지식을 얻게 된 분야에 관해 말씀드릴 출발점으로 삼기 위한 것이었습니다. 우리는 특히 리비도의 초기 조직화에 관해 많은 새 로운 것들을 알게 되었다는 점, 그리고 옛 이론의 중요성을 더 명 료하게 파악할 수 있었다는 점을 자랑스럽게 말씀드릴 수 있습니 다. 이것을 논증하기 위해 몇 가지 예를 들어보겠습니다. 아브라

---

18 이것은 아래의 173~177페이지에서 논의된다.
19 〈유아 성기의 조직화〉(1923e)를 참조할 것.

172

함은 1924년에 가학성-항문기도 두 가지 세부 단계로 구분할 수 있음을 입증했습니다. 그 첫 번째 단계는 파괴와 상실의 파괴적인 경향성에 의해 지배되며, 두 번째 단계는 대상에 대한 친밀한 접근, 즉 대상을 소유하고 보존하려는 경향에 의해 지배됩니다. 이 시기의 중간쯤에 대상에 대한 고려가 처음으로 나타나는데, 나중의 성적인 에너지 집중의 전조라고 볼 수 있습니다. 우리는 첫 단계인 구순기에 대해서도 유사한 세분화를 할 수 있습니다. 그 첫 번째 단계에 문제가 되는 것은 오직 구강적 병합이며, 대상이 되는 엄마의 젖가슴과 관련하여 아무런 양면감정도 없습니다. 깨무는 행위가 나타나면서 시작되는 두 번째 단계는 '구강-가학성(oral-sadistic)' 단계라고 묘사될 수 있을 것입니다. 여기서 처음으로 양면감정의 현상들이 나타나는데, 이것은 후에 가학성-항문기가 등장하면서 훨씬 더 명료해지는 것입니다. 이 새로운 구분들은, 강박신경증이나 우울증 같은 특정한 신경증의 경우에 리비도의 발달에서 소질적인 지점들을 찾을 때 특히 많은 도움이 됩니다.[20] 리비도의 고착, 소질, 퇴행 사이의 관계에 관해 우리가 배웠던 것들을 여기서 다시 한번 상기해보시기 바랍니다.[21]

리비도 체계의 여러 단계들에 대한 우리의 태도는 전체적으로 조금 바뀌었습니다. 예전에는 한 단계가 지나고 다음 단계가 등장하는 방식을 주로 강조했다면, 이제 우리의 관심은 각각의 앞선

---

20 즉 고착으로 인해 어떤 특정한 신경증들에 소질을 부여하는 리비도 발달에서의 어떤 지점들. 〈강박신경증의 소질〉(1913i)을 참조할 것. '소질적인 지점'이라는 용어는 슈레버에 대한 분석(1911c) III절에서도 발견된다.

21 《정신분석 강의》 22강을 참조할 것.

단계들이 추후에 나타나는 구도 속에서도 어떻게 사라지지 않고 존속하는지, 그리고 리비도 경제학 및 주체의 성격 속에 얼마나 많은 영구적인 표상을 남기는지에 대한 사실적 증거들로 향하게 되었습니다. 그리하여 병리적 조건 속에서 이전 단계로의 퇴행 (regression)이 얼마나 자주 일어나는지, 특정한 퇴행들이 어떻게 특정한 병의 형태들의 특징이 되는지에 관한 연구가 더욱 큰 중요 성을 띠게 되었습니다.[22] 하지만 나는 여기서 그 내용을 상술할 수 는 없습니다. 그것은 신경증에 관한 전문적인 심리학 분야에 속하 는 것이기 때문입니다.

우리는 특히 자극들이 항문 성감대의 원천으로부터 솟아나오 는 항문애(anal erotism)와 관련하여 본능의 전환 및 유사한 과정 들을 탐구할 수 있었는데, 이 본능적 충동이 다양하게 활용되는 범위는 정말 놀라운 것이었습니다. 진화 과정에서 이 특정한 구역 이 경멸적인 치부를 받게 된 것으로부터 자유로워지는 것은 아마 도 쉽지 않을 것입니다. 그러나 아브라함의 이론에서, 항문이 발 생학적으로 내장의 끝부분으로 이동해간 원시적 입에 해당한다는 설명을 상기하기로 합시다.[23] 우리는 어떤 사람의 배설물, 대변이 그 자신에게 가치를 잃은 후에, 항문적 원천으로부터 유래한 이 본능적 관심은 '선물(gifts)'로서 제시될 수 있는 대상들로 옮겨간 다는 것을 배웠습니다. 이것은 정말 그렇습니다. 왜냐하면 배설물

---

[22] 이것은 아마도 아브라함이 1924년에 발표한 중요한 저작을 다시 한번 참고한 내용일 것이다.

[23] 아브라함, 1924 : 영어 번역본, 500페이지.

은 유아가 만들어낼 수 있는 최초의 선물이며, 자기를 돌보아주는 사람을 위해 사랑의 심정에서 내놓을 수 있는 어떤 것이기 때문입니다. 배설물에 대한 이 초기의 관심은, 언어 발달에서 일어나는 유사한 의미 변화와 정확히 발맞추어, 나중에 '황금'과 '돈'을 중시하는 가치관으로 변화하지만, 이것은 또한 '아기' 및 '남근'에 대한 감정적 집중에 기여를 하기도 합니다. 아기가 내장의 끝에서 마치 대변이 떨어지듯 탄생한다는 배설강 이론(cloaca theory)은 특정한 지역의 아이들이 보편적으로 갖고 있는 신념이기도 합니다.[24] 배설은 출산 행위의 모델입니다. 그러나 남근 역시 창자의 점막을 채우며 자극하는 배설물 기둥과 유사성을 갖습니다. 아이가 어느 순간 남근을 갖지 않는 존재들도 있다는 것을 알게 되었을 때, 이 기관은 몸에서 분리될 수 있는 것으로 생각되며, 몸에서 떨어져나가는 최초의 육체적 물질의 부분이었던 배설물과 틀림없는 유사성을 갖게 됩니다. 항문애의 상당한 부분은 이렇게 해서 남근 집중으로 이동합니다. 하지만 몸의 그 부분에 대한 관심은 이런 항문애적인 근원에 부가하여, 아마도 더욱 강력한 것인 구순기적인 관심도 포함합니다. 왜냐하면 젖을 빠는 시기가 끝났을 때, 남근은 또한 어머니 젖꼭지의 계승자가 되기 때문입니다.

이런 심오한 관계들을 알지 못한다면, 무의식에 의해 영향을 받은 인류의 환상과 연상 그리고 증상적인 언어 속에서 길을 찾는 것은 불가능할 것입니다. 배설물-돈-선물-아기-남근은 그것들 속에서 동일한 의미를 갖는 것으로 취급되며, 역시 동일한 상징들

24 프로이트의 초기 논문인 〈아동의 성이론〉(1908c)을 참조할 것.

에 의해 표상됩니다. 여러분은 내가 매우 불완전한 설명만 해드릴 수 있을 뿐이라는 점을 잊어서는 안 됩니다. 아마도 나는 나중에서야 각성되는 질에 관한 관심도 역시 항문애적 기원을 갖는다는 것을 서둘러서 덧붙여야 할 것입니다. 루 안드레아스 살로메[1916]로부터 적절한 문장을 빌려온다면, 질 자체가 직장으로부터 '빌려온(taken on lease)' 것인데, 이런 표현은 별로 놀라울 것도 없습니다.[25] 정상적인 성적인 발달의 일부를 달성하는 데 실패한 동성애자들의 삶에서, 직장은 또 한번 질의 대용물의 구실을 하기 때문입니다. 꿈에서는 이전에 하나의 방이었던 것이 이제 벽을 사이에 두고 두 개의 공간으로 나뉜다거나, 그 반대의 경우가 종종 나타납니다. 이것은 항상 질과 장의 관계를 의미합니다.[26] 소녀들에게 있어 완전히 여자답지 못한 소망인, 남근을 갖고자 하는 소망은 보통 아기를 갖고자 하는 소망으로 전환되며, 다음에는 남근의 소유자이자 아기를 낳도록 해주는 사람인 남성에게로 옮아간다는 것은, 쉽게 예측할 수 있는 현상입니다. 이렇게 해서 우리는 근본적으로 항문애적인 관심이었던 것의 일부분이 추후에 성기 체계로 편입되어가는 것을 알 수 있습니다.[27]

리비노의 전 성기기에 대한 남十 중에, 우리는 성격의 형성에 관해서도 몇 가지 새로운 통찰을 얻게 되었습니다. 항상 함께 발견되는 성격의 세 가지 중첩 요소를 인지했는데, 바로 꼼꼼함, 인

---

25 프로이트는 살로메의 논문을 《성 이론에 관한 세 가지 논문》(1905d)의 두 번째 논문에, 1920년에 첨부한 각주에서 요약하였다.
26 이 예시는 《꿈의 해석》(1900a)의 6(E)장에 1919년에 부가되었다.

색함, 완고함입니다. 우리는 이런 특징들을 보이는 사람들에 대한 분석을 통해, 그런 특성들이 항문애가 각기 다른 방식으로 수용되고 활용되었다는 점에서 기인한 것임을 추론했습니다. 따라서 이런 주목할 만한 조합이 발견될 때 우리는 이를 '항문기적 성격(anal character)'이라 부르며, 한편 항문기적 성격과 변화를 겪지 않은 항문애 사이의 차이점을 어느 정도 범위에서 구분합니다.[28] 이와 비슷한, 혹은 더욱 확고한 관계를 공명심과 요도성욕(urethral erotism) 사이에서도 찾아볼 수 있습니다. 이 연관관계에 대한 놀라운 암시는, 알렉산더 대왕이 태어나던 날 밤에 헤로스트라투스라는 사람이, 순전히 명성을 얻고자 하는 목적으로 에베소에 있는 유명한 아르테미스 신전에 불을 질렀다는 전설에서도 찾아볼 수 있습니다. 고대인들도 그 관계에 대해 모르고 있지는 않았던 것 같습니다. 배뇨가 불이나 불을 끄는 것과 얼마나 많은 관련을 갖는지 여러분도 잘 아실 겁니다.[29] 우리는 다른 성격적 특징들도 전 성기기의 리비도 구조와 관련된 이런 식의 침전물이거나 반동형성일 거라고 당연히 짐작할 수 있습니다. 하지만 우리는 아직 이것을 증명할 수 없었습니다.

하지만 이제 다시 우리 문제의 예전 주제로 돌아가서, 본능 생

---

27 마지막 두 단락의 상당 부분은 〈본능의 변환〉(1917c)에서 유래한 것이지만, 여기엔 몇 가지 설명이 부가되었다. 이 주제는 《정신분석 강의》 20강에서 이미 암시된 것이다.

28 이런 관계들은 사실, 프로이트의 매우 초기 논문인 〈성격과 항문애〉(1908b)에서 지적되었다.

29 프로이트는 바로 이 당시에 이런 주제에 관한 짧은 논문을 썼다(1932a).

활의 가장 일반적인 문제들을 다시 한번 고찰해봅시다. 우선, 자아 본능과 성 본능 사이의 대립은 우리 리비도 이론의 기본적 전제입니다. 그러나 나중에 우리가 자아 자체를 더욱 면밀하게 탐구하기 시작하여 결국 나르시시즘의 개념에 이르게 되자, 이런 구분 자체는 기반을 잃었습니다. 매우 드문 경우지만, 우리는 자아가 그 자신을 대상으로 삼고 마치 그 자신과 사랑에 빠진 것처럼 행동하는 것을 목격할 수 있습니다. 여기서 그리스 신화로부터 이름을 빌려온 '나르시시즘(narcissism)'이라는 용어가 유래했습니다.[30] 하지만 이것은 사태의 일반적 상황에 대한 극단적인 과장일 뿐입니다. 우리는 자아가 항상 리비도의 주된 저장소이고, 자아로부터 대상에 대한 리비도 집중이 방출되었다가 다시 그리로 되돌아가며, 이 리비도의 주된 부분은 자아 안에 영구적으로 남아 있다는 것을 이해하게 되었습니다.[31] 이렇게 하여 자아 리비도는 끊임없이 대상 리비도로 변환되고 대상 리비도는 자아 리비도로 변환됩니다. 하지만 만약 그렇다면 그것들은 성질에 있어 차이점이 없게 되어, 하나의 에너지를 다른 에너지와 구분하는 것이 별 의미가 없어집니다. 우리는 '리비도'라는 말을 폐기하거나 혹은 그것을 심리적 에너지 일반과 동일하게 사용해야 할 것입니다.

우리는 이런 위치에 오랫동안 머물지 않았습니다. 우리는 본능

---

30 자기 자신과 사랑에 빠지게 된 나르시스의 이야기.

31 그러나 앞에서 '대상-집중이 이드의 본능적 요구들로부터 솟아나온다' 는 140 페이지의 언급을 참조할 것. 하지만 뒤쪽의 182페이지에, 파괴적 본능과 관련해서 자아와 이드의 결합을 언급한 것도 참조하라.

생활에 이런 모순점이 있다는 것에 대해, 또 다른 더욱 예리한 표현을 곧 발견했습니다. 본능 이론과 관련하여 이 새로운 것을 발견하게 된 과정을 세세히 설명드리지는 않을 것입니다. 이것도 역시 본질적으로 생물학적 고찰들에 기반하고 있습니다만, 여기서는 완결된 결론만을 말씀드리고자 합니다. 우리는 본질적으로 다른 두 가지 종류의 본능이 있다는 것을 가정하게 되었습니다. 즉 가장 넓은 의미에서의 성 본능(이것을 '에로스'라고 부를 수도 있습니다)과 파괴를 목적으로 하는 공격적 본능입니다. 이런 식의 설명은 거의 새로운 것으로 생각되지 않을 것입니다. 이것은 사랑과 증오 사이의 평범한 대립을 이론적으로 변형한 것처럼 보이며, 물리학에서 비유기적(非有機的) 세계에 가정하는 인력이나 척력 같은 다른 양극성을 상정하는 것과도 부합합니다. 하지만 그럼에도 많은 사람들이 이 가설을 혁신적인 것으로 느끼며, 놀랍게도 보통 이것을 가능한 한 빨리 없애버려야 할 달갑지 않은 것으로 여깁니다. 나는 이런 거부에 강력한 감정적인 요소가 포함되어 있다고 추정합니다. 우리는 공격적 본능을 인정하기로 결정하기까지 왜 그렇게 많은 시간을 필요로 했을까요? 우리는 왜 모든 사람들에게 명백하고 친숙한 사실들을 우리 이론에 활용하기를 그렇게 주저했을까요? 만일 그런 목적의 본능을 동물에게 귀속시키고자 했다면, 우리는 아마도 거의 저항에 부딪치지 않았을 것입니다. 하지만 그것을 인간의 기질에 포함시키는 것은 불경스러운 일인 듯하며, 많은 종교적 추론들과 사회적 관습에도 위배됩니다. 아니, 인간은 본래적으로 선하거나 혹은 최소한 선한 기질을 가지고 있어야 합니다. 가끔씩 야만적이거나 폭력적인 혹은 잔인한 모습을 보이기는 하지만, 그것은 그저 감정 생활에 잠깐 지나가는 소란일 뿐이며, 많은 부분 자극된 것이고, 혹은 아마도 부적절한 사회적 규제를 계속해서 스스로에게 부과했기 때문에 발생한 부작용일 뿐이라는 것입니다.

유감스럽게도 역사를 통해 드러나는 것과 우리 자신이 경험해 온 바에 의하면 그렇지 않으며, 인간 본성이 '선하다'는 신념은 인류가 자신의 삶을 미화하려는 것이고, 현실에서 그것은 오직 위해를 가져올 뿐인데도 좀더 가벼운 마음이 되고자 하는 그런 악마적인 환상들 중 하나라는 판단을 강화해줍니다. 이런 논쟁을 계속할 필요는 없는 것 같습니다. 우리는 역사의 가르침이나 삶의 경험을 통해서가 아니라, 사디즘과 마조히즘의 현상들을 연구한 결과 도출된 일반적인 고찰의 기반 위에서, 인간 내면에 있는 특별한 공격적·파괴적 본성을 인정할 수밖에 없기 때문입니다. 여러분도 알다시피, 성적인 대상이 고통을 느끼고, 학대를 받으며, 굴욕을 당하는 상태에서 성적인 만족이 얻어질 때 우리는 이것을 사디즘이라고 부르며, 자기 자신이 그런 학대의 대상이고자 할 때 마조히즘이라고 합니다. 또한 여러분도 알다시피, 이 두 가지 경향의 혼합물은 일반적인 성적 관계에도 포함되지만, 이것이 다른 성적 목표들을 뒤로 밀쳐내고 그 자리를 자신의 목적으로 대체할 때 그것을 성도착(perversion)이라고 합니다.[32] 그리고 여러분은 마치 거기에 무슨 비밀스런 친족관계라도 있는 듯, 사디즘이 남성다움

---

[32] 이 부분은 《정신분석 강의》 20강과 21강을 참조할 것.

과 더 밀접한 관계가 있고, 마조히즘이 여성성과 관련이 있다는 것을 분명히 놓치지 않고 인지하셨을 것입니다. 하지만 우리는 이 방면에서 어떤 진전도 이루지 못했다는 것을 덧붙여야 하겠습니다. 사디즘과 마조히즘 모두, 특히 마조히즘이 더, 리비도 이론에 매우 곤혹스러운 문제를 제기합니다. 하나의 이론에서 걸림돌이 되었던 것이 그것을 대체하는 다른 이론의 주춧돌이 될 수 있다면 다행스러운 일이지만 말입니다.

사디즘과 마조히즘은 에로스와 공격성이라는 두 종류의 본능이 절묘하게 혼합된 최고의 사례를 제공합니다. 그리고 우리는 이런 관계가 표본적이라는 것, 즉 우리가 검토할 수 있는 모든 본능적 충동은 이 두 가지 본능의 유사한 융합이거나 합체라는 가설을 설정할 수 있습니다. 이런 혼합 비율에 더 큰 영향을 미치는 것은 성적인 본능으로서 그 성적 목표의 다양성으로 말미암아 내용에 변화를 부여하며, 반면 공격적인 본능은 그 단조로운 경향성에 완화나 단계적인 변화를 주는 데에만 관여합니다. 이 가설은 언젠가 병리적 과정들의 이해에 도달하게 될 가능성이 있는 매우 중요한 연구에 대한 전망을 열어줍니다. 융합된 것은 또한 분리될 수도 있는 것이기에, 우리는 그 기능이 이런 종류의 탈융합(defusion)에 의해 심대하게 영향을 받으리라고 기대할 수도 있습니다. 하지만 이런 개념들은 아직 너무 새로운 것이어서, 아직까지 아무도 분석 작업에 적용하려고 시도하지 않았습니다.[33]

마조히즘이 우리에게 제기하는 특별한 문제로 되돌아가 봅시

33 이 질문에 관해서는 《자아와 이드》(1923b) 4장을 참조할 것.

다. 잠시 동안 그에 속하는 성적 요소들을 한쪽으로 제쳐놓는다면, 그것은 자기파괴를 목적으로 하는 어떤 경향성이 존재함을 우리에게 보여줍니다. 자아가—오히려 이드, 전체로서의 인격이라고 말하는 편이 나을지도 모르겠습니다[34]—본래적으로 모든 본능적 충동들을 포함한다는 것이 〔리비도와 마찬가지로〕 파괴적 본능에도 들어맞는 것이라면, 우리는 마조히즘이 사디즘보다 더 오래된 것이고, 사디즘은 파괴적 본능이 바깥쪽을 향한 것이며 따라서 공격성을 얻게 된 것이라는 견해에 이르게 됩니다. 본래적인 파괴 본능의 어느 정도는 여전히 안쪽에 남아 있을 수 있습니다. 그것은 오직 두 가지 조건 하에서 인지될 수 있는 듯한데, 그것이 성적 본능과 결합하면 마조히즘에 이르게 되고, 그것이 (다소간의 성적 부가물과 함께) 외부 세계로 향하면 공격성이 됩니다. 그리고 이제 우리는 공격성이 현실적인 장애물과 부딪쳐서 만족을 발견할 수 없게 될 경우의 중요성을 인식하게 됩니다. 만일 이런 일이 발생한다면, 공격성은 아마도 뒤로 후퇴하여 내면을 지배하는 자기파괴성의 양을 증가시킬 것입니다. 우리는 이것이 실제 어떤 식으로 일어나는지, 이 과정이 얼마나 중요한 과정인지 듣게 될 것입니다. 억제된 공격성은 심대한 손상을 초래하는 듯합니다. 사실, 우리가 스스로를 파괴하지 않기 위해, 자기파괴의 경향성으로부터 스스로를 보호하기 위해서는, 다른 대상이나 다른 사람을 파괴하는 것이 꼭 필요한 것처럼 보이기도 합니다. 도덕가들에게는 정말로 슬픈 폭로가 아닐 수 없습니다!

---

34 177페이지의 각주 29를 참조할 것.

그러나 도덕가들은 우리의 고찰이 말도 안 된다고 생각하며 오랫동안 스스로를 위로할 것입니다. 자기 자신의 유기체적 근거지를 파괴하려 한다니, 정말 이상한 본능입니다! 사실 시인들도 이런 것을 말합니다. 하지만 시인들은 책임감이 없는 사람들이고 시적인 자유의 특권을 즐길 뿐입니다. 덧붙여 말하자면, 이런 개념은 물리학에서도 낯선 것이 아닙니다. 예를 들어 위의 점막이 스스로를 소화시킨다는 개념을 생각해보십시오. 그러나 우리는 이 자기파괴적 본능이 더욱 폭넓은 기반 위에서 논증되어야 한다는 것을 알고 있습니다. 몇몇 불쌍한 바보들이 기묘한 조건 하에서 성적인 만족을 얻는다는 이유만으로, 그렇게 폭넓은 범위의 가설을 정립할 수는 없는 것입니다. 본능에 대해 더 면밀히 연구하다 보면, 우리가 원하는 것을 얻을 수 있을 거라고 나는 믿습니다. 본능은 정신뿐만 아니라 식물의 삶도 지배하며, 이런 유기체적 본능들은 가장 깊은 관심을 기울여 마땅한 성격을 지니고 있습니다. (그것이 본능의 일반적인 특성인지는 나중에 가서야 판명될 수 있을 것입니다.) 본능은 어떤 것의 과거 상태를 회복시키려는 노력을 보여주기 때문입니다. 한때 획득되었던 어떤 상태가 전복되는 순간, 하나의 본능이 그것을 새롭게 창조하기 위해 솟아나오고, 우리가 '반복 충동(compulsion to repeat)'이라고 묘사할 수 있는 현상을 발생시킨다고 추정할 수 있습니다. 발생학 전체는 반복 충동의 한 가지 사례일 뿐입니다. 잃어버린 기관을 재생하려는 힘은 동물의 왕국에까지 매우 넓게 미치며, 우리가 의료적 도움을 받으며 건강을 회복시키는 본능은, 하등동물들에게서 매우 엄청나게 발달된 이런 능력의 잔여물임에 틀림없습니다. 어류의 산란회유, 철새들의 이주 비행, 그리고 동물에게서 본능[35]의 발현으로 설명되는 아마도 모든 것들은 반복 충동의 명령 하에 일어나는 것이며, 본능의 '보수적 성격'을 표현합니다. 정신 영역에서 이런 것을 찾아내는 것도 그리 어렵지 않습니다. 우리는 잊혀지고 억압된 어린 시절의 기억들이, 분석 작업 중에 꿈이나 다른 반응들, 특히 전이의 형태 속에 재생된다는 사실에 매우 놀랐는데, 이런 재생은 쾌락 원칙의 이해관계와 명백히 충돌하는 것입니다. 우리는 이런 경우를 반복 충동이 쾌락 원칙조차도 압도하고 있는 사례로 설명할 수밖에 없었습니다. 분석의 외부에서도 유사한 현상이 관찰될 수 있습니다. 스스로에게 해가 되는데도 불구하고 어떤 동일한 반응을 삶 속에서 끊임없이 반복하는 사람들이 있으며, 혹은 집요한 운명에 의해 추격을 받는 듯한 사람들도 있는데, 면밀한 연구 결과 이들은 부지중에 스스로 그런 운명을 초래하고 있다는 것이 밝혀졌습니다. 이런 경우들에선, 반복 충동에 '악마적'인 성격을 부여할 수밖에 없습니다.

하지만 본능의 이런 보수적인 성격과 관련하여 어떻게 우리의 자기파괴성을 이해할 수 있을까요? 이런 종류의 본능이 복구하고자 하는 것은 과거의 어떤 상태일까요? 아무튼 이에 대한 대답은 멀리 있지 않으며, 우리에게 폭넓은 전망을 열어줍니다. 측량도 할 수 없이 멀고 먼 과거에 우리가 상상할 수도 없는 방식으로 비

---

35 원본에서는 Instinkt라고 표기되어 있다. 두 줄 밑의 '본능'은 Triebe를 번역한 것이다.

184

유기적 물질로부터 생물이 발생한 것이 사실이라면, 다시 한번 생명을 없애고 비유기적인 상태를 재확립시키려는 본능도 함께 발생했을 것임에 틀림없습니다. 우리가 가정한 자기파괴성이 이 본능으로부터 기인한 것이라면, 우리는 자기파괴성을 모든 생물 과정에 빠질 수 없는 '죽음 본능(death instinct)'의 표현으로 간주할 수 있을 것입니다. 그리고 이제 우리가 본능이라고 간주하는 것은 두 그룹으로 분리됩니다─더욱더 많은 살아 있는 물질을 더 거대한 통일체로 결합하려는 성적인 본능과, 이런 노력에 대항하며 살아 있는 것을 다시 무기적인 상태로 되돌리려는 죽음의 본능입니다. 동시적으로 발생하며 서로 반대되는 활동을 하는 이 두 종류의 본능들로부터, 결국 죽음에 의해 종지부를 찍게 되는 생명 현상이 진행됩니다.

여러분은 아마도 어깨를 으쓱하며, '이것은 자연과학이 아니라, 쇼펜하우어의 철학이다!'라고 말할지도 모르겠습니다. 그러나 신사숙녀 여러분, 어떤 대담한 사상가가 추론한 내용이 후에 냉정하고 면밀한 연구에 의해 확증되지 말라는 법이 있습니까? 더욱이, 이미 언급되지 않은 것은 없으며, 쇼펜하우어 이전에도 많은 사람들이 비슷한 것들을 말해왔습니다. 또한 우리가 말하고 있는 것은 진정한 쇼펜하우어도 아닙니다. 우리는 죽음이 삶의 유일한 목표라고 단언하고 있는 게 아닙니다. 우리는 죽음뿐만 아니라 삶도 있다는 사실을 간과하지 않습니다. 우리는 두 가지 근원적 본능들을 인식하고 그것들 각각에 목표를 부여합니다. 그 두 가지가 어떻게 삶의 과정 속에서 혼합되는지, 어떻게 죽음의 본능이 에로스의 목적에 봉사하며 특히 공격성의 형태로 외부로 향함에 의해 그렇게 되는지는, 미래의 연구를 위해 남겨진 과제들입니다. 우리는 이런 전망이 열려 있는 지점 너머로 나아가지 않았습니다. 보수적인 성격이 모든 본능들에 예외 없이 속하는 것인지, 성적인 본능도 살아 있는 것들을 더 큰 통합체로 종합을 이루려 할 때 과거 상태를 되살리려고 하는 것은 아닌지 — 이 질문도 역시 대답되지 않은 채 남겨놓을 수밖에 없습니다.[36]

우리는 우리의 기본 주제로부터 다소 멀리 떠나왔습니다. 나는 여러분께 본능 이론에 대한 이런 고찰의 출발점을 회고적으로 말씀드리고자 합니다. 우리는 저항을 나타내는 환자가 매우 자주 그 저항을 인식하지 못한다는 것을 분석 작업에서 인지하고, 자아와 무의식의 관계를 수정하는 지점까지 나아간 바 있는데, 이 문제의 출발점도 그와 동일한 것이었습니다. 환자는 저항이 있다는 사실뿐만 아니라, 저항의 동기도 의식하지 못합니다. 우리는 이런 동기를 찾아야만 했고, 놀랍게도 마조히즘적 소망이라고 분류할 수 있는 처벌에 대한 강력한 욕구 속에서 그것을 발견했습니다. 이 발견의 신용적 중요성은 이론적 중요성에 못지 않은데, 처벌에 대한 욕구는 우리 분석 치료의 성과를 가로막는 가장 나쁜 적이기 때문입니다. 그런 욕구는 신경증과 연결된 고통에서 만족을 얻으

---

36 반복의 충동과 죽음의 본능에 대한 이런 논의는 거의 대부분 《쾌감원칙을 넘어서》(1920g)에서 유래한 것이다. 마조히즘에 대한 가장 자세한 설명은 조금 후기의 논문인 〈마조히즘의 경제적 문제〉(1924c)에서 찾아볼 수 있다.

며, 그런 이유에서 아픈 상태를 굳건히 고수합니다. 이 요소, 즉 처벌에 대한 무의식적인 소망은 모든 신경증적 질환이 공유하고 있는 것인 듯합니다. 신경증적 고통이 다른 종류의 고통에 의해 대체되는 사례들은 이런 점을 더욱더 뒷받침합니다. 내가 겪은 이런 종류의 경험을 한 가지 말씀드리겠습니다.

나는 언젠가 나이 든 처녀를 여러 복합 증상들로부터 해방시키는 데 성공한 적이 있는데, 그녀는 그로 인해 15년 동안이나 고통 속에서 살아왔으며, 일상적인 생활에도 전혀 참여할 수 없었습니다. 상태가 많이 호전되자, 그녀는 자신의 적잖은 재능을 개발하기 위해, 그리고 좀 늦긴 했지만 조금이라도 인정을 받고, 즐거움과 성공을 획득하기 위해 열정적으로 활동에 돌입했습니다. 그러나 그녀의 모든 시도는 하나같이 다른 사람들의 자극에 의해, 혹은 그녀 자신이 스스로 깨달음에 의해, 자신이 그 분야에서 무언가를 달성하기에는 너무 늙었음을 깨닫는 것으로 끝났습니다. 이런 일이 생기게 되면 병이 다시 도지는 것이 상례였지만, 그런 일은 일어나지 않았습니다. 대신에 그녀는 잦은 사고를 당하여, 매번 얼마 동안 활동을 못하고 고통을 겪곤 했습니다. 그녀는 넘어져서 발목을 삐거나 무릎을 다쳤으며, 혹은 무슨 일을 하다가 손을 다치곤 했습니다. 이렇게 우연적인 사고로 보이는 일에서 자신의 역할이 크다는 것을 깨닫게 되자, 그녀는 방법을 교묘히 바꿨습니다. 사고 대신에 이번에는 가벼운 병들 — 코감기, 후두염, 독감 증세, 류머티즘성 부종 — 이 동일한 자극으로 나타나서, 결국 그녀는 자신의 시도를 그만두기로 결정할 수밖에 없었고 그러면 그런 병들이 곧 사라지곤 했습니다.

이런 무의식적인 처벌 욕구가 어디에서 연유하는 것인지는 의심의 여지가 없습니다. 그것은 양심의 조각같이, 우리의 양심이 무의식으로 연장된 일부같이 작용합니다. 그것은 양심과 똑같은 기원을 가지며, 따라서 내면화되고 초자아에 의해 접수된 한 조각의 공격성에 대응합니다. 표현이 좀 어색할지는 모르지만, 실용적인 목적을 고려하여 그것을 ‘무의식적인 죄책감(unconscious sense of guilt)’이라 불러도 상관없을 것입니다. 이론적인 면에서, 우리는 사실 외부세계로부터 되돌아온 모든 공격성이 초자아에 의해 속박되어 자아에 대적하게 되는지, 아니면 그 일부분이 자아와 이드 안에서 자유로운 파괴적 본능으로서 조용하고 기괴한 활동을 수행한다고 가정해야 하는지 확실히 알지 못합니다. 후자의 상태가 더 가능성이 높을 것으로 생각되지만, 우리는 그에 대해 더 이상 아무것도 모릅니다. 초자아가 처음으로 조직될 때, 그 심급을 정립하는 면에서 아이가 외적인 곤란뿐만 아니라 그 자신의 성적인 고착 때문에 외부로 방출할 수 없었던, 부모에 대한 공격성이 역할을 했다는 점에는 의심할 여지가 없습니다. 그리고 그런 이유에서 초자아의 기혹함은 단지 훈육의 엄격함에 상응하지 않는 것입니다〔앞의 116페이지를 참조할 것〕. 추후에도 공격성이 억압당하는 경우가 있을 때, 그런 본능이 그 결정적인 순간에 이와 동일한 길을 걷게 되는 것은 매우 가능성 있는 일입니다.

이런 무의식적 죄책감이 극도로 강한 사람들은 예후의 관점에서 매우 바람직하지 못한 부정적 치료 반응(negative therapeutic reaction)을 보임에 의해, 분석 치료 중에 그것의 존재를 드러냅니다.[37] 우리가 증상의 해법을 제시하면 보통 그 증상이 일시적으로 사라지는 것이 일반적이지만, 그들의 경우엔 오히려 증상이 일시적으로 악화됩니다. 상태가 악화되는 것을 관찰하려면, 치료 중에 그들의 행동에 대해 칭찬을 하거나 분석의 효과에 대해 몇 마디 희망적인 말을 던지는 것으로 충분합니다. 비분석가라면 '회복하려는 의지'가 부재하다고 말할 것입니다. 그러나 분석적인 사고 방식을 따른다면, 여러분은 이런 현상 안에서 무의식적 죄책감의 발현을 보게 될 것인데, 그 죄책감은 고통과 장애가 따르는 바로 이런 아픈 상태를 원하고 있습니다. 무의식적 죄책감이 열어놓은 문제들, 그것이 도덕, 교육, 범죄, 비행과 갖는 관계를 조사하는 것은 현재 정신분석가들이 선호하는 탐구 분야입니다.[38]

그리고 여기 예기치 못한 지점에서, 우리는 심리학의 지하세계로부터 열린 시장 거리로 나왔습니다. 나는 더 이상의 것을 말씀드릴 수는 없으나, 오늘 여러분과 작별을 고하기 전 딱 한가지 생각의 흐름만 마저 말씀드리겠습니다. 우리는 인류 문명이 건설된 대가로 성적인 경향성이 희생되었다고 말하는 게 습관이 되었는데, 그것은 사회에 의해 구속된 결과 부분적으로는 억압되었지만 부분적으로는 다른 목적들에 사용될 수 있게 되었습니다. 또 인류가 문화적으로 성취한 것들은 참으로 대단하긴 하지만, 우리가 문

---

37 《자아와 이드》(1923b) 5장에 있는 긴 각주를 참조할 것.
38 죄책감에 대한 주된 논의는 《자아와 이드》(1923b) 5장, 〈마조히즘의 경제적 문제〉(1924c), 《문명 속의 불만》 7장과 8장에서 찾아볼 수 있다.

명이 요구하는 바를 감당하거나 그 안에서 편하게 느끼는 것은 쉬운 일이 아닌데, 문명이 우리에게 부과한 본능의 억제가 무거운 심리적 부담을 주는 것이기 때문입니다. 아무튼 우리가 성 본능에 대해 알게 된 것은 다른 것, 즉 공격적 본능에도 똑같이 혹은 아마도 더욱 많이 적용되는 것입니다. 인간의 공동체적 삶을 어렵게 하고 그 존속을 위협하는 것은 무엇보다도 공격성입니다. 개인의 공격성의 억제는 사회가 요구하는 아마도 가장 우선적이고 혹독한 대가일 것입니다. 우리는 이 제멋대로의 것을 길들이는 면에서 얼마나 교묘한 수단이 적용되었는지를 알았습니다. 즉 위험한 공격적 충동들을 접수하는 초자아가 확립된 것인데, 이것은 반란이 일어날 가능성이 있는 지역에 수비대를 배치한 것과 같습니다. 하지만 한편 순수하게 심리학적인 관점에서 바라본다면, 우리는 자아가 이렇게 사회의 요구에 희생되는 것 속에서, 다른 사람들에 대항해서 즐거이 사용했을 파괴적인 공격성에 복종해야 하는 것 속에서, 자아가 행복하지 않는다는 것을 깨닫게 됩니다. 이것은 유기체적 생물계를 지배하고 있는 '먹느냐 먹히느냐'의 딜레마가 정신적인 영역에서 연장된 것이나 같습니다. 다행스럽게도 공격적인 본능은 결코 홀로 존재하지 않고 항상 성적인 본능과 결합되어 있으며, 이 후자는 인류가 창조해낸 문명의 조건 안에서 얼마든지 완화와 회피의 수단을 발견할 수 있습니다.[39]

---

39 프로이트는 공격적·파괴적 본능을 바로 얼마 전에 써낸 《문명 속의 불만》
(1930a) 5장과 6장에서 자세히 논하고 있다.

33강 여성성[1]

신사숙녀 여러분, 나는 그동안 내내 내적인 문제와 씨름하고 있었음을 여러분께 말씀드려야겠습니다. 말하자면 나는 내 자격 범위를 불확실하게 느낍니다. 지난 15년 동안의 분석 작업에 의해, 정신분석학이 많은 변화를 겪었고 훨씬 풍부해진 것은 사실입니다. 하지만 그럼에도, 정신분석학의 입문적 내용들에는 특별한 수정이나 보강이 필요치 않습니다. 내 마음 한편으로는 항상 이 강의를 새로 해야 할 이유가 없다는 생각이 있었습니다. 분석가들을 위해서라면, 나는 별로 말할 게 없고 새로운 것도 전혀 말하지 않습니다. 하지만 여러분을 위해서라면 나는 과도할 정도로 많이 말하고 있으며, 여러분이 이해할 준비가 되어 있지 않고 여러분의 분야가 아닌 것들을 말하고 있습니다. 나는 변명거리를 찾아 둘러보았고, 각 강의들을 서로 다른 기반 위에서 정당화하려고 했습니

---

1 이 강의는 이전에 씌어진 두 논문에 주로 기반하고 있다 — 〈남녀 성의 해부학적 차이에서 기인하는 몇 가지 심리적 결과들〉(1925i)과 〈여성의 성욕〉(1931b)이다. 그러나 성인 여성의 성생활을 다루는 마지막 절은 새로운 내용들을 담고 있다. 프로이트는 유작인 《정신분석 개요》(1904a)〔1938〕 7장에서도 이 주제를 언급하고 있다.

다. 첫 번째 꿈 이론에 대한 강의는 여러분을 단숨에 정신분석학의 분위기로 이끌어오고, 우리의 견해가 얼마나 항구성이 있는 것인지 보여드리기 위한 것이었습니다. 다음에는 꿈으로부터 이어지는 길을 따라 소위 신비주의를 다루는 두 번째 강의를 소개해드렸는데, 편견에 찬 예상들 때문에 오늘날에도 강렬한 저항에 맞서 싸우고 있는 분야에 관해 내 견해를 마음껏 말씀드릴 기회로 활용했습니다. 그동안 정신분석학의 사례들을 참을성 있게 들어주신 여러분이 옆길로 벗어난 그 이야기에 나와 동행하는 것을 거부하지 않으리라고 나는 희망했습니다. 세 번째 강의인 심리적 인격의 해부는, 확실히 여러분이 전혀 친숙하지 않은 주제에 관해 가장 까다로운 요구를 한 거라고 할 수 있습니다. 그러나 여러분께 자아심리학의 최초의 시작을 말씀드리지 않고 넘어가는 것은 불가능했으며, 내가 15년 전에 알았다면 그때 말씀드려야 했을 그런 내용입니다. 그리고 마지막으로, 여러분이 많은 노력을 들여서만 따라올 수 있었을 바로 직전의 강의는, 꼭 필요한 수정 사항들을 담고 있으며, 매우 중요한 수수께끼들을 풀기 위한 참신한 시도였습니다. 그 이야기를 하지 않고 넘어갔다면, 내가 소개해드린 입문은 여러분을 잘못된 길로 인도했을 것입니다. 보시다시피 처음엔 변명조로 시작했다 할지라도, 결국엔 그 모든 것이 필수적이었으며 그렇게 될 운명이었다는 것이 드러납니다. 나는 이것을 인정하며, 여러분도 그러시길 간청합니다.

오늘의 강의도 역시 정신분석의 입문적 내용과는 관계가 없습니다. 하지만 이것을 통해 여러분은 분석 과정에서 발견된 한 단편적 사례의 세세한 양상을 알 수 있을 것이며, 나는 두 가지 관점에서 이것을 추천하고자 합니다. 우선 이것은 거의 조금도 사색적 고찰을 덧붙임 없이 관찰된 사실들로만 구성되며, 또 여러분의 관심사에서 두 번째로 중요한 관심을 차지할 수 있는 주제입니다. 역사를 통해 사람들은 여성성의 수수께끼에 머리를 부딪치곤 했습니다.

> 상형문자 보닛 속의 머리들
> 터번과 검은 비레타 속의 머리들
> 가발 속의 그리고 수천의 다른 머리들
> 불쌍하고, 땀 흘리는 인간의 머리들……[2]

여러분들이 남자인 이상, 이 문제에 대한 고민에서 벗어날 수는 없을 것입니다. 여러분이 여성이라면 그렇지 않습니다. 여러분 자신이 바로 문제입니다. 우리는 어떤 사람을 만날 때 우선 그가 남자인지 여자인지를 먼저 구분하며, 주저 없는 확신을 갖고 그런 구분을 하는 데 익숙합니다. 해부학은 한 지점에서는 이것이 옳다는 것을 확인해주지만 더 이상은 그렇지 못합니다. 해부학에서는 남성의 성적인 산물인 정자와 그것을 나르는 유기체는 남성이고, 난자와 그것을 품고 있는 유기체는 여성이라고 말합니다. 양쪽 성 모두에는 오직 성 기능만 독점적으로 담당하는 기관들이 있는데, 아마도 동일한 [선천적] 경향성으로부터 두 개의 다른 형태로 발

---

2 하이네의 《북해》, 2부, 7편, '질문'.

전한 것일 겁니다. 그 밖에도 남성과 여성은 몸의 외형이나 조직 같은 다른 기관들도 성에 따른 영향을 받지만, 이것은 일정하지 않으며 개인마다 편차가 큽니다. 바로 '2차 성징(secondary sexual characters)'이라고 불리는 것입니다. 그리고 과학은 여러분들의 기대에 어긋나는, 혼란을 야기하기에 적당한 말을 하고 있습니다. 그것은 여러분들로 하여금 다음의 사실에 주목하게 합니다. 즉 남성의 성 기관의 일부는 위축된 형태로이기는 하지만 여성의 신체에서도 발견되며, 반대의 경우에도 그렇다는 것입니다. 그런 관점에 따르면 이런 현상은 '양성성(bisexuality)'[3]의 징후이며, 한 개인은 남성이나 여성이 아니라 항상 양쪽 모두인 셈이 됩니다―단지 얼마간의 양만큼만 한쪽으로 더 치우쳐 있는 것입니다. 따라서 여러분은 개인 안에서 남성성과 여성성이 혼합되는 비율이 매우 큰 편차를 보인다는 개념에 익숙해져야 합니다. 그러나 매우 드문 경우들을 예외로 한다면 한 인간에는 오직 한 종류의 성적인 산물―난자 혹은 정자―만이 존재하기 때문에, 여러분은 그런 요소들의 결정적 중요성에 관해 의심을 품지 않을 수 없으며, 남성성이나 여성성을 구성하는 것은 해부학으로 포착할 수 없는 어떤 미지의 특성이라고 결론을 내릴 수밖에 없을 것입니다.

아마도 심리학이 그것을 할 수 있지 않을까요? 우리는 정신적 특질을 나타내기 위해서도 '남성적'이나 '여성적'이라는 말을 자

---

3 프로이트는 '양성성'을 《성 이론에 관한 세 가지 논문》(1905d) 초판에서 논했다. 초판 이후의 판본에서는 이 부분이 매우 긴 각주로 보충 설명되고 있다.

주 사용하며, 동일한 방식으로 양성성(兩性性)이라는 관념을 정신 생활로 옮겨놓았습니다. 따라서 우리는 남성이든 여성이든 어떤 사람을 말할 때, 그는 어떤 측면에서는 남성적으로 행동하는데 다른 측면에서는 여성적으로 행동한다고 표현합니다. 하지만 이것은 곧 해부학이나 관습을 용인하는 것일 뿐입니다. 여러분은 '남성적'이나 '여성적'이라는 개념에 어떤 새로운 의미도 부여할 수 없습니다. 그 구분은 심리적인 것이 아닙니다. 즉 '남성적임'을 지칭할 때는 보통 '적극적(active)'이라는 의미가, '여성적임'을 말할 때는 보통 '수동적(passive)'이라는 의미가 들어 있습니다. 그런 종류의 관계가 존재하는 것은 사실입니다. 남성의 성세포는 적극적으로 움직이며 여성의 성세포를 찾아다니지만, 여성의 성세포인 난자는 운동성이 없으며 소극적으로 기다리기만 합니다. 이 기초적인 성적인 유기체들의 행동은 성행위 중에 양쪽 성이 취하는 행동의 모델이기도 합니다. 남성은 성적인 결합을 목표로 여성을 추구하고 포착하며 결국 그녀의 속으로 뚫고 들어갑니다. 그러나 이렇게 말함으로써 여러분은 심리학이 관련된 한에서 남성의 특질을 공격성이라는 요소로 정확히 축소해버렸습니다. 어떤 종류의 동물들에서는 암컷이 수컷보다 강하고 더 공격적이며 수컷은 성적인 결합이라는 단일한 행위에서만 적극적이라는 사실을 떠올리면, 이런 구분으로부터 어떤 실제적인 이득을 얻을 수 있는지 당연히 의심스러울 것입니다. 예를 들어 거미의 경우가 그렇습니다. 우리에게 그토록 여성적인 것으로 보이는 새끼를 기르고 돌보는 기능조차도, 동물 세계에서는 항상 암컷에 고정된 활동이 아닙니다. 비교적 고등 동물들에서도 암컷과 수컷이 새끼를 돌보는 역할을 분담하거나, 혹은 수컷 혼자서 그 일을 전담하는 사례를 찾아볼 수 있습니다. 인간의 성생활의 영역에서조차, 여러분은 남성적 행동에 적극성을, 여성적 행동에 수동성을 부여하려는 것이 얼마나 부적합한 것인지 곧 알게 될 것입니다. 어머니는 자식에 관한 한 모든 의미에서 적극적입니다. 수유 행위 자체도 엄마가 아이에게 젖을 먹이는 거라고, 혹은 젖이 빨리는 거라고 양쪽 모두로 표현할 수 있습니다. 이처럼 좁은 성적인 영역으로부터 벗어나면 벗어날수록 '중첩의 실수(error of superimposition)'[4]는 더욱 명백해집니다. 여성은 다양한 방향에서 엄청난 활동성을 보일 수 있지만, 남성들은 많은 정도의 수동적 적응력을 발달시키지 않는다면 그들의 동류와 함께 살아갈 수 없습니다. 이제 여러분이 이것은 남성과 여성 모두가 심리학적인 의미에서 양성적이라는 것을 입증하는 것이 아니냐고 말하려 한다면, 여러분들은 아직도 마음속으로 '적극성'을 '남성성'에, '수동성'을 '여성성'에 부합하는 것으로 보고 있다는 것을 증명할 뿐입니다. 그렇게 하지 말 것을 권고하는 바입니다. 그것은 아무런 유용한 목적에도 봉사하지 않으며, 우리의 지식에도 전혀 새로운 것을 덧붙이지 못합니다.[5]

---

4 즉 두 가지 다른 것을 하나인 것으로 오해하는 것. 이 용어는 《정신분석 강의》 20강에 설명되어 있다.

5 '남성적임'과 '여성적임'의 심리학적 의미를 발견하는 것과 관련된 어려움은 《성 이론에 관한 세 가지 논문》(1905d) 세 번째 편의 4절에 1915년에 덧붙여진 각주에서 자세히 논의되고 있으며, 《문명 속의 불만》(1930a) 4장 끝부분에 수록된 매우 긴 각주의 초입에서도 다시 논의되었다.

　심리학적인 면에서 여성성은, 수동적인 목적들을 선호하는 경향으로 간주될 수 있을 것입니다. 이것은 물론 수동성과 같은 것은 아닙니다. 수동적인 목적을 달성하는 경우에도 많은 양의 활동이 요구될 수 있기 때문입니다. 여성의 성 기능의 특징에 기반을 둔 수동적인 활동과 수동적인 목적에 대한 선호 경향이 여성의 성 생활이 이렇게 모델로 작용하는 한에서, 제한적이든 광범위하든 그 범위에 비례하여, 많든 적든 간에 여성의 삶에 영향을 미치고 있을 수 있습니다. 그러나 우리는 비슷한 정도로 여성을 수동적 상황들로 몰아넣고 있는 사회적 관습의 영향도 절대 과소평가해서는 안 됩니다. 이 모든 것은 아직도 매우 불명확한 상태입니다. 여성성과 본능 생활 사이에는 우리가 간과해서는 안 될 특히 항구적인 관계가 있습니다. 여성들에게 관습적으로 지시되고 사회적으로 부과된 공격성의 억압은 강력한 마조히즘적 충동의 발달을 촉진하는데, 이것은 우리가 알다시피 파괴적 경향성이 안쪽으로 전환되어 성욕과 성공적으로 결합된 것입니다. 이렇듯 마조히즘은 사람들도 말하다시피 매우 여성적인 것입니다. 그러나 우리는 남자들 안에서도 매우 자주 마조히즘적인 경향성과 마주치는데, 그렇다면 이런 남성들은 매우 명백한 여성적 특징을 보여준다고 말하는 것 외에 달리 뭐라고 설명할 수 있을까요?

　이제 여러분은 심리학 역시 여성성의 수수께끼를 풀기에 부적합하다는 것을 받아들일 준비를 하고 있을 것입니다. 이에 대한 설명은 의심할 여지 없이 다른 곳에서 나와야 하며, 생물이 일반적으로 어떻게 두 개의 성으로 나뉘게 되었는지를 알지 못한다면 도출될 수 없을 것입니다. 우리는 그에 대해 아무것도 모르지만, 두 개의 성이 존재함은 생명체가 무생물과 날카롭게 구별되는 가장 주목할 만한 특징입니다. 하지만 우리는 여성 성기를 소유함으로써 외현적으로 혹은 지배적으로 여성적 특징을 갖게 된 인간 존재들에게서 더욱 많은 연구거리를 발견합니다. 정신분석학은 그 독특한 성격에 걸맞게, 여성이란 무엇인가를 정의하는 것 — 이것은 정신분석학이 거의 이뤄낼 수 없는 과제입니다 — 이 아니라, 어떻게 여성이 존재하게 되는지, 어떻게 양성적 위치에 있던 어린 아이로부터 여성이 발달해나오게 되는지 묻기 시작했습니다. 우리는 최근에 이에 대해 얼마간 알게 되었는데, 분석에 종사하는 우리의 뛰어난 여성 동료들 중 몇몇이 그 문제를 탐구하고자 시도했기 때문입니다. 이 논의는 양성 사이의 구분으로부터 특별한 홍미를 얻었습니다. 왜냐하면 숙녀분들은 어떤 비교가 자신들의 성에 불리한 것으로 느껴질 때마다, 남성 분석가들에게 그것은 당신이 여성적인 것에 대한 뿌리 깊은 편견을 극복할 수 없기 때문이 아니냐고, 우리의 연구가 편파적이 될 위험성이 있다고 의혹을 표현할 수 있었기 때문입니다. 한편 우리는 예의에 벗어나는 상황을 양성성이라는 지반 위에서 쉽게 모면할 수 있었습니다. 우리는 그저 이렇게 말하기만 하면 되었습니다 — '이것은 당신에겐 적용되지 않습니다. 당신은 예외입니다. 이 부분에서 당신은 여성적이라기보다는 훨씬 남성적입니다.'

우리는 여성의 성적인 발달에 대한 탐구를 두 가지 예측 하에

198

서 접근했습니다. 첫 번째는, 여기서도 기질은 아무런 저항 없이 그 기능에 순응하지는 않을 거라는 것이며, 두 번째는, 결정적인 전환점이 사춘기 이전에 벌써 준비되었거나 완료되었으리라는 것입니다. 두 가지 예측 모두 신속하게 확증되었습니다. 더욱이, 남자아이에게 일어나는 일과 비교해볼 때, 여자아이가 일반적인 여성으로 발달하는 과정이 더 까다롭고 복잡하다는 것을 알 수 있는데, 여성에게는 남성의 발달에서는 찾아볼 수 없는 별도의 두 가지 과제가 포함되기 때문입니다. 처음부터 그 둘을 병렬시키며 따라가 봅시다. 확실히 소년과 소녀는 시작하는 물질부터가 다릅니다. 이것을 증명하기 위해서는 정신분석학이 필요하지도 않습니다. 성기 구조 면에서의 차이뿐만 아니라, 우리 모두가 잘 알고 있는 다른 신체적 차이들도 수반됩니다. 차이점은 본능적인 기질의 면에서도 출현하는데, 이것은 여성의 추후 성향의 조짐을 보여주는 것입니다. 여자아이들은 대개 덜 공격적이고, 덜 반항적이며, 자기 스스로 즐기는 능력이 부족합니다. 그들은 더 많은 애정 표현을 필요로 하고, 그런 이유에서 더 의존적이고 유순합니다. 여자아이가 더 쉽고 빠르게 배설물을 통제하게 되는 것은 아마도 이런 유순성의 결과일 것입니다. 소변과 대변은 아기가 자기를 돌보아주는 사람에게 줄 수 있는 첫 번째 선물이며[175페이지를 참조할 것], 그것들을 통제하는 것은 아이의 본능이 감수할 수 있는 첫 번째 양보입니다. 여자아이들이 또래의 남자아이들보다 더 총명하고 활기가 넘친다는 것도 쉽게 얻을 수 있는 인상입니다. 그들은 외부 세계와 만나기 위해 더욱 밖으로 나가며 동시에 더욱 강한 대상-집중을 형성합니다. 발달 단계에서의 이러한 우위가 엄밀한 관찰에 의해 확증된 것인지 아닌지는 잘 모르겠지만, 어떤 경우라도 소녀들이 지적인 면에서 뒤떨어지지 않는다는 것은 확실합니다. 그러나 성별 간의 이런 차이는 큰 중요성을 갖는 것은 아닙니다. 개인적인 편차가 더 크기 때문입니다. 우리의 당면한 목적을 위해 이 문제는 잠시 제쳐놓기로 하겠습니다.

양쪽 성은 리비도 발달의 초기를 같은 방식으로 거치는 듯합니다. 여아들의 경우에는 가학성-항문기에 더 약한 공격성을 보이리라 예상될 수 있지만, 실상은 그렇지 않습니다. 우리 여성 분석가들이 아이들의 놀이를 분석해본 결과, 여아들의 경우에도 공격적 충동은 풍부함이나 격렬함의 측면에서 더할 나위 없다는 것을 발견했습니다. 그리고 남근기에 들어서면, 양쪽 성 사이에는 이질성보다는 동질성이 훨씬 우세하게 나타납니다. 우리는 이제 여자아이들이 작은 남자라는 것을 인정할 수밖에 없습니다. 이 시기의 남자아이들은 자신의 작은 남근을 가지고 장난함으로써 얻어지는 쾌감을 알게 되고, 그 흥분된 상태를 성행위에 관한 상상과 연결시키는 등의 특징을 나타냅니다. 여자아이들도 그들의 더 작은 음핵으로 같은 행위를 합니다. 그들의 모든 자위행위는 이 남근-등가물에 대해 수행되며, 진정으로 여성적인 성 기관인 질은 양쪽 성 모두에게 아직 발견되지 않은 상태입니다. 어린 시절의 질 흥분에 대한 몇 가지 개별적인 보고들이 있는 것은 사실이지만, 이것을 항문이나 전정(vestibulum)의 흥분과 구별하는 것은 쉬운 일이 아닐 것이며, 어떤 경우이든 그것은 큰 역할을 하지 못합니다.

여자아이의 남근기에 음핵이 주도적인 성감대라는 사실만은 분명
합니다. 하지만 이것은 물론 계속 그렇게 남지는 않습니다. 여성
성의 변화와 함께 음핵은 전적으로 혹은 부분적으로, 그 민감성을
그리고 동시에 그 중요성을 질에게 넘겨줍니다. 이것은 여성이 발
달 과정 동안 수행해야 하는 두 가지 과제 중 하나입니다. 반면에
더 운이 좋다고 말할 수 있는 남성의 경우엔, 성욕의 이른 개화기
에 눈을 떠서 수행해오던 동일한 행위를 성적인 성숙기에 이르도
록 계속하기만 하면 됩니다.

우리는 음핵이 담당하는 역할에 대한 논의로 다시 돌아갈 것입
니다. 하지만 우선 여성들의 발달 과정에 부과되는 두 번째 과제
로 향해봅시다. 남자아이의 어머니는 그의 첫 번째 사랑의 대상이
며, 오이디푸스 콤플렉스의 형성기 동안 그렇게 남아 있으며, 근
본적으로 그의 전 생애에 걸쳐 그러합니다. 여자아이에게도 첫 번
째 대상은 역시 어머니(여기엔 유모나 양어머니의 형상들도 병합
된다)임에 틀림없습니다. 첫 번째 대상-집중은 주요하고 단순한
생리적 욕구의 충족과 결부되어 일어나며[6] 어린아이가 보살핌을
받는 상황은 양쪽 성 모두에 동일합니다. 하지만 오이디푸스 상황
에서 여자아이에게는 아버지가 사랑의 대상이 되며, 정상적인 발
달 과정을 거친 여성은 이 아버지라는 대상을 떠나 궁극적인 사랑
의 대상을 찾아가게 됩니다. 따라서 시간이 흐르면서 소녀는 자신
의 성감대 및 대상을 바꾸어야 하는 반면, 남자아이에게는 이 둘
이 그대로 유지됩니다. 그렇다면 이런 일이 어떻게 일어나는지에

---

6 《정신분석 강의》 21강을 참조할 것.

대한 질문이 제기될 것입니다 — 무엇보다도, 어떻게 소녀는 어머니에 대한 애착으로부터 아버지에 대한 애착으로 옮겨갈까요? 혹은 다른 말로 표현하면, 어떻게 하여 원래의 남성적 시기로부터 그녀가 생물학적으로 운명 지어진 여성적 시기로 옮겨가게 될까요?

특정한 연령에 도달하면 양쪽 성이 서로에게 끌리는 기본적인 경향에 의해 어린 소녀들의 관심이 남성들에게로 전향되며, 반면 동일한 법칙에 의해 소년들은 계속해서 어머니를 추구하게 된다는 것을 가정할 수 있다면 하나의 이상적이고 단순한 해법이 될 것입니다. 우리는 또한 어린아이들이 자기 부모가 나타내는 성적인 편향을 느끼고 그에 따르게 된다는 것을 부가적으로 가정해야 합니다. 하지만 사태를 규명하기란 그다지 쉽지 않습니다. 이것은 시인들이 그렇게 자주 열정적으로 말했던 주제지만, 분석적으로는 더 이상 해부될 수 없는 그런 힘을 우리가 진지하게 믿어야 하는지도 잘 모르겠습니다. 우리는 수고로운 연구를 통해 매우 다른 종류의 해답을 발견했는데, 적어도 그에 사용된 소재는 쉽게 발견될 수 있는 것이었습니다. 여러분은 매우 나이가 들어서까지 아버지적 대상 혹은 실제 아버지에게 유약하게 의존하고 있는 여성들의 수가 매우 많다는 것을 알고 있을 것입니다. 우리는 아버지에게 오랜 기간에 걸쳐 강한 애착을 가지고 있는 이런 여성들에 대해 몇 가지 놀라운 사실들을 정립했습니다. 우리는 물론 어머니에게 애착을 갖는 예비적 단계가 있다는 것을 알고 있었습니다. 하지만 그것이 내용상으로 그렇게 풍부하고 지속력이 있는 것이며,

그 뒤에 그렇게 많은 고착과 소질의 가능성을 남길 수 있는 것인지는 잘 몰랐습니다. 이 기간 동안 여아의 아버지는 단지 성가신 라이벌일 뿐이며, 어머니에 대한 이런 애착은 몇몇 경우들에서 네 살이 넘어서까지 지속되기도 합니다. 나중에 그녀가 아버지와 갖는 관계에서 발견할 수 있는 거의 모든 것은 이미 이 초기의 애착 때부터 존재하고 있으며, 추후에 아버지에게로 전이된 것입니다. 간단히 말해서, 여성이 이렇듯 어머니에게 애착을 느끼는 이 전오이디푸스적 시기를 이해하지 못한다면, 여성을 제대로 이해하는 것은 불가능한 것으로 보입니다.

그렇다면 여아가 어머니에 대해 어떤 종류의 리비도적 관계들을 갖는지 알아보아야 할 것입니다. 그것은 매우 복합적이라고 대답할 수 있습니다. 여아는 유아 성욕의 세 단계를 모두 거쳐 나가면서 다양한 단계들의 성격을 얻게 되며, 그것은 즉 구순적·가학성항문적·남근적 소망들로 표현됩니다. 이 소망들은 수동적인 충동들뿐 아니라 능동적인 충동들도 표상합니다. 우리가 가급적 피해야 하는 것이기는 하지만 이것을 나중에 나타나는 양쪽 성의 구분과 연결시킨다면, 남성적인 것과 여성적인 것이라고 부를 수 있을 것입니다. 이밖에도 그 관계는 완전히 양면적이며, 애정 어린 것인 동시에 적대적이고 공격적인 성격도 갖습니다. 후자는 오직 불안 개념들로 변환된 후에만 드러나는 경우도 많습니다. 이런 초기의 성적인 소망들의 형성을 지적하는 것은 항상 쉬운 일은 아닙니다. 가장 명료하게 표현되는 것은 어머니에게 아이를 만들어 주겠다는 소망과, 그에 대응하는 소망인 그녀에게 아이를 베게 해주겠다는 소망입니다―양자 모두 남근기에 속하는 것이며 충분히 놀라운 것이지만, 의심할 여지없이 분석적 관찰에 의해 정립된 것입니다. 이런 탐구의 매력은 그로부터 우리가 얻게 된 놀라운 발견의 자세한 양상에서 드러납니다. 예를 들어 살해되거나 독을 먹고 죽는 것에 대한 두려움은 나중에 편집증적 질환의 핵심을 이룰 수 있는데, 우리는 이것이 전-오이디푸스기에 어머니와의 관계에서 이미 존재하고 있다는 것을 발견했습니다. 혹은 다른 경우를 예로 들면, 나로 하여금 많은 괴로운 시간을 보내게 했던 분석 연구 역사에서의 한 가지 재미있는 에피소드를 여러분도 기억하실 겁니다. 그 당시에 나는 어린 시절의 성적인 외상을 발견하는 데 많은 관심을 쏟았고, 거의 모든 내 여성 환자들은 어린 시절에 아버지에 의해 유혹을 당했다고 말했습니다. 나는 결국엔 이런 보고들이 사실이 아니라는 것을 알게 되었고, 히스테리 증상들이 실제 사건에서가 아니라 환상으로부터 유래한다는 것을 이해하게 되었지만 말입니다. 아버지에 의해 유혹당하는 이런 환상 속에서 여성에게 전형적인 오이디푸스 콤플렉스가 표현되고 있음을 내가 인지할 수 있었던 것은 많은 시간이 흐른 뒤였습니다. 그리고 이제 우리는 유혹당하는 환상을 여아들이 전-오이디푸스 단계에서 다시 발견합니다. 이때의 유혹자는 보통 엄마입니다. 그러나 여기서 환상은 현실의 지반을 건드리는데, 어머니는 아이의 신체 위생을 위해 필수적으로 몸을 자극하고, 아마도 여아의 성기에 생애 최초로 쾌감을 일으키는 역할을 하게 되기 때문입니다.[7]

여러분은 어린 소녀가 어머니와 갖는 성적인 관계의 풍부함과 강력함에 대한 이 같은 묘사가 너무 과장된 것이 아닌지 틀림없이 의혹을 제기할 것입니다. 우리는 어린 여자 아기들을 볼 기회를 많이 갖지만, 이런 종류의 것은 전혀 눈치채지 못하기 때문입니다. 하지만 이런 반론은 적절한 것이 아닙니다. 우리는 관찰하는 방법만 안다면 어린아이들에게서 많은 것을 관찰할 수 있습니다. 그리고 이 밖에도, 아기는 자신의 성적인 소망들에 전의식적 표현을 부여하거나 소통이라고 할 만한 것을 거의 할 수 없다는 점을 고려해야 합니다. 따라서 우리는 발달의 이 과정이 특히 명료하고 과도하기까지 할 정도로 확대되었던 사람들을 회고적인 관점에서 탐구함으로써, 즉 그들의 감정 세계의 잔여물과 결과들을 탐구함

---

7 프로이트는 히스테리의 병인론에 대한 초기 논의에서, 어른에 의한 성적인 유혹을 히스테리의 가장 흔한 원인들 중 하나로 종종 언급했다(예를 들어 방어의 신경정신학에 관한 두 번째 논문의 I절(1896c)과 〈히스테리의 병인론〉의 II절 (b)(1896c)을 참조할 것). 그러나 이런 초기 논문들 중 어디에서도 아버지가 그러한 존재임을 구체적으로 연루시키지 않았다. 사실, 1924년에 전집 출간을 위해 《히스테리 연구》를 다시 냈을 때 덧붙인 각주에서, 그는 두 경우에서 아버지에게 책임이 있음을 일부러 말하지 않았다고 인정했다. 하지만 그는 1897년 9월 21일에 플리스에게 보낸 편지(프로이트, 1950a, 편지 69)에서 이에 대해 분명히 표현했는데, 거기서 그는 자기 환자들에게서 들을 이야기들에 대해 처음으로 회의를 표명하고 있다. 자신의 실수에 대한 첫 번째 공개적 언급은 몇 년 후에 《성 이론에 관한 세 가지 논문》(1905d)의 두 번째 편에서 암시적으로 드러나고 있지만, 자신의 입장에 대한 훨씬 자세한 설명은 뢰벤펠트의 책에 제시된 〈신경증의 병인론에 관한 기고문〉(1906a)에서 기술했다. 나중에 그는 이러한 실수를 발견한 것이 자신의 심경에 미쳤던 영향에 대해 〈정신분석 운동의 역사〉(1914d)와 《자전적 연구》(1925d)에서 두 번에 걸쳐 언급했다. 이 텍스트의 현재 단락에서 설명되고 있는 더 진전된 발견은 '여성의 성욕'에 관한 논문 (1931b)에서 이미 언급된 것이다.

으로써, 이 문제를 안전하게 접근할 수 있을 것입니다. 병리학은 정상적인 경우라면 감춰진 채로 남았을 상태들을 고립되고 과장된 형태로 드러내므로, 우리의 연구에 항상 도움이 되어왔습니다. 또한 우리의 연구는 심하게 비정상이라고는 전혀 말할 수 없는 사람들을 대상으로 수행되었으므로, 그들을 통한 결론을 믿을 만한 가치가 있는 것으로 간주해야 한다고 생각합니다.

우리는 이제 여아가 엄마에 대해 갖던 이런 강력한 애착이 어떻게 종지부를 찍게 되는지, 이 하나의 질문을 집중적으로 살펴볼 것입니다. 우리가 알다시피 그것은 어떤 식으로든 끝나게 될 운명이며, 곧 아버지에 대한 애착에 자리를 내주게 되어 있습니다. 여기서 우리는 논의의 진전에 방향을 제시해주는 한 가지 사실과 마주치게 됩니다. 발달의 이 단계는 단순한 대상의 변화만으로 끝나는 것은 아닙니다. 어머니로부터의 멀어짐에는 적대감이 수반되며, 따라서 원래 애착이었던 것은 증오로 끝을 맺습니다. 이런 종류의 증오는 매우 놀라운 것일 수 있으며 전 생애를 통해서 지속됩니다. 이것은 후에 세심하게 과잉 보상될 수 있으며, 보통 그것의 한 부분은 극복되지만 다른 부분은 존속합니다. 나중의 시기에 일어나는 사건들은 사연스럽게 여기에 심대한 영향을 미칩니다. 하지만 우리는 여아의 애착이 아버지에게로 전환되는 시점만을 연구할 것이고, 그 동기를 묻는 것에만 논의를 제한할 것입니다. 다음에 우리는 아이의 적대감을 정당화시키는 것으로 가정되는 어머니에 대한 비난과 불만의 긴 목록과 마주칩니다. 그것들은 다양한 정당성으로 무장하고 있어서 그것을 인식하지 않고 넘어가기란 힘듭니다. 그중 많은 수는 명료한 합리적인 설명들이며 적개심의 진정한 원천은 발견되지 않은 채로 남습니다. 나는 이 경우에 대해 정신분석적 탐구의 모든 세부적 내용들을 설명드리는 것에, 여러분이 흥미를 느끼기를 희망합니다.

어머니에 대한 비난 중 가장 멀리 거슬러올라가는 것은 아이에게 젖을 덜 줬다는 것이며, 이것은 사랑의 결핍으로 해석됩니다. 우리의 가족 내에서는 이런 비난이 정당화되는 상황을 찾아볼 수 있습니다. 엄마들은 아기에게 줄 젖의 양이 모자라서 몇 달 동안, 반년이나 혹은 9개월 동안만 젖을 빨리는 것으로 만족하는 경우가 종종 있습니다. 원시시대에 아기들은 엄마의 젖을 2~3년 동안이나 먹었습니다. 아이에게 젖을 주는 유모의 형상은 대개 어머니의 모습과 융합됩니다. 이것이 일어나지 않은 경우, 비난의 화살은 다른 쪽으로 향해집니다―매우 기꺼이 젖을 주던 유모를 어머니가 너무 일찍 보내버렸다는 것입니다. 하지만 진정한 사태가 무엇이었든 간에, 아이가 자주 품게 되는 비난이 그만큼 자주 정당화되기란 불가능합니다. 그보다는 초기의 영양공급에 대한 아이의 갈망이 매우 탐욕스럽기 때문에, 아이는 엄마의 젖가슴을 상실한 것에 대한 고통을 결코 극복하지 못하는 것으로 볼 수 있습니다. 만일 원시시대 아이를 분석했을 경우, 그 아이는 뛰어다니고 말할 수 있는 시기까지 엄마의 젖을 빨 수 있었는데, 그 아이가 역시 똑같은 비난을 말한다고 해도 나는 놀라지 않을 것입니다. 독살을 당할지도 모른다는 두려움도 역시 수유의 중단과 관련이 됩니다. 독이란 아기를 아프게 만들 수 있는 영양소입니다. 아마도 아이는 초기에 앓게 되는 병들도 이 같은 좌절에 원인을 돌리는 듯합니다. 우연을 믿을 수 있으려면 상당한 양의 지적 교육이 필요합니다. 원시인들과 교육을 못 받은 사람들, 그리고 분명히 아이들도 또한, 일어나는 모든 일에 이유를 부여하게 됩니다. 이것은 아마도 무생물에도 영혼이 있다고 믿는 신념의 동기가 되었을 것입니다. 오늘날에도 시민들 중 일부 계층은 누구에 의해 살해당하지 않고서는 어떤 죽음이든 일어날 수 없다고 생각하며, 보통 그 원인으로 의사를 지목합니다. 그리고 자기와 밀접하게 관련된 사람의 죽음에 대해, 자기가 그 죽음의 원인이 되었다고 스스로에게 비난의 화살을 돌리는 것은 신경증 환자들의 일반적인 반응입니다.

아이가 엄마를 비난하는 또 다른 불만은 다음 아기가 육아실에 나타나면서 새로이 불타오르게 됩니다. 이것은 가능한 경우 구순적 좌절과 결합된 채로 보존됩니다. 엄마는 아이에게 더 이상 젖을 줄 수 없거나 주려고 하지 않는데, 그 영양을 새로 태어난 아기에게 주어야 하기 때문입니다. 두 아이가 연령상으로 매우 붙어 있어서 두 번째 아이의 임신으로 수유가 일찍 중단된 경우엔 이런 비난이 현실적 근거를 얻으며, 아이는 동생과 오직 11개월밖에 차이가 안 난다 할지라도 놀랍게도 무슨 일이 일어나는지 충분히 알아차릴 수 있습니다. 하지만 아이가 쓸데없는 침입자이자 라이벌에게 원한을 품는 것은 단지 수유의 문제뿐만 아니라 엄마의 손길이 미치는 모든 범위에 관해서입니다. 아이는 자기의 권리가 박탈되고, 침해되고, 손상되었다고 느낍니다. 아이는 새로운 아기에게 질투에 찬 증오를 느끼며, 엄마의 행동이 불쾌한 방식으로 변화되었다는 것을 종종 발견하고 신의가 없는 엄마에 대해 불만을 품게 됩니다. 따라서 아마도 '심술궂고', 화를 잘 내고, 반항적이 되며, 또한 배설물을 통제하는 면에서 향상되고 있던 것이 거꾸로 퇴보합니다. 우리는 이 모든 것에 오래 전부터 익숙하며 자명한 사실로 받아들입니다. 그러나 이런 질투심 어린 충동의 힘에 대해, 그것이 존속하는 끈질김과, 그것이 추후의 발달과정에 미치는 영향이 얼마나 큰지에 대해 제대로 인식하는 경우는 매우 드물었습니다. 특히 이 질투심은 어린 시절의 후기에 이르러서도 새로운 자양분을 지속적으로 공급받으며, 그 모든 충격은 새로운 형제자매의 탄생과 함께 그때마다 새로이 반복됩니다. 아이가 엄마의 특별한 총애를 계속해서 받는 경우라도 상황은 별로 달라지지 않습니다. 아이의 사랑에 대한 요구는 절제를 모르며, 독점적인 권리를 주장하고, 나눠 갖는 것을 용인하지 않습니다.

아이가 엄마에게 적개심을 갖는 많은 이유는 아이의 잡다한 성적 소망들 때문인데, 이것은 리비도의 단계에 따라 변화하며 대부분 만족될 수 없는 것입니다. 이런 좌절들 중 가장 강한 것은 남근기에 일어나는데, 성기를 갖고 노는 즐거운 행위를 〔종종 심한 위협 및 모든 불쾌한 제스처와 함께〕 엄마가 금지하기 때문입니다. 최초엔 어머니 자신이 아이에게 알려줬던 그런 행위인데도 말입니다. 그렇다면 여아가 어머니로부터 돌아서는 것은 바로 이런 이유들 때문이구나 하고 생각할 수 있을 것입니다. 만약 그렇다면 소외는 아이의 성욕의 성격, 즉 탐욕스럽게 사랑을 요구하는 성격과 그 성적인 소망들의 성취 불가능성으로부터 필연적으로 유래한다고 판단할 수 있습니다. 사실 아이의 최초의 사랑은 그것이 첫 번째라는 바로 그 이유에서 소멸되기 마련인데, 이 초기의 대상-집중은 보통 높은 정도로 양면감정적이기 때문입니다. 강력한 공격적 경향은 항상 강력한 사랑의 곁에 존재하며, 아이가 대상을 열정적으로 사랑할수록 아이는 더욱더 그 대상으로부터 주어지는 좌절과 실망에 민감하게 됩니다. 그리고 결국 그 사랑은 축적된 적개심에 필연적으로 압도당합니다. 혹은 성적인 집착에 이같이 근본적인 양면감정이 있다는 생각은 거부될 수 있으며, 똑같은 필연성을 가지고 아이의 사랑에 종지부를 찍는 것은 어머니-아기 관계의 특별한 성격 때문이라는 것이 지적될 수도 있을 것입니다. 왜냐하면 가장 너그러운 훈육일지라도 강제를 사용하거나 억제를 부과하는 것을 피할 수는 없으며, 아이의 자유에 대한 그런 종류의 간섭은 그에 대한 반동으로 반항심과 공격성의 경향을 자극하기 때문입니다. 내 생각엔 이런 가능성들에 관한 논의는 가장 흥미로운 것입니다. 하지만 한 가지 반론이 갑자기 나타나서 우리의 관심을 또 다른 방향으로 이끕니다. 이 모든 요소들, 즉 무시당함, 사랑의 좌절, 질투, 금지에 뒤따른 유혹은 결국 남자아이와 어머니 사이에도 있는 것인데, 남아는 어머니로부터 멀어지지 않는다는 것입니다. 우리가 여아들에게만 특유한 어떤 것, 남아들에게는 존재하지 않거나 같은 방식으로는 존재하지 않는 어떤 것을 발견할 수 없다면, 여아들이 어머니에 대해 갖는 애착이 끝나고 마는 것을 설명할 수 없을 것입니다.

나는 우리가 이 독특한 요소를 발견했다고 생각하며, 놀라운 형태이긴 하지만 사실 우리가 예상했던 곳에서 밝혀냈습니다. 우리가 예상했던 곳이란, 바로 거세 콤플렉스(castration complex)입니다. 〔남녀 성 사이의〕 해부학적 차이는 결국 심리적인 결과를 남기게 마련입니다. 그러나 여아들이 자기가 남근이 없는 것에 대한 책임을 엄마에게 돌리며, 이렇게 불리한 위치에 서게 만든 데 대해 엄마를 용서하지 못한다는 것을 분석 중에 알게 된 것은 꽤나 놀라운 발견이었습니다.

여러분이 듣다시피, 우리는 거세 콤플렉스를 여성들에게도 부여했습니다. 그 내용은 남아들과 같을 수는 없지만 충분한 이유가 있습니다. 후자의 경우엔 여성의 성기를 우연찮게 보게 된 후 그들이 그렇게 높이 평가하는 기관이 필수적으로 몸에 부수되는 것은 아니라는 사실을 깨닫게 된 후에 발생합니다. 소년은 자신이 성기를 갖고 장난하는 것에 대해 가해진 협박들을 생각해내고 그것을 믿게 되며 따라서 거세 공포의 영향 아래 놓이게 되는데, 이것은 그의 추후의 발달에 있어 가장 강력한 동인이 되는 것입니다. 소녀들에게 있어서의 거세 콤플렉스도 다른 성의 성기를 본 후부터 시작됩니다. 그들은 즉시 차이를 알아채며 또한 그 중요성도 인식하게 된다는 것을 인정해야 합니다. 그들은 심각하게 부당한 취급을 받았다고 느끼며, 종종 그들도 '그와 같은 어떤 것'을 갖고 싶다고 공언하기도 하며, '남근에 대한 질투'에 사로잡히는데, 이것은 그들의 발달과 성격 형성에 뿌리 깊은 흔적을 남기며 가장 사정이 좋은 경우들에서조차 상당한 심리적 비용을 치르지 않고서는 극복될 수 없는 것입니다. 소녀가 자기에게는 남근이 없다는 사실을 인식하는 것은 결코 그녀가 그 사실에 쉽게 복종한다는 것을 의미하지는 않습니다. 그와 반대로 그녀는 오랫동안 스스로 그와 같은 어떤 것을 얻고 싶다는 소망을 간직하게 되며 그 후로도 믿기지 않을 만큼 긴 세월 동안 그런 가능성에 의존하게 됩니다. 현실적인 지식이 오래 전에 그런 소망의 실현을 얻을 수 없는 것으로 거부하고 난 후에도, 그것은 무의식 내에서 존속하며 상당한 에너지의 집중을 보유한다는 것을 분석 작업을 통해 밝혀낼 수 있었습니다. 그녀가 그렇게도 동경해 마지않는 남근을 꼭 갖고 싶다는 소망은 성숙한 여인을 결국 분석 치료에 참가하게 만드는 동기에 일정 정도 기여하게 되며, 그녀가 그 분석 치료로부터 기대하는 것은 말할 것도 없이 지적인 작업을 추구할 수 있는 능력을 발견하는 것으로, 그것은 이런 억눌린 소망의 승화된 변경으로 종종 인식되고 있습니다.

남근에 대한 질투심의 중요성을 의심할 사람은 별로 없을 것입니다. 내가 질투와 시기심이 남성보다 여성의 정신생활에서 더욱 큰 역할을 한다고 단언한다면, 여러분은 남성적 편견의 한 예로 간주할지도 모릅니다. 나는 이런 특성이 남성에게는 전혀 없다고 하거나, 여성에게는 남근에 대한 선망 이외에 다른 기반에서 나온 질투심이 없다고 말하려는 것은 아닙니다. 그러나 나는 여성의 질투심의 많은 부분이 남근에 대한 선망에서 기인한다고 생각합니다. 그러나 몇몇 분석가들은 남근기 동안 이런 남근 선망이 처음 싹트는 것의 중요성을 경시하려는 경향을 보여주었습니다. 그들은 우리가 여성에게서 이런 태도를 발견하는 것이 추후에 갈등이 발생할 경우 이런 초기의 유아적 충동으로 퇴보함으로써 발생하는 2차적 구조에 기반하고 있다는 의견을 내놓았습니다. 그러나 이것은 심층심리학의 일반적인 문제입니다. 많은 병리적인 혹은 유다른 본능적 태도들(예를 들어, 모든 종류의 성도착)의 경우엔, 그것의 얼마나 많은 힘이 초기의 유아적 고착에 기인한 것인지, 그리고 어느 정도의 힘이 추후의 경험 및 발달의 영향 때문인지에 관한 질문이 제기됩니다. 그런 경우들은 거의 항상, 우리가 신경증의 병인론에 관한 논의에서 제시한 것 같은 보완적인 관계의 문제입니다.[8] 양쪽 요소 모두 원인의 측면에서 다양한 비율로 역할을 하며, 한쪽이 덜 작용하면 다른 쪽이 더 작용해서 균형을 맞춥니다. 유아적 요소는 모든 경우에 패턴을 형성하지만, (많은 경우에 그러할지라도) 항상 사태를 결정하는 것은 아닙니다. 그러나 정확히 남근선망의 경우, 나는 유아기적 요소의 우세를 단호하게 주장하고자 합니다.

자신이 거세되었다는 발견은 여아의 성장에서 하나의 전환점이 됩니다. 그로부터 세 종류의 발달이 시작될 수 있는데, 첫 번째는 성적인 억제 혹은 신경증으로 이르는 길이며, 두 번째는 남성성 콤플렉스의 의미에서의 성격 변화이며, 세 번째 그리고 마지막 가능성은 일반적인 여성성으로 이르는 길입니다. 우리는 이 세 가지에 대해 모든 것은 아니지만 이미 많은 면에서 살펴보았습니다.

첫 번째 것의 핵심적 내용은 다음과 같습니다. 지금까지 남성

<hr>

8 《정신분석 강의》 22강과 23강을 참조할 것.

적인 방식으로 살아오던 여자아이는 음핵의 흥분에 의해 쾌감을 맛볼 수 있었고, 이런 행위를 어머니를 향한 성적인 소망과 관련시켰으며, 이것은 종종 능동적인 활동이었습니다. 그런데 이제 남근선망이 등장하면서, 여아는 남근 성욕적인 면에서의 즐거움을 상실합니다. 여자아이의 자기애는 남자아이가 갖고 있는 훨씬 우월한 기관과의 비교에 의해 모욕을 당했으며, 그 결과 아이는 음핵에서 얻던 자위의 만족을 단념하고, 어머니에 대한 사랑을 내던져버리며, 드물지 않은 일이지만 동시에 자신의 성적인 경향성의 상당 부분을 억압합니다. 어머니로부터의 멀어짐이 단숨에 일어나지 않는다는 것은 분명한데, 아이는 처음엔 자신의 거세를 개인적 불행으로만 간주하다가, 점차 그것을 다른 여성들, 그리고 최종적으로 어머니에게까지 확대하기 때문입니다. 여아의 사랑은 남근적 어머니에게로 향했던 것이었습니다. 어머니가 거세되었다는 발견과 함께 어머니를 대상으로 격하시키는 것이 가능해지며, 따라서 오랫동안 축적되어오던 적개심의 모티브가 우위를 점하게 됩니다. 따라서 이것은 여성에게 남근이 없다는 발견의 결과, 여자라는 성은 소녀들에 의해 평가절하되는데, 이것은 남자아이들 그리고 나중에는 이미도 성인 남성들에 의해서도 그렇게 됩니다.

여러분들은 신경증 환자들이 스스로의 자위행위에 돌리는 심대한 병인론적 중요성을 알고 있을 것입니다. 그들은 그것 때문에 모든 문제가 발생했다고 생각하며, 우리는 그들의 잘못된 생각을 바로잡아주기 위해 많은 어려움을 겪습니다. 그러나 사실, 그들이 옳다는 것을 인정해야 하는데, 자위행위는 유아 성욕의 실행매체이며 그것의 잘못된 발달로 인해 그들이 고통받고 있는 것이기 때문입니다. 하지만 신경증 환자들이 주로 책임을 돌리는 것은 사춘기 시절의 자위행위입니다. 그들 대부분은 정말로 문제가 되는 유아 시절의 초기 자위행위를 잊고 있습니다. 나는 초기 자위행위의 사실적인 세부내용들이 개인의 추후의 신경증이나 성격 형성에 얼마나 중요한 영향을 미치는지 언젠가 여러분께 자세히 설명드릴 기회가 있기를 바랍니다. 자위행위가 발각되었는지 안 되었는지, 부모가 그것을 뿌리 뽑으려고 했는지 아니면 허용했는지, 스스로 그것을 억누르는 데 성공했는지 아닌지는 매우 중요한 요소로 작용하며, 이 모든 것은 그 개인의 발달에 영구적인 흔적들을 남깁니다. 하지만 나는 대체로 보아 이렇게 할 필요가 없는 것이 다행스럽습니다. 그 설명은 매우 까다롭고 장황한 과제가 될 것이고 그것이 끝날 무렵 여러분은 틀림없이 부모나 교사로서 아이들의 자위행위에 어떻게 대처해야 하는지에 관한 실제적인 조언을 물어 나를 난처한 상황으로 몰고 갈 것이 분명하기 때문입니다.[9] 내가 이제 설명하려고 하는 예를 통해서 여러분은 여아의 발달 과정에서 아이들은 자위행위에서 빠져나오려고 스스로 노력하고 있다는 사실을 알게 될 것입니다. 그러나 그들이 항상 이것에 성공하는 것은 아닙니다. 남근에 대한 부러움이 음핵에 대한 자위를 그만두도록 강력한 충동을 불러일으켰지만 그럼에도 이 습관에서 쉽게 벗어나지 못할 때, 자유를 향한 격렬한 투쟁이 뒤따르며 그

---

9 자위행위에 대한 프로이트의 가장 자세한 논의는 빈 정신분석학회에서 그 주제에 관해 토론회를 가진 논문집(1912f)에 수록되어 있다.

속에서 여아는 권위가 박탈된 어머니의 역할을 스스로 인계받습니다. 그리고 음핵에서 만족을 얻는 것을 그만두려는 노력 속에서 자신의 열등한 음핵에 대한 완전한 불만족을 표현합니다. 이렇게 자위행위가 오랫동안 억압된 상태로 지속된 후에도 한 가지 관심은 여전히 존재하는데, 우리는 이것을 여전히 그에 대한 유혹 때문에 두려움을 느끼고 있음을 암시하는 방어 행동으로 해석해야 합니다. 그것은 유사한 어려움을 가진 사람들에 대해 공감을 느끼는 형태로 표출되며, 부부의 연을 맺는 면에서 동기로 작용하며, 사실 남편이나 애인의 선택에서 결정적인 역할을 하기도 합니다. 유아 시절 초기 자위행위의 처리는 진정으로 쉽게 이루어지거나 아무 상관없는 문제가 전혀 아닙니다.

음핵에 대한 자위의 포기와 함께 어느 분량의 활동이 단념됩니다. 이제 수동성이 우위를 점하며, 여아의 애착이 아버지에게로 전환되는 것도 대부분 수동적인 본능적 충동의 도움으로 달성됩니다. 여러분은 남근적 행위를 제거해버리는 이 같은 발달 과정이 여성성으로의 기반을 닦아놓는다는 것을 알 수 있을 것입니다. 이 과정에서 억압을 통해 너무 많은 것이 상실되지만 않는다면 여성성은 정상적으로 발전됩니다. 여아가 아버지에게로 방향을 바꾸면서 가지는 소망은 본래적으로 어머니가 주지 못했던 남근에 대한 소망임에 틀림없으며, 이제 아이는 그것을 아버지에게서 기대합니다. 그러나 여성적인 상황은 남근에 대한 소망이 아이에 대한 소망으로 대체된 후에만, 즉 아이가 고대의 상징적인 등가물과 부합하게 [175페이지] 남근의 자리로 대체된 후에만 확립될 수 있습니다. 여아는 일찍이 남근기가 교란받기 전 아기를 소망했다는 것을 우리는 놓치지 않았습니다. 여자아이가 인형을 가지고 노는 것은 물론 그것의 표현이었습니다. 하지만 그 놀이는 사실 여성성의 표현이 아니라, 수동성을 능동성으로 대체시키고자 하는 의도와 함께 어머니와의 동일화를 가능하게 해주는 것이었습니다. 여아는 어머니의 역할을 하는 것이고 인형은 자기 자신인 것입니다. 이제 아이는 엄마가 자기에게 해주곤 했던 모든 것을 그 인형에게 해줄 수 있습니다. 남근에 대한 소망이 등장하기 전까지 인형아기는 아버지로부터의 아기가 되지 않으며, 따라서 가장 강력한 여성적 소망의 목적이 되지 않습니다. 아기에 대한 이런 소망이 나중에 현실에서 달성될 경우 소녀의 행복은 심대하며, 그 아기가 자신이 매우 갈망하던 남근을 달고 나온 아들일 경우엔 더욱 그렇습니다.[10] '아버지의 아기'를 갖고 싶다는 생각 속에서 강조되는 것은 거의 항상 아이 그 자체에 있으며, 아버지는 강조되지 않습니다. 남근을 갖고 싶어 하던 예전의 남성적 소망은 새로이 달성된 여성성을 통해서도 이런 식으로 여전히 희미하게 보이고 있는 것입니다. 하지만 우리는 남근에 대한 이런 소망이 아마도 특히 전형적인 여성적 소망이라는 것을 인정해야 할 것입니다.

남근-아기에 대한 소망이 아버지에게로 전환됨과 함께, 여아는 오이디푸스 콤플렉스의 상황으로 발을 들여놓습니다. 새로이 생성될 필요가 없었던 어머니에 대한 적개심은 이제 강력하게 증대됩니다. 어머니는 여아가 받고 싶어하는 모든 것을 아버지로부

---

10 225페이지를 참조할 것.

터 이미 받고 있는 라이벌로 인식되기 때문입니다. 여자아이의 오이디푸스 콤플렉스는 어머니에 대한 전-오이디푸스적 애착을 오랫동안 감추는 역할을 해왔는데, 이것은 매우 중요하며 매우 지속적인 고착을 뒤에 남기는 것입니다. 여성에게 있어 오이디푸스적 상황은 길고도 힘든 발달 과정의 소산입니다. 그것은 일종의 잠정적 해결이며, 잠재기의 시작이 멀지 않으므로 금방 떠나버리기 힘든 평정 상태라고 할 수 있습니다. 그리고 이제 두 성 사이의 차이는 꽤나 놀라울 만큼 벌어지는데, 오이디푸스 콤플렉스가 거세 콤플렉스와 갖는 관계와 관련해 아마도 매우 중요한 것입니다. 소년에게서 오이디푸스 콤플렉스는 어머니를 갈구하여 라이벌 위치에 있는 아버지를 없애고자 하는 것이며, 남근 성욕의 시기로부터 자연스럽게 발달합니다. 그러나 거세의 위협 때문에 그는 그 같은 태도를 포기하도록 강제됩니다. 남근을 잃을지도 모른다는 위협 속에서, 오이디푸스 콤플렉스는 포기되고 억압되며, 가장 정상적인 경우에서는 완전히 붕괴되고[161~162페이지를 참조할 것], 엄격한 초자아가 그 계승자로 정립됩니다. 여아에게서 일어나는 것은 거의 정반대입니다. 거세 콤플렉스는 오이디푸스 콤플렉스를 파괴하는 대신에 그것을 준비합니다. 여아는 남근 선망의 영향을 받으면서 어머니에 대한 애착에서 멀어지며, 따라서 마치 피난처로 들어가듯 오이디푸스 상황으로 들어갑니다. 또한 거세의 공포가 부재한 상태이므로 남아들에게는 오이디푸스 콤플렉스를 극복하도록 만드는 주된 동기가 결여되어 있습니다. 소녀들은 그 안에 무한정한 시간 동안 남아 있습니다—나중에 극복이 이루어지긴 하지만, 그렇다 할지라도 오직 불완전하게만 이루어집니다. 이런 상황에서 초자아의 형성은 분명히 손상을 받으며, 문화적인 의미를 부여할 수 있을 만큼의 충분한 힘과 독립성을 획득하지 못합니다. 여성주의자들은 평균적인 여성의 성격에 영향을 미치는 이 요소의 효과를 우리가 지적해보일 때 기꺼워하지 않을 것입니다.

조금만 앞으로 돌아가 봅시다. 우리는 여성 거세의 발견에 대해 가능한 두 번째 반응으로 강력한 남성성 콤플렉스의 발달을 언급했습니다[213~214페이지]. 이것은 즉 여아가 달갑지 않은 사실을 인정하는 것을 거부하고, 도전적으로 반항적이 되며, 오히려 이전의 남성성을 더욱 과장하여 음핵 자위행위에 집착하고 남근적 어머니나 아버지와의 동일화 속에서 피난처를 구한다는 것을 의미합니다. 이런 결과기 나오도록 결정하는 인자는 무엇일까요? 우리는 이것이 기질적인 요소, 즉 일반적으로 남성의 성격에서 찾아볼 수 있는 많은 양의 활동성에 기인한다고 추측할 수 있을 뿐입니다. 이 과정의 핵심은, 발달의 이 지점에서 여성성으로의 변화를 촉진시켜줄 수동성의 발달이 최대한 회피된다는 것입니다. 이런 남성성 콤플렉스의 극단적인 상태는 대상을 선택하는 면에서 동성애적인 경향이 나타나는 것입니다. 우리는 분석적 경험을 통해, 여성의 동성애는 유아적인 남성성의 직접적인 연장이 아니라는 것을 확실히 알게 되었습니다. 이런 종류의 소녀라 할지라도 어느 정도의 기간 동안 아버지를 대상으로 삼고 오이디푸스 상황에 들어가는 것은 필수적인 듯합니다. 하지만 후에 아버지에 대한 필연적인 좌절의 결과로서, 소녀는 초기의 남성성 콤플렉스로 후퇴하는 쪽으로 향하게 됩니다. 이런 좌절의 중요성은 과장되어서는 안 됩니다. 여성적 발달 방향으로 운명 지어진 소녀도 그것으로부터 면제되지는 않지만, 양자가 똑같은 영향을 받는 것은 아닙니다. 기질적 요소가 우세하다는 것은 논란의 여지가 없는 듯합니다. 하지만 여성 동성애 발달에서의 두 가지 단계는 서로 간에 어머니와 아기의 역할을 하는 동성애자가 남편과 아내의 역할을 하는 동성애자만큼 자주, 그리고 명백하게 많다는 현실 속에 잘 반영되고 있습니다.

내가 여기서 여러분께 말씀드린 것은 여성들의 전사(前史)라고 할 수 있을 것입니다. 이것은 가장 최근 몇 년간의 산물이며 상세한 분석 작업의 한 가지 예로서 흥미로우셨을 겁니다. 그 대상이 여성이기 때문에, 나는 이 연구에 귀중한 기여를 해준 몇몇 여성들의 이름을 이 기회를 빌어 말씀드리고자 합니다. 루스 맥 브런스윅 박사[1928]는 전-오이디푸스 단계로의 고착이 일어나서 오이디푸스 상황에 결코 이르지 못한 신경증의 사례를 기술했던 첫 번째 사람이었습니다. 이 사례는 질투 편집증의 형태를 취했으며 치료가 가능한 것으로 입증되었습니다. 잔 람플-드 그룻 박사[1927]는 몇몇 확실한 관찰 사례들을 통해 어머니에 대한 여아의 믿을 수 없는 남근적 행위들을 정립했으며, 헬렌 도이치 박사[1932]는 여성 동성애자들의 성적인 행위가 어머니와 아기의 관계를 재현한다는 것을 보여주었습니다.

여성성의 양상을 사춘기를 거쳐 성숙한 단계까지 좀더 추구하는 것은 내 의도가 아닙니다. 더구나 우리의 지식은 그 목적에 불충분할 것입니다. 그러나 이후에 뒤따르는 것에 대해 몇 가지 특징들을 더 말씀드리겠습니다. 앞서 설명드린 선사학을 출발점으로 하여, 나는 여성성의 발달이 초기 남성적 시기의 잔여 현상들에 의해 교란에 노출된 채로 남는다는 것만을 여기서 강조하고자 합니다. 전-오이디푸스 단계들로 고착되는 퇴행 현상은 매우 자주 일어나는 일입니다. 일부 여성들의 삶의 과정에서는 남성성 혹은 여성성이 우위를 점하는 시기들이 반복적으로 나타납니다. 우리 남자들이 '여성의 수수께끼'라고 부르는 것의 일부는 아마도 여성의 삶 속에 있는 이 같은 양성성(bisexuality)에 바탕을 두고 있을 것입니다. 그러나 이 연구를 하는 과정에서 또 다른 질문에 내답이 가능하게 되었습니다. 우리는 성생활의 동인적 힘을 '리비도'라고 불렀습니다. 성생활은 남성성-여성성의 양극성에 의해 지배됩니다. 따라서 그 개념은 리비도가 이 같은 양극성에 대해 어떤 관계를 가져야 할지 숙고하게 만듭니다. 어쩌면 각 성욕이 그에 적용되는 특별한 리비도를 가지고 있다 해도 그리 놀랍지는 않을 것입니다. 즉 한 종류의 리비도는 남성적 성생활의 목적을 추구하고 다른 종류는 여성적인 것을 추구하는 식으로 말입니다. 하지만 이것은 전혀 그렇지 않습니다. 남성적 성 기능과 여성적 성 기능에 동시에 봉사하는 오직 한 종류의 리비도만이 있을 뿐입니다. 그것 자체에 우리는 어떤 성도 할당할 수 없습니다. 능동성을 남성성에 연결시키는 관습적인 공식을 따른다면 우리는 그것을 남성적이라고 묘사해야 할 것이지만, 그것은 또한 수동적 목적을 갖는 경향성도 포괄한다는 점을 잊어서는 안 됩니다. 그럼에도 '여성적 리비도(feminine libido)'라는 병치는 전혀 정당화될 수 없습니다. 더욱이 리비도가 여성적 기능의 봉사에 적용될 때 리비도에 더 많은 제한이 가해진다는 것이 우리가 받은 인상이며, 목적론적으로 말하자면 자연은 남성성의 경우보다 여성성의 〔그 기능의〕 요구에 그다지 신중한 주의를 기울이지 않았던 것 같습니다. 그에 대한 이유는—다시 한번 목적론적으로 생각하자면—아마도 생물학적인 목적의 달성이 남성의 공격성에 위임되었고, 어느 정도까지는 여성의 동의와 무관하게 만들어졌기 때문일 것입니다.

자연의 무관심을 확증하듯 빈번히 나타나는 여성의 불감증은 여전히 충분히 이해되지 않은 현상입니다. 때때로 그것은 심인성의 것이며 이 경우에는 치료되는 것이 가능합니다. 하지만 다른 경우들에서는 체질적으로 결정되는 듯하며 거기에 어떤 해부학적 요소가 기여하고 있다는 가설마저 제안될 수 있습니다.

나는 앞에서 우리가 분석적 관찰에서 마주치는 성숙한 여성성의 몇 가지 심리적 특징들을 더 말씀드리겠다고 약속했습니다. 우리는 이 단언들에 평균적 타당성 이상의 더 많은 것을 주장하는 것은 아닙니다. 또한 성 기능의 영향에서 기인하는 것과 사회적 훈육의 영향에서 기인하는 것 사이의 구분도 항상 쉬운 것은 아닙니다. 아무튼 우리는 더 많은 양의 나르시시즘을 여성성에 돌리는데, 이것도 역시 여성의 대상 선택에 영향을 미치며, 따라서 그들에게는 사랑을 하는 것보다 사랑을 받는 것이 더 강한 욕구입니다. 남근선망의 영향은 더 나아가 여성의 육체적 허영심에도 한몫을 합니다. 그들은 스스로의 근본적인 성적 열등함에 대한 뒤늦은 보상으로 자신의 매력을 더욱 높이 평가하려 합니다.[11] 여성의 전형적인 특성으로 생각되지만 우리가 생각하는 것보다 훨씬 더 관습상으로 문제되는 수치심은, 여러분도 알다시피 성기 결함의 은폐를 그 목적으로 합니다. 우리는 수치심이 추후 다른 기능적 면에서도 역할한다는 것을 유념해야 합니다. 여성들은 문명의 역사에서 이룩된 발견과 발명 들에 거의 기여를 하지 못한 것으로 보입니다. 그러나 아마도 여성이 고안한 것일 한 가지 기술이 있는데, 실을 엮는 것과 직물을 짜는 것입니다. 만약 그렇다면, 우리는 이 같은 발명의 무의식적 동기를 추측해보고 싶은 유혹을 느낍니다. 자연은 성기를 감추는 음모가 자라나는 양상을 통해 어쩌면 이 발명의 모델을 제공했다고 할 수 있습니다. 그 다음에 밟아야 할 수순은 그 실들이 서로 엮이게 만드는 것인데, 그것은 신체에서는 피부 속에 뿌리박혀 있고 서로서로 얽혀 있습니다. 여러분이 이 견해를 환상적인 것이라 거부하고 여성성의 양상에 남근 결여가 미친 영향에 대한 내 신념을 고정관념으로 간주한다면, 나는 물론 더 이상 방어할 방법이 없습니다.

여성의 대상 선택을 결정하는 요인들은 종종 사회적 조건들에 의해 알아보기 힘든 경우가 많습니다. 하지만 선택 경향이 자유롭게 표출되는 곳에서, 여성들은 종종 스스로 되고 싶다고 원했던 나르시시즘적인 이상형을 좇아 남성을 선택합니다. 소녀가 아버

___
11 〈나르시시즘에 대하여〉(1914c) II절을 참조할 것.

지에 대한 애착을 그대로 유지하고 있다면, 즉 오이디푸스 콤플렉스의 영향 하에 있다면, 그녀는 아버지와 닮은 남성을 고르게 됩니다. 여아가 어머니에게서 아버지에게로 돌아섰을 때 양면감정적인 관계의 적대감은 어머니에게 남아 있기 때문에, 이런 종류의 선택은 행복한 결혼생활을 보장해줄 것입니다. 하지만 양면감정에서 기인한 그런 종류의 갈등이 쉽게 해결을 보지 못하는 경우도 매우 많으며, 뒤에 남겨진 적대감은 긍정적인 애착의 타래 속에서 따라가며 새로운 대상에까지 영향을 줍니다. 여성의 입장에서 처음에 아버지를 계승하는 사람이었던 남편은 시간이 지남에 따라 또한 어머니의 계승자도 됩니다. 따라서 여성의 인생의 나머지 절반은 남편에 대한 투쟁으로 채워질 가능성이 많은데, 더 짧았던 첫 번째 절반이 어머니에 대한 반항으로 채워졌던 것과 같은 이치입니다. 이런 반작용들을 잘 견뎌냈을 때, 두 번째 결혼은 아마도 훨씬 더 행복한 것이 될 것입니다.[12] 남편들이 잘 대처하지 못하는 여성 성격의 또 다른 변화는 첫 아이가 태어나고 난 후의 결혼생활에서 일어날 수 있습니다. 여성은 엄마가 되는 시점에서 그녀 자신의 어머니와의 동일화를 떠올리게 되는데, 이것은 그녀가 결혼 시점에 이르도록 그렇게 되지 않으려고 매우 애를 써왔던 것입니다. 이것은 활용 가능한 모든 리비도를 자신에게 끌어올 수 있으며, 따라서 반복 충동은 그녀의 부모가 겪었던 불행한 결혼생활을 재생산하게 됩니다. 태어난 아기가 아들이냐 딸이냐에 따라 엄마의 반응이 달라지는 것도 남근 결여의 옛 요소가 아직까지도 그

---

12 이것은 이미 〈처녀성의 금기〉(1918a)에서 언급되었다.

224

힘을 잃지 않았다는 것을 보여줍니다. 어머니는 아들에 대한 관계에서 무제한적인 만족을 얻습니다. 이것은 요컨대 가장 완전하고, 인간관계의 모든 양면감정으로부터 가장 자유로운 관계입니다.[13] 어머니는 스스로 억누를 수밖에 없었던 야심을 아들에게 전이할 수 있으며, 자기 안에 남아 있는 남성성 콤플렉스의 모든 충족을 그에게서 기대할 수 있습니다. 결혼생활조차도 아내가 남편을 아이와 같은 위치에 놓고 그에게 마치 어머니와 같은 역할을 하는 데 성공을 할 때까지는 아직 안전한 상태에 있는 것이 아니라고 말할 수 있습니다.

여성의 어머니에 대한 동일화는 우리로 하여금 두 개의 층을 구별하게 해줍니다―어머니에 대한 애정 어린 애착을 기반으로 하며 어머니를 모델로 취하는 전-오이디푸스적인 것과, 어머니를 없애버리고 아버지 옆의 자리를 뺏으려고 하는 오이디푸스 콤플렉스로부터 기인한 나중의 것입니다. 양자 모두의 상당한 부분이 뒤에 남아 장래에도 영향을 미치며, 이것들 중 어느 것도 발달 과정에서 적절히 극복되지 못한다는 것을 우리는 확신을 가지고 말씀드릴 수 있습니다. 하지만 애정이 깃든 전-오이디푸스적 애착의 시기는 여성의 장래에 있어 결정적인 역할을 합니다. 그녀가 나중에 성 기능에서 자신의 역할을 달성하고 여성의 매우 귀중한 사회적 과업을 달성할 수 있는 성격 획득을 위한 준비가 마련되는

---

13 프로이트는 이 관점을 《집단심리학》(1921c) 6장에 덧붙인 각주에서 처음으로 표명하고 있는 듯하다. 그는 《정신분석 강의》 13강, 《문명 속의 불만》(1930a) 5장에서 이런 견해를 반복하였다. 예외가 있을 수 있다는 것은 앞서 123페이지의 예에서 언급되고 있다.

것은 바로 그 시기 동안입니다. 남성들이 여성에게 매력을 느끼는 것도 이런 동일화에서이며, 여성의 그런 면은 남자들로 하여금 어머니에 대한 오이디푸스적 애착이 타오르도록 불붙입니다. 그러나 남성이 열망했던 것을 그의 아들이 얻게 되는 경우가 얼마나 자주 발생하는지! 우리는 남성의 사랑과 여성의 사랑이 심리학적으로 한 단계 떨어져 있다는 인상을 얻게 되곤 합니다.

여성들은 공정함에 대한 감각이 별로 없는 것으로 간주된다는 사실은 의심할 여지없이 그들의 정신생활에서 시기심이 차지하는 영향력과 관계가 있습니다. 공정성에 대한 요구는 질투심의 변형이고 당사자가 그에 복종하여 질투심을 한쪽에 제쳐놓을 수 있는 상황을 정립합니다. 우리는 또한 여성들은 사회적 관심이 희박하고 남성에 비해 자신의 본능을 승화시킬 수 있는 능력이 부족하다고 간주합니다. 전자는 의심할 나위 없이 모든 성적인 관계를 특징짓는 반사회적인 특성으로부터 유래한 것입니다. 연인들은 둘만의 관계에서도 충족을 발견하고, 가족 역시 더 포괄적인 집단에 포함되는 것을 저항합니다.[14] 승화에의 경향성은 각자의 소질에 따라 큰 격차를 보입니다. 반면에 나는 우리가 분석적 작업 중에 끊임없이 받고 있는 인상을 말하지 않고 넘어갈 수 없습니다. 약 서른 살 정도의 남성은 그 젊음과 인격의 아직 형성되지 않은 듯한 면모 때문에 우리를 놀라게 하며, 우리는 그가 분석을 통해 자신에게 열린 발달의 가능성을 강력하게 활용할 거라고 기대합니다.

---

14 《집단심리학》(1921c) 12장(D)에 나와 있는 이에 관한 몇몇 언급들을 참조할 것.

그러나 비슷한 나이의 여성은 종종 특유의 심리적 완고함과 변화할 줄 모르는 성질 때문에 우리를 놀라게 만듭니다. 그녀의 리비도는 이미 최종적인 위치를 차지하고 있어서 그것을 다른 것으로 교체하는 것은 불가능한 듯이 보입니다. 여성에게는 더 이상 열린 발달의 가능성이 없습니다. 이것은 마치 전체 과정이 가야 할 길을 끝까지 다 갔으므로 그 이후로는 영향을 전혀 받아들일 수 없는 것과 같습니다. 여성성으로의 까다로운 발달 과정이 그 당사자의 모든 가능성들을 소진시켜버린 듯 말입니다. 우리는 치료사로서 여성 환자의 이런 상황을 매우 안타깝게 느끼는데, 우리가 신경증적 갈등을 없애줌을 통해 그녀의 병에 종지부를 찍는 데 성공할지라도 그렇습니다.

이것이 내가 여러분께 여성성에 관해 말씀드릴 수 있는 전부입니다. 확실히 불완전하고 단편적이며 항상 듣기 좋은 소리만은 아닙니다. 하지만 여성의 성격이 성 기능에 의해 결정되는 한에서만 여성성을 묘사하고 있다는 점을 잊지 말아주십시오. 그 영향이 매우 널리 미친다는 점은 분명합니다. 하지만 우리는 한 개별적인 여성이 다른 측면들에서도 한 사람의 인간이라는 사실을 간과하지 않습니다. 여러분이 여성성에 대해 더 많은 것을 알길 원하신다면, 여러분 자신의 경험에 질문하시거나, 시인들에게 귀 기울여보시거나, 혹은 과학이 더 깊이 있고 이치에 닿는 정보를 줄 수 있을 때까지 기다리시기 바랍니다.

34강 해명과 응용 그리고 방향 설정

신사숙녀 여러분, 이 강의의 단조로운 설명으로부터도 해방될 겸, 자체적으로 이론적 중요성은 거의 없지만 여러분이 정신분석학을 친숙하게 생각하시는 한에서 밀접하게 관련되는 어떤 것들을 말씀드리는 것을 한번은 허용해주시리라 생각합니다. 예를 들어 여러분이 여가 시간에 독일, 영국, 혹은 미국의 소설을 집어 들며, 동시대 사람들이나 사회에 대한 설명을 읽기를 기대한다고 상상해봅시다. 몇 장을 넘기다가 여러분은 우연히 정신분석학에 대한 언급과 처음으로 마주치고, 얼마 후 다른 책에서도 그런 언급과 마주칩니다. 글의 맥락상 큰 관련성이 없어 보이는데도 말입니다. 여러분은 그것이 책에 나오는 인물이나 그들의 행동에 심층심리학을 석용하여 더 나은 이해를 얻기 위함이라고 상상해서는 안 됩니다—말이 나온 김에 말하자면, 사실 그런 종류의 시도가 이루어지는 더 진지한 작품들이 있긴 합니다. 그러나 대부분은 아닙니다. 보통은 저자가 자신의 폭넓은 독서량과 지적인 우월성을 과시하기 위해 언급한 우스꽝스러운 발언일 뿐입니다. 여러분은 저자가 자신이 말하고 있는 것을 정말로 알면서 말하고 있다는 인상을 항상 받지는 않을 것입니다. 여러분은 또한 빈 내부에서 혹은 외부 지역의 친목 모임에 유흥 삼아 나갈 수 있습니다. 어느 정도의 시간이 지나면 대화 주제는 정신분석학으로 향하고, 여러분은 굉장히 많은 다양한 사람들이 이에 대해 판단을 내리는 것을, 동요되지 않는 확고한 어조로 그렇게 말하는 것을 들을 것입니다. 그런 판단은 경멸적이거나 독설적이거나, 혹은 최소한 우스꽝스러운 것일 확률이 매우 높습니다. 여러분이 그 주제에 관해 어떤 것을 안다는 사실을 발설할 만큼 경망스럽다면, 그들은 일제히 여러분에게 다가와서 정보와 설명을 요청할 것이며, 이 모든 심한 비판들이 정당한 지식 기반도 없이 이루어졌다는 것을, 그런 비판자들 중 분석 서적을 읽어본 사람은 매우 드물거나, 혹은 읽어본 사람이 있더라도 새로운 내용들을 접하면서 마음속에 생성된 첫 번째 저항조차 극복하지 못했다는 것을 곧 여러분께 확신시켜줄 것입니다.

여러분은 아마도 정신분석학에 대한 입문을 통해, 여러분이 분석에 대한 이런 명백한 잘못들을 고쳐주기 위해 어떤 논의를 활용해야 하는지, 더 정확한 정보를 주기 위해 어떤 책들을 추천해야 하는지, 혹은 토론에서 집단의 태도를 변화시키기 위해 책이나 여러분 자신의 경험에서 어떤 사례들을 토론에 끌어와야 하는지에 대한 교훈을 얻길 또한 기대하셨을 겁니다. 가장 좋은 대책은 여러분의 우월한 지식을 완전히 감추는 것입니다. 이것이 더 이상 가능하지 않다면, 정신분석학은 이해하거나 의견을 형성하기 매우 어려운 학문이고, 매우 진지한 일들과 관련되는 특수한 지식의 분야라는 것만을 말하고 넘어가는 선에서 최대한 스스로를 자제하십시오. 그러면 몇몇 농담을 통해 백병전으로 휘말려드는 일은 피할 수 있을 것입니다. 그리고 사회적 유흥을 위해서라면 다른 농담거리를 발견하는 것이 훨씬 낫습니다. 여러분은 또한 경솔한 사람들이 자기 꿈을 반복해서 말할 때 그것을 해석하려는 시도에 참여하지 말아야 하며, 정신분석이 병을 낫게 한 사례들을 팔아서 사람들이 정신분석에 대해 호감을 갖도록 하려는 유혹을 거부해야 할 것입니다.

하지만 여러분은 왜 이런 사람들, 즉 책을 쓰는 사람과 논객 들이 정신분석학을 그렇게 심하게 비판하는지 궁금해할 것입니다. 그리고 그에 대한 책임이 그들에게뿐만 아니라 정신분석학에도 있다는 쪽으로 기울 것입니다. 나 역시 그렇게 생각합니다. 여러분이 문학이나 사회에서 편견과 마주치게 되는 것은 더 이른 시기의 비판, 즉 공식적인 학문을 한다고 하는 사람들이 새로이 태어난 정신분석학에 내렸던 비판의 잔존 효과입니다. 나는 예전에 이미 역사적인 서술을 하던 중에 이에 대한 불평을 한 적이 있지만[1], 반복해서 그러지는 않을 것입니다. 한 번 한 것조차도 너무 지나친 것이었습니다. 논리의 침해나, 우선권의 침해, 훌륭한 감각의 침해가 없었다는 것이 사실임에도, 그 당시 정신분석학의 과학적 반대자들은 이것을 용인하지 않았습니다. 이런 상황은 중세시대에 악인이나 정치적 반대파에게 칼을 씌우고 폭도들의 손에 넘겨 뭇매를 맞도록 했던, 실제로 있었던 상황을 상기시킵니다. 여러분

---

1 〈정신분석 운동의 역사에 관하여〉(1914d).

은 아마 우리 사회의 상위 어느 계층에 이르기까지 이런 폭도적인 성격이 잠재하는지, 스스로를 군중의 일부라고 느끼고 개인적인 책임으로부터 면제될 때 사람들이 어느 정도까지 행패를 부리게 되는지 분명히 인식하지 못했을 것입니다. 그 당시 초기에 나는 다소간 외로운 처지였고 논쟁에는 미래가 없다는 것을 곧 알았지만, 한탄만 하고 있거나 더 친절한 사람들의 도움에 호소하는 것도 똑같이 지각 없는 일이라는 것을 깨달았는데, 그런 상소가 청구될 수 있는 법정 같은 것은 존재하지도 않기 때문입니다. 따라서 나는 다른 길을 택했습니다. 나는 군중의 이런 행동이 내가 개별적 환자들 속에서 발견하고 맞서 싸워야만 했던 동일한 저항의 표현이라는 것을 나 자신에게 설명함으로써 정신분석학을 첫 번째로 응용했습니다. 나는 스스로 논쟁적이 되거나 당시 점차 나타나기 시작했던 내 지지자들에게서 그런 쪽의 영향을 받는 것을 삼갔습니다. 이런 태도는 옳은 것이었습니다. 당시 정신분석학에 놓여 있던 저주는 시간이 흐르자 걷혔습니다. 하지만 포기된 신앙이 미신으로 남는 것과 마찬가지로, 과학에 의해 포기된 이론이 대중적인 신념으로 존속하는 것과 마찬가지로, 처음 과학계에 의해 정신분석학이 불법화되었던 것은 오늘날까지도 책을 쓰거나 대화를 주도하는 일반인들 속에서 우스꽝스러운 경멸의 형태로 지속하고 있습니다. 여러분은 이런 것들을 더 이상 놀라워하지 않을 것입니다.

하지만 여러분은 정신분석학의 투쟁은 끝이 났으며, 결국 과학으로 인정받고 대학에서 가르치는 교과로 채택되었다는 기쁜 소식을 기대해서는 안 됩니다. 말할 필요도 없이 투쟁은 계속되고 있습니다. 다만 조금 더 점잖은 형태로 진행될 뿐입니다. 새로운 것은 학문적인 계층 내에 분석학과 그 반대자 사이에 일종의 완충지대가 형성되었다는 것입니다. 분석학의 어떤 것에 대해서는 동의하는 사람들도 그것에 대한 믿음을 고백할 때는 재미있게 느껴지는 단서를 붙이는 것을 잊지 않으며, 또 충분할 정도로 큰 목소리로 공표할 수 없는 내용들은 거부해버린다는 것을 기억해야 합니다. 여기서 그들의 선택을 결정하는 것이 무엇인지 간파하기란 쉬운 일이 아닙니다. 이것은 아마도 개인적 공감의 차원에 좌우되는 듯합니다. 어떤 사람은 성욕에 반론을 제기하는 데 반해, 다른 사람은 무의식에 반발합니다. 특히나 평판이 좋지 못한 것은 상징주의입니다. 정신분석학의 구조가 아직 완결된 것이 아님에도, 오늘날까지도 누가 접근하든 간에 그 사람의 변덕에 의해 붕괴될 수 없는 요소들로 구성된 일종의 완결성을 보여줍니다―하지만 이런 절충주의는 완결성을 무시하는 듯합니다. 나는 이런 절반만의 혹은 4분의 1쪽짜리 옹호자들이 사실에 대한 검토를 기반 삼아 그렇게 거부하는 것이라고 단 한번도 생각한 적이 없습니다. 몇몇 뛰어난 사람들도 역시 이 범주 안에 포함됩니다. 그들은 확실히 시간과 관심을 다른 것, 즉 그들이 전문적인 면에서 많은 것을 이뤄왔던 분야에 투자했다는 사실에 의해 어느 정도 변명이 될 것입니다. 하지만 그런 경우라도 그렇게 단호하게 한편을 드는 대신에 판단을 유보하는 것이 더 낫지 않을까요? 나는 한때 이런 뛰어난 한 인물이 신속한 전향을 하도록 영향을 준 적이 있습니다. 그는 세계적으로 유명한 평론가였으며, 당대의 정신적 조류를 온정적 이해와 예언적 통찰력으로 뒤쫓고 있던 사람이었습니다. 나는 그가 여든 살을 넘긴 후에야 만나볼 기회를 가졌는데, 이때에도 그의 언변은 여전히 놀라웠습니다. 여러분은 내가 누구를 말하고 있는지 쉽게 짐작할 것입니다.[2] 정신분석이라는 화두를 꺼낸 것도 내가 아니었습니다. 그가 먼저 말문을 열었으며, 그 자신을 나와 가장 온건한 방식으로 비교하면서 시작했습니다. 그는 말하길, '나는 그저 문필가일 뿐이지만, 당신은 자연과학자이며 창안자입니다. 하지만 내가 당신께 말씀드려야 할 것이 있습니다ー나는 어머니에 대해 한번도 성욕을 느껴본 적이 없습니다.' 나는 대답하길, '하지만 당신은 그걸 알 필요가 없었지 않습니까? 성인들에게 그것은 무의식적인 감정입니다.' '아, 그런 뜻이었군요!' 그는 안도의 한숨을 쉬면서 내 손을 꽉 잡았습니다. 우리는 그 후 몇 시간 동안 아주 흡족한 일치감 속에서 대화를 나눴습니다. 나는 후에 그가 인생의 마지막 몇 년 동안 정신분석에 대해 친근한 방식으로 말했고, 그에겐 생소한 단어인 '억압'이라는 단어를 사용할

---

2 프로이트가 항상 존경해왔던 덴마크의 저명한 학자인 게오르그 브란데스 (George Brandes, 1842~1927)를 말한다. 프로이트는 1900년 3월 빈에서 열린 그의 강연회에 참석한 후 브란데스에게 매우 열정적이 되었고, 아내의 권유를 받아 호텔에 머물고 있던 브란데스에게 《꿈의 해석》 한 권을 보냈다. 이에 대해 어떤 반응이 있었는지는 알려지지 않고 있다. 플리스와의 편지 중 131번째 것을 참조할 것(프로이트, 1950a). 어니스트 존스는 프로이트 전기의 세 번째 권(1957, 120)에서 1925년에 있었던 그들의 만남을 다루었다. 프로이트는 1927년 4월 19일, 조카딸에게 보낸 편지에서 이에 대해 다시 한번 언급하고 있다(프로이트의 편지 229, 1960a).

수 있는 것을 기쁘게 생각했다는 얘기를 들었습니다.

우리는 적으로부터 배워야 한다는 말을 흔히 듣습니다. 나는 그것에 한번도 성공해본 적이 없음을 고백해야겠습니다. 하지만 정신분석학에 대한 비판자들이 제기하는 모든 비난과 반론에 대한 검토에 착수하여, 그 속에서 매우 쉽게 밝혀낼 수 있는 논리를 무시한 불공정이나 침해를 지적해낸다면, 여러분께 교훈이 될 거라고 생각합니다. 하지만 다시 잘 생각해보면,[3] 그것이 전혀 흥미롭지 못하고 지루하며 괴로움만 줄 뿐이고, 내가 요 몇 년 동안 신중히 피하려 했던 정확히 그것을 하게 되는 것이 아닌지 자문하지 않을 수 없었습니다. 따라서 여러분은 내가 이 길을 더 이상 따라가지 않고, 소위 과학적 반대자들에 대한 판단을 여러분 앞에서 완전히 해명하지 않는다 해도 나를 용서해야만 합니다. 결국 이것은 거의 항상, 정신분석학적 경험들로부터 멀찍이 떨어져 있음에 의해 공평무사함이라는 한 가지 특성을 보존해왔던 사람들의 문제입니다. 하지만 나는 여러분이 이 문제와 관련하여 그렇게 쉽게 넘어갈 수 없는 다른 경우들이 있다는 것을 알고 있습니다. 여러분은 말할 것입니다 — '그렇다 할지라도, 당신의 마지막 언급이 적용되지 않는 수많은 사람들이 있습니다. 그들은 분석적 경험을 회피하지 않았고, 스스로 환자들에게 분석을 적용했으며, 자기 자신에 대한 분석도 경험했습니다. 그들은 어느 정도까지 당신의 협력자이기도 했습니다. 그런데도 그들은 당신과 분리된 기반 위에

---

3 원래의 독일어 본에도 영어로 on second thoughts라고 되어 있음.

234

서 별도의 견해와 이론 들에 도달했고, 정신분석학의 독립된 학파를 구축했습니다. 정신분석의 역사에서 매우 잦았던 이런 분파 운동의 가능성과 의미에 대해 우리에게 얼마간 설명을 해주어야 한다고 생각합니다.'

나도 그렇게 하려 하고 있습니다. 하지만 간단하게만 설명할 것인데, 여러분이 기대하는 것보다 정신분석의 이해에 기여하는 정도가 덜하기 때문입니다. 나는 여러분이 우선 아들러의 '개인심리학(Individual Psychology)'을 염두에 두고 있으리라 생각하는데, 이것은 미국에서는 정신분석학과 병행하는 하나의 사상으로 간주되어, 그와 대등한 것으로 다루어지며 보통 양자가 함께 언급되곤 합니다. 사실 개인심리학은 정신분석학과 거의 관계가 없지만, 어떤 역사적 상황들의 결과로, 정신분석학의 주변에서 일종의 기생적 존재를 영위하고 있습니다. 개인심리학의 창시자에게는 우리가 이런 그룹의 반대자들에게 가정한 조건들이 아주 제한된 정도로만 적용될 수 있습니다. 그 이름 자체도 적절치 않으며, 난처함의 산물인 것처럼 보입니다. 우리는 그 용어가 '집단심리학'에 대한 반대명제로 사용되어야 하는 정당한 현실에 아들러의 그것이 방해를 놓는 것을 허용할 수 없습니다. 더욱이 정신분석학의 활동은, 대부분 그리고 무엇보다도 인간 개인의 심리학과 관련되어 있습니다. 나는 오늘은 아들러의 개인심리학에 대한 객관적 비판에 착수하지 않을 것입니다. 이 입문적 강의의 계획 속에는 그것을 위한 자리가 없습니다. 게다가 나는 이미 한 차례 그것을 시도한 적이 있으며, 그때 말한 것을 수정하고 싶은 생각도 없습니다.[4] 하지만 정신분석학이 시작되기 훨씬 전에 있었던 하나의 에피소드를 이야기하면서 그것이 불러일으키는 인상에 대해 설명해보려고 합니다.

내가 태어나서 세 살 무렵까지 살았던 작은 모라비아 마을[5] 이웃에 있는 숲 속에 아담하게 자리잡은 고상한 휴양지가 있습니다. 나는 학생이었던 시절, 휴일을 이용하여 그곳에 몇 차례 갔던 적이 있습니다. 그로부터 약 20년이 지난 후, 가까운 친척이 병을 앓게 되어 그곳에 다시 방문할 기회를 얻었습니다. 내 친척을 포함하여 여러 환자들을 돌보고 있던 그곳 상주 의사와의 대화 과정에서, 나는 다른 것보다도 겨울 동안 그의 모든 환자들이 농부—내 생각에 슬로바키아인들—인 것을 지적하며 그들과 어떤 관계인지 물었습니다. 그는 내게 자신의 의료 절차는 다음과 같다고 했습니다. 진찰 시간에 환자들은 그의 방으로 들어와서 한 줄로 섭니다. 그리고 한 명씩 앞으로 나와서 자신의 증상을 설명합니다. 요통이나 배에 느껴지는 통증, 다리의 피로 등등입니다. 그러면 의사는 그들을 진찰해보고 나름대로 확답을 얻고 나서 진단을 내리는데, 모두 똑같은 것이었습니다. 그는 그 말을 내게 해석해주

---

4 아들러의 견해에 대한 프로이트의 주된 비판은 〈정신분석 운동의 역사〉(1914d)에서 상술되었다. 아래의 240페이지에 짧고 불명확하게 언급이 된 것 외에는 융의 변절이 현재 강의에서 언급되지 않은 점, 그리고 독자들이 우선 아들러의 견해를 먼저 듣고 나올 거라고 프로이트가 생각했다는 점이 다소 놀랍게 생각될 것이다. 이것은 〈정신분석 운동의 역사〉에서, '우리가 논의한 두 가지 운동 중 아들러의 것이 의심할 나위 없이 더 중요한 것이다'라고 말했던 언급과 부합한다.

5 프라이베르크(Freiberg), 나중에 프라이버(Příbor)라는 이름으로 개명됨.

었는데, 대략 '주술에 걸렸다(bewitched)'는 의미였습니다. 나는 모든 환자들에게 똑같은 선고를 내리는 것에 관해 농부들이 이의를 제기하지 않느냐고 놀라며 물었습니다. 그는 대답하길, '절대 그렇지 않습니다. 매우 만족해 합니다. 그들이 기대하던 것이거든요. 환자들은 일렬로 늘어선 줄의 자기 자리로 돌아가면서 표정이나 몸짓을 통해 다른 사람들에게 내가 뭔가 아는 의사라는 것을 표현하곤 합니다.' 당시에 나는 내가 어떤 곳에서 비슷한 상황을 다시 한번 우연히 마주치게 될지 거의 짐작하지 못했습니다.

어떤 사람이 동성애자이건 시체성애자이건, 불안으로 고통받는 히스테리 환자이건, 사회로부터 단절된 강박신경증 환자이건, 혹은 완전히 미쳐버린 정신병자이건 간에, 아들러의 '개인심리학'은 그가 스스로를 주장하고 싶어하고, 자신의 열등감을 과잉 보상하려 하고, 우두머리가 되려 하고, 여성적 성향에서 남성적 성향으로 가고자 하는 것이 그런 조건을 만들어내는 동기라고 지적합니다. 나는 학생 시절, 외래환자 병동에서 히스테리 환자의 사례를 접하게 될 때 그와 비슷한 견해를 자주 듣곤 했습니다. 히스테리 환자들은 스스로를 흥미롭게 만들기 위해서, 그들 자신에게 주의를 끌어 모으기 위해 자신의 증상들을 만들어낸다는 것입니다. 이런 오래된 지혜의 조각이 어떻게 이렇게 여기저기에서 튀어나오는지 매우 놀라운 일입니다. 하지만 그 당시에도 심리학의 이 단편적 조각은 히스테리의 수수께끼를 풀지 못하는 듯했습니다. 예를 들어, 환자들은 그런 목적을 달성하기 위해 왜 다른 수단을 전혀 사용하지 않는지가 설명되지 않은 채로 남습니다. 물론 이

'개인심리학자들'의 이론에는 옳은 점이 분명히 있을 것이지만, 그것은 전체의 지극히 적은 부분에 지나지 않습니다. 자기보존 본능은 모든 상황을 자기에게 유리하게 바꾸려고 하며, 자아는 병조차도 자신의 이득을 위해 이용하려 합니다. 정신분석학은 이것을 '병으로부터의 2차적 이득'이라 부르고 있습니다.[6] 그렇다 할지라도 우리가 마조히즘의 사실들이나, 무의식적인 처벌의 요구와 신경증적인 자해 행위를 생각해볼 때, 자기보존과는 거꾸로 달리는 본능적 충동이 있다는 가설이 신빙성 있게 다가오며, 개인심리학의 이론적 구조가 기반하고 있는 평범한 진리의 일반적인 타당성마저도 흔들리는 것을 우리는 느낍니다. 그러나 그 같은 이론은 매우 많은 사람들에게 큰 환영을 받기 마련입니다. 전혀 복잡하지 않으며, 파악하기 어려운 새로운 개념을 전혀 도입하지 않고, 무의식에 대해서는 전혀 생각지 않으며, 보편적으로 압박감을 주는 성욕의 문제를 일거에 제거해버릴 수 있고, 사람들이 인생을 쉽게 만들기를 바라는 기교의 발견에만 스스로를 제한하고 있기 때문입니다. 대다수의 사람들은 사태를 쉽게 받아들이려는 경향이 있습니다. 그들은 어떤 것의 설명을 위해 한 가지 이상의 이유를 요구하지 않으며, 과학의 광범위한 설명을 고마워하지 않을 뿐 아니라 단순한 해법을 얻길 원하고, 문제가 풀렸다는 걸 알기를 원합니다. 이런 요구들을 만족시키는 면에서 개인심리학이 얼마나 멀리 나아갔는지를 고찰할 때, 우리는 《발렌슈타인》에 나오는 한 구절을 떠올리지 않을 수 없습니다.

----

6 《정신분석 강의》 24강을 참조할 것.

그 생각이 그렇게 괘씸하게 영리하지만 않았다면

실로 어리석다고 말할 수도 있었을 것을.[7]

전문가 집단은 그동안 정신분석학을 매우 가차 없이 대했지만,
대체로 보아 개인심리학에 대해서는 매우 미온적인 비판으로만
그쳤습니다. 미국에서 매우 존경받는 정신과 의사 중 한 사람이
아들러를 비판하는 논문을 발표한 적이 있는데, 제목은 '충분합니
다(Enough)'였습니다. 그는 개인심리학의 '반복 충동(compulsion
to repeat)'에 대해 느낀 그 자신의 역겨움을 그처럼 강한 어조로
표현했던 것입니다. 사람들이 개인심리학에 훨씬 호의적인 태도
를 보인다면, 그것은 아마도 정신분석학에 대한 반감 때문일 것입
니다.

우리의 정신분석학으로부터 멀어져간 다른 학파들에 대해 많
은 것을 말할 필요는 없을 것입니다. 그들이 그렇게 했다는 사실
이 정신분석학적 이론들의 타당성에 도움이 되거나 혹은 누가 될
수 없습니다. 여러분은 그저 많은 사람들이 스스로를 다른 것과
맞추거나 그 밑에 종속되는 차원에서 어려움을 갖게 되는 강력한
감정적인 요소들, 그리고 '머릿수가 많으면 생각도 여럿이다
(Quot capita tot sensus)'[8]는 격언에 의해 정당하게 주장되는 더
한 어려움에 대해서만 생각을 해보시면 됩니다. 의견의 차이가 어

---

7 쉴러, 《피콜로미니》, II, 7.

8 보통은 'Quot hominess tot sententiae(사람이 많으면 그만큼 의견도 많다)'라
는 형태로 더 자주 사용됨(테렌스의 《포르미오》 II, 4에서 유래함).

느 지점 너머까지 나아갔을 때, 가장 사리에 맞는 행동은 분리되는 것이고 따라서 우리와는 다른 방향으로 나아간 것입니다. 특히 이론적인 차이가 실제 분석 행위의 변화를 가져올 경우엔 더욱 그렇습니다. 예를 들어, 어떤 분석가[9]가 개인적인 과거의 영향을 하찮게 생각하고, 신경증의 원인을 오직 현재적인 동기나 미래에 대한 기대 속에서만 찾는다고 가정해봅시다. 이 경우 그는 어린 시절의 분석 작업을 게을리 하게 되고, 완전히 다른 종류의 기법을 채택할 것이며, 자신의 설교적인 영향력을 증가시키는 한편 어떤 특정한 인생의 목표를 지적함에 의해 어린 시절에 대한 분석을 빼먹은 것을 벌충하려 할 것입니다. 그렇다면 우리는 이렇게 말할 수밖에 없습니다 — '그것은 지혜의 학교는 될 수 있을지라도, 더 이상 정신분석학은 아니다.' 혹은 또 다른 사람[10]은 출생 시의 불안의 경험이 나중에 일어날 모든 신경증적 교란들의 씨앗이 된다는 견해에 도달하여, 분석 작업을 이런 단일한 영향의 결과에만 제한하는 것이 가장 적절하리라 생각하고, 3개월 내지 4개월 정도의 치료를 받으면 치료의 효과를 보게 되리라고 장담하는 경우도 있습니다. 여러분도 눈치챘겠지만, 나는 완전히 정반대되는 전제들로부터 출발하는 두 가지 예를 골랐습니다. 이 '분파 운동'들은 각각 정신분석학이라는 주제의 풍부함으로부터 한 조각씩 부여잡고 있는 듯하며, 예를 들어 지배의 본능이나 윤리적 갈등, 어머니〔의 중요성〕, 혹은 성기 편중 등을 제 나름대로 점유한 바탕 위에

---

9 융(Jung)에 대한 암시.
10 여기서는 랑크(Rank)가 언급된 것이다.

서 학파를 형성해 독립해나가는 것이 일반적인 양상인 것 같습니다. 어쩌면 여러분은 정신분석학의 역사에서 오늘날 나타나는 이런 분파들이, 다른 지적인 운동들에 비해 더욱 수가 많은 것처럼 느낄지도 모릅니다. 하지만 나는 그에 동의해야 하는지 잘 모르겠습니다. 만일 그렇다면 정신분석학 내부에 존재하고 있는 이론적 견해들과 치료적 처치 사이의 긴밀한 관계에서 그 원인을 찾아야 할 것입니다. 단순히 의견의 차이뿐이었다면 훨씬 오랫동안 그럭저럭 유지되었을 것입니다. 사람들은 우리 정신분석 학자들이 참을성 없다고 비난하곤 합니다. 의견을 달리하는 사람들과 스스로를 분리시켰다는 것이 이런 좋지 못한 평판의 유일한 논거입니다. 하지만 그들에게 다른 침해는 전혀 끼치지 않았습니다. 반대로 그들은 예전보다 훨씬 형편이 좋아져서 이제는 아주 안락한 상태에 있습니다. 왜냐하면 그들은 스스로를 분리시킴으로써 보통 우리를 무겁게 짓누르고 있는 짐들 중 하나—아마도 유아성욕의 오명, 혹은 상징주의의 불합리—로부터 스스로를 면제시킬 수 있었으며, 대부분의 세상 사람들로부터 무난히 존경받을 만한 것으로 간주될 수 있는데, 뒤에 남겨진 우리는 전혀 그렇지 못하기 때문입니다. 더욱이, 한 가지 두드러진 예외를 제외하고는, 스스로 떨어져나간 것은 항상 그들이었습니다.[11]

여러분은 참을성이라는 이름 하에 어떤 요구들을 더 하렵니까? 누군가가 어떤 의견을 말했을 때 그것이 완전히 잘못된 것으로 생각되는 경우에도 이렇게 말해야만 한다는 것입니까? '서로의 차

______

11 이것은 아마도 슈테켈을 언급한 것이다.

이에 대해 고견을 표명해주신 점 매우 감사드립니다. 당신은 우리를 자기만족의 위험으로부터 지켜주었고, 미국인들이 항상 바라는 것만큼 우리가 정말로 "마음이 넓다(broad-minded)"[12]는 것을 보여줄 기회를 우리에게 부여해주었습니다. 물론 우리는 당신이 말하는 것을 조금도 믿지 않지만, 그것은 아무 상관이 없습니다. 어쩌면 당신도 우리와 똑같이 옳을지도 모릅니다. 결국 누가 옳은지 도대체 누가 판단할 수 있겠습니까? 우리는 당신의 생각에 반대하지만, 당신의 견해를 우리 책에 소개하는 것을 허락해주십시오. 그리고 그에 대한 답례로 당신 책의 한 자리에도 당신이 거부하는 우리의 견해를 짧게라도 실어주신다면 고맙겠습니다.' 이와 같은 행동은 아인슈타인의 상대성 원리를 남용하는 행위가 완전히 일반화되면 앞으로는 학문적인 테두리 내에서 관례로 자리잡을지도 모릅니다. 하지만 당장에는, 우리는 그와 같은 경지에까지 이르지 않았습니다. 우리는 옛날 방식대로 오직 우리 자신의 확신만을 주장하는 것으로 그치겠습니다. 아무도 오류로부터 자유로울 수 없기 때문에 우리 자신도 오류의 위험에 빠질 수 있다는 것은 인정하지만 우리의 이론에 반대되는 것은 거부할 것입니다. 한편 우리는 뭔가 더 나은 것을 발견했다고 믿을 때, 정신분석학 내에서 의견을 수정할 권리를 충분히 이용해왔다고 말씀드릴 수 있습니다.

정신분석학에서 이루어진 최초의 응용 사례 중 하나는, 정신분

---

[12] 원본에도 영어로 표기되어 있음.

석학을 실천한다는 이유로 동시대인들이 우리에게 제기하는 반대를 이해하는 법을 배우게 되었다는 것입니다. 객관적인 성격을 지닌 또 다른 응용들은 더 일반적인 관심을 요할 수 있는 것입니다. 물론 우리의 첫 번째 목적은 인간 마음의 장애를 이해하는 것이었습니다. 주목할 만한 어떤 경험을 통해 우리는 이해와 치유가 거의 부합한다는 것을, 서로 통하는 길이 한쪽에서 다른 쪽으로 연결되어 있다는 것을 알게 되었기 때문입니다.[13] 그리고 매우 오랫동안 그것은 우리의 유일한 목적이었습니다. 그러다가 우리는 병적인 과정들과 정상적이라고 알려진 것 사이에 밀접한 관련이 있다는 것, 사실상 내적인 동질성이 있다는 것을 인지했습니다. 정신분석학은 심층심리학이 되었습니다. 또한 사람이 만들거나 해낼 수 있는 어떤 것도 심리학의 협조 없이는 이해가 불가능하므로, 정신분석학을 지식의 수많은 분야들에, 특히 정신과학의 분야에 응용하는 것은, 자연스럽게 그 다음 순서가 되었습니다. 그러나 불운하게도 이 과제는 곧 장애물에 부딪쳤는데, 외적인 상황과 결부된 문제이기 때문에 오늘날까지도 아직 극복되지 못했습니다. 이런 종류의 응용을 하려면 전문적인 지식이 필요한데 분석가들에게는 그것이 없고, 반면에 그것을 소유하고 있는 전문가들은 정신분석에 대해서는 아무것도 모르며 또 알려고 하지도 않습니다. 그 결과, 다소간의 정당성으로 무장한 아마추어들인 우리 분석가들은 종종 지식을 서둘러 긁어모으려는 모습을 보였으며, 신화학이나 문명사, 민족학, 종교의 과학 같은 지식 분야들로 멀리

---

13 브로이어가 그의 첫 환자를 치료한 사례. 《정신분석 강의》 18강을 참조할 것.

여행을 떠나기도 했습니다. 그러나 우리는 그 분야에 상주하는 전문가들에 의해 일반적으로 침입자로 간주되는 것 이상의 대우를 받지 못했습니다. 뭔가 주의를 끌 만한 방법이나 발견들을 내놓아도 1심에서 거부되곤 했습니다. 그러나 이런 여건들은 계속해서 향상되고 있으며, 정신분석학을 자신들의 전문적 주제에 활용할 목적으로, 또 정신분석학의 선구자들을 몰아내고 이 학문 분야를 점령할 목적으로 정신분석학을 공부하는 사람들의 수가 점점 많아지고 있습니다. 여기서 우리는 새로운 발견들의 풍요로운 수확을 기대해도 좋을 것입니다. 정신분석학의 응용은 항상 그것의 확인이나 다름없습니다. 학문적 연구가 실제적 활동으로부터 더 멀리 떨어져 있는 곳에서도 의견의 차이는 필수적으로 존재할 것이지만, 분명히 덜 쓰라린 형태를 띠게 될 것입니다.

나는 여러분께 정신분석학이 정신과학에 응용된 모든 사례들을 소개해드리고 싶은 강력한 유혹을 느낍니다. 그것은 지적인 관심을 가지고 계신 분들이라면 누구라도 알아둘 가치가 있는 것들입니다. 그리고 비정상이나 병에 대해 잠시 동안 듣지 않는 것은 마땅히 필요한 기분전환이 될 것입니다. 하지만 나는 이 생각을 포기해야만 합니다. 그것은 우리를 다시 이 강의의 기본 틀 바깥으로 데려갈 것이며, 그리고 솔직히 인정하자면 나는 그 과제를 떠맡기에 적당하지 않습니다. 이런 영역들 중 몇몇 분야에서 나 스스로가 첫 걸음을 떼었다는 것은 사실입니다. 하지만 오늘날 나는 더 이상 전체 분야를 포괄하지 못하며, 내가 시작한 이래로 성취되어온 것을 따라잡기 위해 대단히 많은 양의 공부를 해야만 합니다. 내 거부에 의해 실망을 느낀 분이 계신다면 우리의 정기간행물인 〈이마고(Imago)〉에서 그런 내용을 보충할 수 있을 것입니다. 이것은 정신분석학의 비의학적 응용들을 다루기 위해 만들어진 잡지입니다.[14]

그러나 내가 그렇게 쉽게 넘어갈 수 없는 한 가지 주제가 있습니다. 내가 그에 대해 특히 많은 것을 이해하고 있다거나 그것에 매우 많은 기여를 했기 때문은 아닙니다. 완전히 정반대입니다. 나 스스로는 그 주제에 거의 관여하지 않았습니다.[15] 내가 굳이 말하고자 하는 것은, 그것이 극도로 중요하고, 미래에 대한 희망의 관점에서 매우 풍부하며, 아마도 정신분석학의 활동 중에서 가장 중요한 것이기 때문입니다. 내가 염두에 두고 있는 것은 정신분석학의 교육에의 적용, 즉 다음 세대의 훈육에 적용시키는 것입니다. 나는 최소한 내 딸인 안나 프로이트가 자신의 일생을 그 연구

---

14 표준판 《정신분석 강의》 10강을 참조할 것.

15 이것은 아마도 정신분석과 교육의 관계에 대해 프로이트가 논한 가장 긴 설명이겠지만, 그가 교육에 관해 언급한 유일한 설명은 아니다. 덧붙여 말한 수많은 언급들 외에도, 이 문제는 〈꼬마 한스〉(1909b) 증례의 III장 3절에서 어느 정도의 길이로 고찰되었다. 그리고 그는 두 책의 서문들에서 그것을 다시 한번 다루었는데, 하나는 피스터의 책이고 다른 하나는 아이크혼의 책이었다. 성교육과 관련된 특수한 문제들은 〈아동의 성적인 교화〉(1907c)에 관한 초기 논문의 주제였으며, 30년이 지난 후 〈끝이 있는 분석과 끝이 없는 분석〉(1937c) 4절의 마지막 단락에서 다시 한번 언급되었다. 마지막으로, 종교 교육의 문제에 관해 《환상의 미래》(1927c) 9장과 10장의 몇몇 지점들에서 언급이 이루어지고 있다.

에 투신했고 그런 방식으로 나의 태만함을 보충할 수 있었다고 말할 수 있게 되어서 기쁩니다.

이런 응용 사례로 이르는 길은 쉽게 발견될 수 있습니다. 우리는 성인 신경증 환자를 치료하는 과정에서 증상들의 결정인자를 추적했고, 그것은 항상 그의 유아 시절로 거슬러올라가곤 했습니다. 성숙한 후의 병인에 대한 지식은 그 증례를 이해하거나 치료학적인 효과를 산출하기에 충분하지 못했습니다. 따라서 우리는 어린 시절의 심리적 독특성에 대해 여러모로 익숙해지지 않을 수 없었습니다. 우리는 정신분석을 통하지 않고서는 배울 수 없었을 많은 것들을 알게 되었고, 어린 시절에 대해서 일반적으로 받아들여져왔던 많은 믿음들을 바로잡을 수 있었습니다. 우리는 몇 가지 이유에서 어린 시절의 처음 몇 년 ─ 아마도 5세경까지 ─ 이 특별한 중요성을 갖는다는 것을 인식했습니다. 첫째로, 그 기간은 나중에 성숙한 시기의 성생활에 결정적인 유발 인자를 남기는 초기 성욕의 개화를 포함하기 때문입니다. 둘째로, 이 시기에 받은 인상은 미성숙하고 연약한 자아에게 영향을 미치며, 외상과 같이 작용하기 때문입니다. 자아는 그것들이 유발하는 감정적 폭풍들을 억압에 의하지 않고는 어떤 식으로든 막아낼 수 없으며, 이런 식으로 추후에 병과 기능적 장애를 발생시킬 수 있는 모든 소질들을 얻게 됩니다. 우리는 어린 시절의 어려움이, 짧은 범위의 시간 동안 어린이는 수천 년에 이르는 문화적 진화의 결과들을 받아들여야 하고, 또한 자신의 본능에 대한 통제와 사회에 대한 적응까지 함께 해야 한다는 사실에 있다는 것을 깨달았습니다 ─ 혹은 적어도 이 두 가지를 시작하는 첫발을 내디뎌야 합니다. 어린이는 자신의 발달을 통해 이 변화의 일부만을 달성할 수 있으며, 많은 것은 교육에 의해 그에게 부과되어야 합니다.[16] 우리는 아이들이 종종 이 과업을 매우 불완전하게만 수행하는 모습을 보더라도 전혀 놀라지 않습니다. 이 초기의 시기 동안 그들 중 다수는 신경증과 같은 수준의 상태로 이동합니다. 또한 이것은 나중에 병의 발생으로 이어지는 모든 사람들의 경우에도 그러합니다. 몇몇 아동들의 경우에 신경증적인 병은 성숙한 시기가 될 때까지 기다리지 않으며, 어린 시절에 벌써 발병하여 부모와 의사들에게 많은 어려움을 주곤 합니다.

우리는 명백한 신경증적 증상을 보이는 아이나, 불유쾌한 성격의 발달 조짐을 보이는 아이에게 분석 치료를 적용하는 것에 어떤 의구심도 갖지 않습니다. 정신분석의 비판자들은 아이들이 상처를 받을지도 모른다고 우려를 표명했지만, 이는 근거 없는 것으로 입증되었습니다. 우리는 아이들에 대한 분석을 통해, 성인의 경우엔 사례의 기록을 통해 추론해낸 것들을 살아 있는 대상에서 확증할 수 있었습니다. 하지만 아동들에게서 얻은 효과는 매우 만족스러운 것이기도 했습니다. 아이들은 분석 치료에 매우 적합한 대상인 것으로 밝혀졌습니다. 결과들은 철저했고 지속적이었습니다. 물론 성인들의 경우에 사용했던 치료 기법을 아동에게 적용할 때

---

16 이 논의의 여기와 다른 곳에서 '교육'으로 번역된 독일어 Erziehung는 영어의 education보다 훨씬 광범위한 의미를 가지며, 일반적인 의미의 '훈육(upbringing)'을 포함한다.

는 많은 면에서 변경해야 했습니다. 아동은 심리학적인 면에서 어른과는 다른 대상입니다. 아이들은 아직 초자아를 가지고 있지 않으며, 자유연상의 기법을 멀리까지 따라갈 수 없고, 전이는 (진짜 부모가 아직 그 자리에 있기 때문에) 다른 종류의 역할을 합니다. 어른의 경우 우리가 씨름해야 하는 내적인 저항들은, 아이들의 경우 대부분 외적인 어려움으로 대체되어 나타납니다. 만약 부모들이 스스로의 저항을 주입하여 아이에게 영향을 미친다면, 분석의 목적은, 그리고 때로는 분석 자체조차 종종 위협을 받곤 합니다. 따라서 아동분석을 할 때는 그 부모에게 어느 정도 분석적 영향을 주는 것이 종종 필요하기도 합니다. 한편, 어린이의 분석이 어른들의 것과 필수적으로 다를 수밖에 없다는 사실은, 우리 환자들 중 몇몇이 매우 강한 유아기적 성격 특성을 유지하고 있어서 분석가가(다시 한번 환자에게 스스로를 적응시키면서) 아동분석의 일부 기법을 활용하는 것을 피할 수 없다는 상황에 의해 감소됩니다. 아동분석이 여성 분석가들의 영역이 된 것은 자동적으로 일어난 일이며, 이런 상황은 앞으로도 계속될 것으로 보입니다.

우리 아이들의 대부분이 발달 과정을 거치면서 신경증적인 단계를 밟게 된다는 인식은 위생학적인 과제의 싹을 담고 있습니다. 아이가 심적인 교란의 징후를 전혀 보이지 않는다 할지라도 분석을 통해 아이를 도우려는 것이 적당한 것인지에 대한 질문이 제기될 수 있습니다. 오늘날 아이가 병이 드는 것을 볼 때까지 기다리지 않고 건강한 아이에게 디프테리아 백신을 주사하는 것처럼, 아이의 건강을 보호하기 위한 예방조치로서 말입니다. 이 질문에 대한 논의는 현재로서는 단지 학구적인 관심사일 뿐이지만, 나는 그것을 여기서 고찰해보고자 합니다. 그 단순한 제안이라도 우리 동시대인들 중 대단히 많은 사람들에게 터무니없는 엉뚱함으로 생각될 것이고, 부모의 위치에 있는 대부분의 사람들이 정신분석에 갖는 태도를 고려할 때, 그런 생각을 밀고 나가려는 어떤 희망도 당분간은 포기되어야만 할 것입니다. 신경증적인 질병에 매우 효과적일 이 같은 예방법은 또한 사회의 매우 다른 제도를 전제합니다. 정신분석을 교육에 적용해야 한다는 슬로건은 오늘날 완전히 다른 곳에서 찾아져야 합니다. 교육의 첫 번째 임무가 무엇인지 다시 살펴보도록 합시다. 아이는 자신의 본능들을 통제하는 법을 배워야 합니다. 그 모든 충동들을 억제함 없이 실행에 옮기도록 자유를 주는 것은 불가능합니다. 그렇게 하는 것은 아동심리학자들에게는 매우 교훈적인 실험이 되겠지만, 그럴 경우 부모는 정상적으로 살아갈 수 없고, 아이들도 결국 부분적으로는 즉시, 부분적으로는 시간이 흐른 뒤에 드러나는 심대한 손상을 입게 될 것입니다. 따라서 교육은 반드시 억제하고, 금지하고, 억압해야 하며, 이것은 역사의 모든 시기에 항상 그래왔던 것입니다. 하지만 우리는 분석을 통해 본능들의 바로 이러한 억압이 신경증적 질병의 위험과 관련된다는 것을 배웠습니다. 여러분도 기억하겠지만, 우리는 그것이 어떻게 일어나는지 자세히 살펴봤습니다.[17] 이렇듯 교육은 불간섭의 스킬라(그리스 신화에 나오는 폭풍을 일으키는 여자 괴물—옮긴이)와 욕구불만의 카리브디스(그리스 신화에 나오는 소용

---

17 《정신분석 강의》, 특히 22강과 23강을 참조할 것.

돌이를 일으키는 여자 괴물—옮긴이) 사이로 난 길을 발견해야만 합니다. 이 문제가 완전히 해결 불가능한 것이 아니라면, 교육이 최대한의 목표를 달성하면서 아이들에게 최소한의 손상만 주는 최적의 방법이 발견되어야 합니다. 따라서 이것은 어떤 때에 그리고 어떤 방법으로 얼마나 많이 금지해야 하는지 결정하는 문제가 될 것입니다. 그리고 부가적으로, 우리는 교육적 영향을 받아들이는 우리의 대상들이 매우 다양한 선천적 소인들을 가지고 있으며, 따라서 동일한 교육적 방법이 모든 아이들에게 똑같은 효과를 내는 것은 매우 불가능하다는 사실을 참작해야 합니다. 잠시 동안 숙고해봐도, 이제까지 교육은 스스로의 과제를 매우 서툴게 성취해왔으며, 아이들에게 심대한 손상을 주었다는 것을 알 수 있습니다. 만일 교육이 최적의 방법을 발견하고 그 과업을 이상적으로 수행한다면, 정신 질환의 병인 중 한 가지 요소, 즉 어린 시절의 우발적인 외상들의 영향을 제거할 수 있으리라는 희망을 가질 수 있습니다. 하지만 어떻게 하더라도 또 다른 요소인, 반항하는 본능적 기질의 힘을 제거할 수는 없습니다. 교육자들이 마주하고 있는 까다로운 문제, 즉 어떻게 아이의 기질적인 개인성을 인식하고, 그의 미성숙한 마음에서 진행되고 있는 작은 징조들로부터 어떻게 추론하며, 아이에게 충분한 정도의 사랑을 주면서도 어떻게 효과적인 수준의 권위를 유지할 수 있는지를 고려한다면, 우리는 교육자라는 직업에 대한 유일하고도 적절한 준비는 철저한 정신분석 훈련이라고 말해야 할 것입니다. 스스로 분석을 받아보는 것이 가장 좋은 방법인데, 결국 분석을 개인적으로 경험하지 않고

250

그것을 소화하기란 불가능하기 때문입니다. 교사나 교육자들에 대한 분석은 아이들을 직접적으로 분석하는 것보다 효과가 높은 예방적 조치인 것으로 보이며, 실행에 옮기는 면에서도 더 어려움이 적습니다.

우리는 부수적인 고려에서일지라도, 아동 교육이 분석에 의해 도움을 받을 수 있고, 시간이 흐르면서 훨씬 큰 영향을 얻을 수 있는 간접적인 방법을 말할 수 있습니다. 정신분석을 스스로 경험해봤고 그로부터 도움을 받았던 부모들은 자기가 받았던 훈육의 잘못에 대해서도 통찰을 얻었기 때문에, 자기 아이들을 훨씬 더한 이해를 가지고 대할 것이며 자신은 겪을 수밖에 없었던 많은 일들을 자식들은 당하지 않도록 해줄 것입니다.

교육에 영향을 미치려는 분석가들의 노력과 평행하게, 다른 연구들은 비행과 범죄의 기원, 그리고 그 예방에 노력을 기울이고 있습니다. 여기서도 나는 여러분께 단지 문을 열고 그 너머에 있는 방들을 보여드릴 뿐, 그 안으로 인도하지는 않습니다.[18] 여러분이 정신분석학에 대한 관심을 충실히 고수한다면, 이런 주제들에 관해 새롭고 가치 있는 많은 것을 배울 수 있으리라고 나는 확신합니다. 하지만 나는 교육이라는 화제의 한 가지 특수한 측면을 언급하지 않고 그냥 지나칠 수 없습니다. 모든 교육은 당파적 목적을 가지며, 사회적으로 확립된 질서가 자체적으로 얼마나 가치 있고 얼마나 견실한 것인지 고려함 없이, 그 질서에 맞추는 방식

---

18 이와 관련해서, 프로이트가 아이크혼의 책 《제멋대로의 젊은이들》에 쓴 서문을 참조할 것(프로이트, 1925f).

으로 아이들을 양육시키려 한다는 것이 주장되어왔으며, 이것은 의심할 여지없이 맞는 말입니다. 현재의 사회적 체제에 결함이 있음이 확실하다면[이것이 주장된다면], 정신분석학과 연합한 교육은 그에 대한 봉사에 머물러 있을 수 없습니다. 지배적인 사회의 요구에서 해방되어 또 다른, 더 높은 목표를 추구해야 합니다. 하지만 내 견해로, 이 논의는 이 자리에 맞지 않습니다. 그런 요구는 분석의 적법한 기능을 넘어서는 것입니다. 같은 식으로, 폐렴 증세를 치료하기 위해 불려온 의사가, 그 환자가 정직한 사람인지 자살자인지 범죄자인지, 혹은 그가 살아 있을 가치가 있는지, 그가 살아 있기를 바라야 하는지를 스스로 묻는 것은 의사의 임무에서 벗어나는 것입니다. 교육이 떠맡아야 할 진정한 목표로 다른 것을 설정할지라도, 그 역시 당파적인 것이 될 것이며 어느 쪽에 편들지를 결정하는 것은 분석가의 임무가 아닙니다. 정신분석학이 기존의 사회 질서와 불일치하는 의도들에 이른다면 정신분석학이 교육에 미치는 어떤 영향이든 거부될 거라는 사실을 나는 완전히 한쪽으로 제쳐둔 상태입니다. 정신분석학적 교육이 자신의 생도들을 반역자로 형성하는 데 일조한다면, 주제넘은 책임을 스스로 지는 셈이 됩니다. 그들을 가능한 한 건강하고 능률적인 상태로 떠나보낸다면 자신의 맡은 바 소임을 다하는 것입니다. 정신분석학 자체는 그에 의해 교육을 받은 어느 누구라도 나중의 삶에서 반작용 및 억압의 편을 들지 않을 것임을 보장함으로써 충분히 혁명적인 요소를 담고 있습니다. 혁명적인 아이들은 어떤 관점에서도 바람직하지 않다는 것이 내 의견이기도 합니다.

신사숙녀 여러분, 나는 치료의 형태로서의 정신분석학에 대해 여러분께 몇 마디 더 말씀드리고자 합니다. 나는 이 질문의 이론적 측면을 15년 전에 논했고[19] 오늘도 다른 식으로는 그것을 체계화할 수 없습니다. 하지만 그동안 우리가 경험한 것을 몇 가지 얘기하고 넘어가야겠습니다. 여러분도 알다시피, 정신분석학은 치료의 방법에서 유래한 것입니다. 현재는 그것을 훨씬 넘어서게 되었지만, 그래도 원래의 근거지를 포기하지 않았으며 깊이를 더하고 발전에 도움을 얻기 위해 여전히 환자들과의 접촉을 유지하고 있습니다. 그로부터 축적된 인상은 우리 이론들의 밑바탕이 되었는데, 다른 방식으로라면 전혀 도달될 수 없었을 것입니다. 치료사로서 우리가 경험했던 실패들은 끊임없이 새로운 과제를 제시하고 있으며, 실제적 삶의 요구들은 우리의 작업에 필수적인 추론이 너무 지나치게 나가는 것을 억제해주는 효과적인 보호막이 되고 있습니다. 정신분석이 환자들을 어떤 수단으로 도와주는지, 도와준다면 어떤 방법으로 그렇게 하는지에 대해서는 이미 예전에 논의한 바 있습니다.[20] 나는 오늘 그것이 얼마나 많은 성과를 달성하는지 탐구할 것입니다.

아마도 여러분은 내가 치료적인 문제에만 매달리는 광신자가 결코 아니라는 것을 인식했을 것입니다. 내가 우리 성과에 대한 찬사를 읊느라 이 강의를 오용할 위험성은 없습니다. 나는 너무 많이 말하기보다는 오히려 너무 적게 말할 가능성이 큽니다. 내가

---

19 《정신분석 강의》 27강과 28강.
20 〈표준판〉 12권의 마지막 각주와 테크닉에 관한 논문을 참조할 것.

일개 분석가였던 시절에, 내 견해를 표면적으로만 알고 있었던 사람들은 이렇게 말하곤 했습니다 — '모두 정말 멋지고 훌륭합니다. 하지만 당신이 분석을 통해 치료한 사례가 있다면 내게 보여주십시오.' 이것은 결국 뭔가 불편한 새로운 것을 제쳐버리기 위해 차례차례로 그 역할이 약간씩 바뀌면서 들먹여지던 수많은 공식들 중 하나입니다. 오늘날 이것은 다른 많은 것들만큼이나 구시대적인 것이 되었고, 분석가의 서류철에는 환자들로부터 받은 감사의 편지가 수북이 쌓여 있습니다. 비슷한 현상은 그것으로 끝나는 것이 아닙니다. 정신분석학은 다른 것들만큼이나 정말로 치료의 기법입니다. 정신분석학에는 그 나름의 승리와 패배, 어려움, 한계, 시사적인 의미가 있습니다. 한때는 정신분석학이 자체적인 성공 사례들을 통계로 내려고 시도하지 않은 면을 들어, 치료 기법으로 진지하게 받아들일 수 없다는 비판이 있기도 했습니다. 그 이래로 막스 아이팅곤(Max Eitingon) 박사가 창설한 베를린의 정신분석 학회는 그들의 첫 10년간의 치료 결과들을 실은 보고서를 출간했습니다.[21] 그 치료적인 성과는 자랑을 할 만한 것도, 부끄러워할 만한 정도의 것도 아닙니다. 하지만 그런 종류의 통계들은 일반적으로 별 소용없는 것입니다. 분석이 이루어지는 소재들이 매우 이질적이기 때문에 대단히 많은 숫자가 모여야만 어떤 결과를 산출할 수 있으며, 그보다는 한 사람의 개인적 경험들을 검토하는 편이 더 현명합니다. 그리고 나는 여기서 우리의 치료가 루르드(Lourdes : 동정녀 마리아의 효험으로 기적적인 치유력이 있다고 알려

254

진 프랑스의 연못—옮긴이)의 것들과 비견될 수 있다고 생각하지 않는다는 것을 덧붙여야겠습니다. 무의식의 존재를 믿는 사람들보다는 동정녀 마리아의 기적을 믿는 사람들이 훨씬 더 많습니다. 세속적인 경쟁 상대에게로 향해보면, 우리는 정신분석치료를 심리치료의 다른 종류들과 비교해야 할 것입니다. 오늘날 신경증적인 상태들을 치료하는 면에서, 유기물리적인 방법의 사용은 거의 언급될 필요가 없습니다. 정신치료 기법으로서의 정신분석은 의학의 이 특화된 분야에서 사용되는 다른 방법들과 대립적으로 위치하는 것이 아니며, 그것들의 가치를 떨어뜨리거나 배제하지 않습니다. 환자들에게 정신분석을 활용하면서 스스로를 심리치료사라고 부르길 즐기는 의사가, 증례의 독특성이나 주변 형편에 따라 다른 치료법을 병행한다고 해서 이론적으로 모순되는 점은 전혀 없습니다. 실제로 그것은 의료적 활동의 전문화에 요구되는 테크닉의 문제입니다. 외과 분야와 정형외과 분야가 분리되어 나온 것도 그런 이유 때문이었습니다. 정신분석학적 활동은 수고로우며 엄격한 것이기 때문에, 독서할 때는 쓰고 산책하러 나갈 때는 벗는 안경처럼 그렇게 쉽게 다루어질 수 없습니다. 보통 정신분석학은 한 의사를 완전히 장악하거나 전혀 장악하지 못합니다. 다른 방법들보다 정신분석학을 주로 활용하는 심리치료사들 중에도, 내가 아는 바로는 확고한 분석적 지반에 서 있지 않은 경우가 종종 있습니다. 그들은 분석의 전체를 받아들인 것이 아니라, 아마도 정신분석학의 성가신 독 이빨을 빼고 물을 탄 듯이 받아들인 것입니다. 이들은 정신분석가로 간주될 수 없습니다. 내 생각에 이것은 안타깝게 생각되어야 할 일입니다. 그러나 정신분석가와, 다른 방법만 주로 사용하는 심리치료사가 의료적 처치의 면에서 협력한다면 매우 유익한 결과를 가져올 것입니다.

　다른 심리치료적 방법들과 비교할 때 정신분석은 말할 것도 없이 가장 강력한 치료 방법입니다. 그도 그럴 것이 대단히 힘들고 시간이 많이 걸리는 작업이어서, 경미한 경우에는 사용하지 않는 것이 나을 정도입니다. 정신분석이 적당한 증례들과 만나면 자체적인 수단을 사용하여, 이전에는 감히 나으리라 희망하기 힘들었던 마음의 교란 상태를 없애고 변화를 가져오는 것이 가능합니다. 하지만 정신분석학에는 자체적인 매우 상당한 한계들이 있습니다. 내 추종자들 중 몇몇은 치료 목적의 야심을 품고, 이런 장애물들을 극복하여 정신분석학이 모든 종류의 신경증적 장애를 치료할 수 있도록 하기 위해 대단히 많은 노력을 기울였습니다. 그들은 정신분석의 작업을 더 짧은 기간으로 압축하고, 전이를 강화시켜 어떤 저항이든 극복을 가능하게 하려 하고, 그와 함께 다른 형태의 영향력을 결부시켜 치유를 촉진시키려 노력했습니다. 이런 노력들은 확실히 칭찬할 만한 것이긴 하지만, 내 견해로는 헛수고였다고 할 수 있습니다. 그들은 그렇게 함으로써 정신분석에서 억지로 멀리 떨어져 나가, 한정 없는 실험 과정에서 헤맬 위험을 초래한 것입니다.[22] 모든 신경증적 현상이 치유될 수 있다는 기대는,

---

22 이 문장을 쓰면서 프로이트는 친구인 페렌치를 염두에 두었을 가능성이 크다. 몇 달 후에 프로이트가 쓴 그의 부고문은 이 견해를 어느 정도 반영한 문장을 담고 있다.

내가 보기엔, 신경증은 어떻든 간에 존재할 가치가 전혀 없는 매우 불필요한 것이라는 일반인들의 신념으로부터 기인한 것 같습니다. 사실 그것들은 꽤나 심각하고 기질적으로 고착된 병들인 만큼, 몇 번의 발작들로만 그치는 경우는 드물며, 대개의 경우 매우 오랜 기간 동안 혹은 인생 전체를 통해 지속됩니다. 질환을 촉발시킨 과거사적 계기와 우발적인 보조 요소들을 알아내게 되면 그것들에 광범위한 영향을 미칠 수 있다는 분석적인 경험은, 실제 치료 현장에서 기질적인 요소를 소홀히 다루게 만들었습니다. 어차피 우리는 기질상의 요소에 대해서는 아무것도 할 수 없지만, 이론상에서는 항상 염두에 두고 있어야 합니다. 정신병이 분석적 치료에 극단적으로 닫혀 있음은, 그것이 신경증과 가지는 밀접한 관계의 측면에서 볼 때, 우리의 자격을 이 후자에 대해서만 한정하도록 합니다. 정신분석의 치료적인 유효성은 많은 수의 무겁고 거의 공격할 수 없는 요소들에 의해 속박된 채로 남습니다. 가장 큰 성공을 기대할 수 있는 어린이들의 경우에, 어려움은 그들이 부모와 갖는 관계와 관련된 외부적인 것들입니다. 그러나 그것은 어린아이이기 때문에 어쩔 수 없는 것이기도 합니다. 성인의 경우 어려움은 무엇보다도 두 가지 요소로부터 발생합니다 — 현존하는 심리적 경직성의 정도와, 더욱 근본적인 결정인자들을 가로막으며 가리운 채 존재하는 병의 형태입니다.

이 요소들 중 첫 번째 것은 종종 부당하게 간과되곤 합니다. 정신생활이 아무리 유연성이 크고, 과거 상태들이 재현될 가능성이 아무리 클지라도, 모든 것을 현재 시점으로 다시 불러낼 수는 없습니다. 몇몇 변화들은 결정적인 것으로 보이며, 마치 한 과정이 갈 데까지 갔을 때 형성되는 흉터와도 같습니다. 다른 경우들에서 는 정신생활이 일반적으로 경화(硬化)된 것 같은 인상을 받기도 합니다. 우리가 쉽게 다른 길을 가리킬 수 있는 심리적 과정들도 그들에겐 오래된 길을 버리는 것이 불가능한 듯합니다. 하지만 이 것은 아마 다른 측면에서 바라본 것일 뿐, 우리가 바로 전에 얘기 했던 것과 동일한 것인지도 모릅니다. 변화가 이루어지지 못하게 막는 커다란 요인 중 하나는, 치료 과정에 필수적인 동기적 힘의 부족 때문이라고도 볼 수 있습니다. 어떤 특수한 의존적인 관계 가, 어떤 특별한 본능적인 요소가 너무 강력하여 우리가 힘겹게 동원한 반대되는 힘을 압도하는 경우입니다. 이것은 정신병의 경 우에 일반적으로 들어맞습니다. 우리는 지렛대가 적용되어야 하 는 지점을 알 정도로 그것을 충분히 잘 이해하지만, 그 무게를 들 어올리기엔 역부족입니다. 사실, 미래에 대한 희망을 가질 수 있 는 지점은 바로 이곳입니다 — 호르몬의 작용(이게 뭔지는 여러분 도 알 것입니다)에 대한 지식이 병의 양적인 요소들을 성공적으로 격퇴할 수 있는 수단을 마련해줄지도 모릅니다. 하지만 현재 우리 의 상황은 그것과는 거리가 멉니다. 나는 이 모든 문제에서의 불 확실성이 분석에 있어서, 특히 전이의 측면에서 완벽성을 추구하 게 만드는 지속적인 자극요인이라는 것을 알게 되었습니다. 분석 을 막 시작한 사람들은 특히, 치료에 실패한 경우에 그 증례의 특 수성을 탓해야 하는지, 아니면 치료 과정을 진행시키는 면에서 스 스로 서툴러서 그런 것인지 종종 의심하는 상태에 처하곤 합니다.

하지만 내가 이미 말했듯이, 이 방향에 있어서는 노력에 의해 많은 것이 달성될 수 있다고 생각하지 않습니다.

정신분석의 성공에 장애가 되는 두 번째 한계는 병의 형태에서 기인합니다. 여러분은 분석 치료의 적용 분야가 전이신경증(공포증, 히스테리, 강박신경증)에 해당하며, 더 나아가 이런 병들과 함께 발달된 성격의 비정상적인 형태에 있다는 것을 이미 알고 있습니다. 이것과는 다른 어떤 것이라도, 예를 들면 자아도취적 혹은 정신병적인 상태들은 다소간의 범위에서 분석 치료에는 부적당합니다. 이런 경우들을 주의 깊게 배제함에 의해 실패를 방지하는 것은 매우 정당한 것입니다. 이런 신중함은 정신분석의 통계에 심대한 향상을 가져올 수 있습니다. 그러나 여기엔 함정이 있습니다. 우리의 신난은 매우 자주 추후에만 내려실 수 있기 때문입니다. 그것은 내가 빅토르 위고의 책에서 읽은 바 있는, 마녀를 감별하는 스코틀랜드 왕의 시험법과 흡사합니다.[23] 이 왕은 마녀를 알아내는 매우 확실한 방법을 알고 있다고 공언합니다. 그는 끓는 물이 담긴 가마솥에 여자들을 넣어 끓인 뒤 국물 맛을 보았고, 그 후에 이렇게 말할 수 있었습니다 — '이 여자는 마녀다' 혹은 '이 여자는 마녀가 아니다'. 우리가 그 희생자라는 점을 제외하면 그것은 우리에게도 마찬가지입니다. 우리는 분석적으로 몇 주 혹은 몇 달 동안 연구해보기 전까지는 치료를 받으러 온 환자를(혹은 같은 방식으로 정신분석 훈련을 받으러 온 지원자를) 판별할 수 없습니

---

23 이 일화의 기원은 발견되지 않았다. 프로이트는 이것을 자위행위의 문제에 관한 그의 기고문(1912f)에서 이미 사용한 바 있다.

다. 사실, 현물을 보지 않고 물건을 사는 셈입니다. 환자는 결정적인 진단을 내리기 힘든 불분명한 일반적인 증상들을 가지고 옵니다. 이런 시험의 기간이 끝나면, 그 사례가 부적당한 것인지 아닌지 드러나게 됩니다. 그럴 경우 그가 지원자라면 우리는 그를 떠나보내고, 그가 환자라면 사태를 더 명료한 상황에서 볼 수 있기를 은근히 기대하며 시험을 조금 더 진행시켜봅니다. 환자는 이에 대해 자신의 경우를 우리 실패의 목록에 덧붙임으로써 앙갚음을 하고, 거부된 지원자도 아마 그렇게 하는데, 그에게 편집증이 있다면 정신분석학에 대한 책을 그 자신이 씀에 의해 그렇게 하는 경우도 있습니다. 여러분이 보다시피, 우리의 예방조치는 쓸모가 없는 셈입니다.

이 자세한 논의가 여러분의 관심을 소진시키고 있을까봐 걱정됩니다. 하지만 치료로서의 정신분석에 대한 여러분의 평가를 낮추려는 것이 나의 의도라고 생각하신다면 더 유감스러울 것입니다. 아마도 나는 서투른 출발을 했는지도 모릅니다. 원래 내 의도는 그와 반대였습니다. 즉 나는 분석에 있어서 치료적 한계들의 불가피함을 지적함에 의해 그런 부분을 변명하려고 했던 것입니다. 이와 같은 목적을 염두에 두고서 나는 또 다른 지점으로 향하겠습니다 — 분석적 치료가 너무 과도하게 시간이 오래 걸린다는 비판에 대한 것입니다. 이에 관해서는 심리적인 변화란 사실 오직 매우 느리게만 일어난다는 점이 지적되어야 합니다. 너무 빨리, 갑자기 일어난다면 그것은 나쁜 징조입니다. 중증 신경증의 치료는 몇 년이 넘게 지속되는 경우가 허다한 것이 사실입니다. 하지만 성공에 이른 경우에, 치료를 받지 않았다면 그 병이 얼마나 오래 지속되었을지 생각해보십시오. 어쩌면 한 해의 치료로 10년 정도씩 병을 단축시키는지도 모릅니다. 즉 그 병은 (치료를 받지 않은 경우에 종종 볼 수 있듯이) 전혀 끝나지 않았을 것입니다. 몇몇 경우들은 몇 년이 지난 후에 분석을 재개해야 할 이유가 발생하기도 합니다. 그 사이에는 환자가 건강했지만 환자의 삶 속에 새로운 계기가 나타나고 그로 인해 새로운 병적 반응들이 나타날 경우입니다. 첫 번째 분석은 사실 그의 병적인 소질을 샅샅이 드러내지는 못했고, 성공이 얻어졌을 때 분석이 중단된 것은 당연한 일이었습니다. 일생 전체를 통해 분석의 감독 하에 계속 머물면서 때때로 분석으로 되돌아가곤 하는 상태가 심한 사람들도 있습니다. 하지만 이런 사람들은 다른 식으로라면 존재하는 것 자체도 불가능했을 것이고, 우리는 그가 이런 단편적이며 반복적인 치료에 의해 삶을 지탱할 수 있는 것을 기쁘게 생각해야만 합니다. 성격장애의 분석에도 오랜 기간의 치료가 요구됩니다. 하지만 종종 성공에 이르는 결과를 내곤 합니다. 여러분은 이런 과제가 다루어질 수 있는 어떤 다른 치료법을 알고 있습니까? 치료 분야에 야심이 있는 사람이라면 이런 결과들에 불만족스러워 할 것입니다. 하지만 우리는 결핵과 루푸스의 예를 통해 치료 방법이 병의 성격에 부합되었을 때에만 성공이 얻어질 수 있다는 것을 배웠습니다.[24]

---

24 프로이트의 저작들 중 가장 최후의 것 중 하나인 〈끝이 있는 분석과 끝이 없는 분석〉(1937c)에서, 정신분석 치료의 한계에 대해 매우 긴 설명이 이루어지고 있다.

나는 여러분께 정신분석학이 치료의 기법으로 시작되었다는 것을 말씀드렸습니다. 하지만 나는 그것을 치료의 한 가지 방법으로 추천하고 싶은 것이 아니라, 그것이 함축하고 있는 진실성, 인간에게 가장 큰 중요성을 갖는 것은 무엇인지(인간의 본질)에 대해 우리에게 알려주는 정보, 그리고 인간의 매우 다양한 활동들 사이에 드러내 보여주는 연관성 때문에 여러분이 관심을 갖기를 원합니다. 치료의 방법으로서 그것은 많은 것들 중에 하나이지만, 확실히 그중에서 최상의 방법이라고 할 수 있습니다. 만일 정신분석학이 치료적인 가치를 갖고 있지 않았다면, 환자들과의 관계에서 애초에 발견되지도 않았을 것이고 30년 이상의 기간 동안 지속적으로 발전할 수도 없었을 것입니다.

35강 세계관의 문제[1]

신사숙녀 여러분, 지난번 만남에서 우리는 사소한 일상적 관심사들을 주로 다루었으며 동시에 집 안을 정돈한 것입니다. 이제 우리는 과감한 도약을 하여 다른 방면들로부터 끊임없이 제기되고 있는 질문들에 대답해야 합니다. 즉 정신분석학은 우리를 특정한 세계관으로 이끄는 것일까요? 만약 그렇다면 그것은 어떤 것일까요?

'세계관(Weltanschauung)'이란 내 생각에 특수한 독일어 개념인 것 같아서, 이것을 다른 언어로 번역하는 것은 매우 어려울 수밖에 없습니다. 내가 그 말의 정의를 말씀드리려 해도, 분명히 어딘가 어색하게 느껴질 것입니다. 하지만 내 견해로는, '세계관'이란 우리 존재의 모든 문제들을 하나의 최우선적 가설 위에서 균일하게 풀 수 있도록 해주며, 따라서 해결되지 않은 어떤 문제도 남

---

1 Weltanschauung이란 말은 아마도 '전 우주에 대한 관점'으로 번역될 수 있을 것이지만, 프로이트 자신이 아래의 두 번째 단락에서 그 의미를 설명하고 있다. 프로이트는 이 강의의 주제를 《억압, 증상 그리고 불안》(1926d) 11장 끝부분에서 이미 얼마간 다루고 있다.

가지 않고, 우리가 관심을 가지는 모든 것들이 그 안에서 확고한 자리를 발견하는 하나의 지적인 구조입니다. 이런 종류의 세계관을 소유하는 것이 인류의 이상적 소망 가운데 하나라는 것은 쉽게 이해될 것입니다. 사람은 그걸 믿으면서 자신의 삶을 확고하게 느낄 수 있고, 무얼 추구해야 하는지 알 수 있으며, 자신의 감정과 관심사들을 어떻게 가장 적절하게 다룰 수 있는지 알 수 있습니다.

그것이 세계관의 성격이라면, 정신분석학에 대한 답은 쉽게 나올 수 있습니다. 하나의 전문적인 학문으로서, 심리학의 한 분야―심층심리학 혹은 무의식의 심리학―로서, 정신분석학은 자체적인 세계관을 형성하기에 매우 부적합하며, 반드시 과학적인 세계관을 받아들여야 합니다. 하지만 과학의 세계관은 이미 눈에 띄게 우리의 정의와 멀리 떨어져 있습니다. 그것 역시 세계의 설명에 대한 균일성(uniformity)을 취한다는 것은 사실이지만 단지 하나의 예정된 계획에 불과할 뿐이고, 그것의 성취는 미래의 시간 속으로 유예됩니다. 이 밖에도 과학은 현재 알 수 있는 것만으로 제한하고, 자신에게 낯선 요소들을 날카롭게 거부하는 등의 부정적인 성격들에 의해 특징지어집니다. 과학은 조심스럽게 검증된 관찰 자료들에 대한 지적인 작업에만 의존하고, 즉 우리가 '연구(research)'라고 부르는 것 외에는 우주에 대한 지식의 다른 어떤 원천도 존재하지 않는다고 주장합니다. 즉 계시나 직관, 예언에 의한 지식은 인정하지 않는 것입니다. 지난 몇 세기가 지나는 동안 이 관점은 일반적으로 인정받는 것으로 거의 자리잡은 듯합니다. 그러나 우리의 세기에 와서는 이 같은 세계관이 보잘것없고

264

우울하며, 인간 지성의 요구들과 인간 마음의 욕구를 간과하고 있다고 여기저기서 비판을 받게 되었습니다.

이런 반론은 아무리 정열적으로 거부한다 해도 지나치지 않을 것입니다. 그것은 완전히 근거가 없는 것인데, 지성과 마음은 인간이 아닌 사물들과 마찬가지로 똑같이 과학적인 연구의 대상이기 때문입니다. 정신분석학은 이 지점에서 과학적 세계관을 대변하여 특별히 말할 권리를 가지는데, 정신분석의 존재로 인해 과학은 자체적인 우주의 구상도에서 정신적인 것을 빠뜨리지 않았다는 변명이 되기 때문입니다. 정신분석학이 과학에 한 기여는, 정확히 말해 연구를 정신 분야에까지 확장시켰다는 점에 있습니다. 그리고 덧붙여 말하자면, 그런 심리학이 없었다면 과학은 매우 불완전했을 것입니다. 그러나 인간의(그리고 동물의) 지적인 기능과 감정적인 기능 들에 대한 탐구를 과학 안에 포함시킨다 해도, 과학 전반의 기본적인 태도는 아무것도 바뀌지 않을 것이고, 다른 새로운 지식의 원천이나 연구 방법들도 더 이상 생성되지 않을 것입니다. 만약 존재한다면 직관이나 예언이 그런 것이 될 수 있지만, 그것들은 오직 망상이며 소망 충동의 실현인 것으로 보아도 무방할 것입니다. 또한 세계관에 대한 이 같은 요구들은 오직 감정에만 기반하고 있다는 것을 쉽게 알아차릴 수 있습니다. 과학은 인간의 마음이 이런 요구들을 산출한다는 것을 인지했고, 그 원천을 검토할 준비가 되어 있습니다. 하지만 그것들을 정당한 것으로 간주해야 할 아주 사소한 이유도 찾지 못했습니다. 오히려 과학은 망상에 가까운 이런 모든 것을, 그리고 이 같은 감정적 요구들의 소산들을 지식으로부터 주의 깊게 분리시켜야 할 하나의 경고로 간주합니다.

이는 결코 그런 소망들을 경멸적으로 옆으로 제쳐놓거나, 인간의 삶에 대한 그 소망들의 가치를 과소평가해야 한다는 의미는 아닙니다. 우리는 그것들이 예술 작품의 형태로, 그리고 종교와 철학의 체계 내에서 창조해왔던 성과를 얼마든지 찾아낼 수 있습니다. 하지만 그런 요구들을 지식의 영역으로 받아들이는 것은 정당하지 못하고 매우 비합리적이라는 사실을 간과할 수는 없습니다. 왜냐하면 이것은 개인적인 형태이건 집단적인 형태이건 정신병으로 이르는 길을 드러내게 될 것이고, 현실을 질서 속에서 파악하고자 하는 노력으로부터 귀중한 많은 양의 에너지를 끌어와서, 가능한 정도까지 그 속에서 소망이나 욕구 들을 위한 만족을 발견하려고 할 것이기 때문입니다.

과학적 견지에 서 있는 사람은, 여기서 자신의 비판 능력을 발휘하고 반대 및 기각의 의견들을 내놓는 것을 두려워해서는 안 됩니다. 과학은 인간의 정신활동의 한 분야이고 종교와 철학은 또 다른 분야라는 것, 각각은 동등한 가치를 지니며, 과학은 다른 두 영역에 간섭할 권리가 없다는 것은 공언될 수 없습니다. 각각은 모두 진실이 될 만한 동등한 권리를 가지며, 모든 사람은 자신의 신념을 어디서 취하고, 또 어디에다 자신의 믿음을 세울 것인지를 자유롭게 선택할 권리가 있다는 등의 의견 말입니다. 이런 종류의 관점은 특히 훌륭하고 관대하며, 마음이 넓은 것이고, 편협한 편견들로부터 자유로운 것으로 간주되곤 합니다. 그러나 유감스럽게도 그것은 근거 없는 것이고, 아주 비과학적인 세계관의 모든 해로운 특색을 공유하며, 실제에 있어 그것과 똑같은 것이기도 합니다. 진실이란 관대할 수 없으며, 어떤 타협이나 한계도 허용하지 않고, 과학적 연구의 대상은 인간 활동의 모든 영역을 포괄하며, 어떤 다른 힘이 그 영역을 침범하려 한다면 가차 없이 비판적이어야 한다는 것은 단순한 사실입니다.

과학의 기본적 위치에 도전할 수 있는 세 가지 힘들 가운데, 오직 종교만이 심각한 적으로 간주될 수 있습니다. 예술은 거의 항상 무해하고 친절합니다. 그것은 환상 이외의 다른 것이 되기를 바라지 않습니다. 예술에 '신들렸다'고 일컬어지는 몇몇 사람들을 제외하면, 예술은 현실의 영역을 침략하려고 전혀 시도하지 않습니다. 철학은 과학과 반대되지 않으며, 과학처럼 행세하고 얼마간은 같은 방법들을 공유합니다. 하지만 철학은 모순점 없는 일관된 우주의 그림을 제시할 수 있는 환상을 고수함으로써 과학과 분리됩니다. 우리 지식의 모든 새로운 진보와 함께 붕괴될 수도 있는 것인데 말입니다. 철학은 우리의 논리적 기능의 인식론적인 가치를 과대평가함으로써, 그리고 직관 같은 다른 지식의 원천을 받아들임으로써 그 방법 속에서 길을 잃습니다. 그리고 시인의 조소적인 언급은 철학자를 묘사할 때 종종 정당하게 들어맞곤 합니다.

그는 취침 모자와 잠옷의 다 헤어진 누더기로
우주의 구조 사이의 간극을 이어 붙인다.[2]

하지만 철학은 인류의 대다수에게 직접적인 영향을 미치지 못합니다. 그것은 지식인의 최상위 계층 중에서도 소수에게만 관심이 되는 문제이며, 그 밖의 다른 사람들은 거의 이해하지 못합니다. 반면, 종교는 인간들의 강력한 감정을 토대로 작용하는 심대하게 강한 힘입니다. 여러분도 알다시피 그것은 한때 인간의 삶에서 지적인 부분과 관계되는 모든 것을 포괄했고, 과학 같은 것이 거의 존재하지도 않던 시절에 과학의 자리를 차지했으며, 견줄 바 없을 정도로 일관되고 자족적인 세계관을 형성하여, 기틀이 많이 흔들린 상태이기는 하지만 오늘날까지 존속하고 있습니다.

종교의 웅장한 성격에 대해 설명하기 위해서는, 종교가 인간을 위해 무엇을 해주겠다고 하는지 염두에 두어야 합니다. 종교는 인간에게 우주의 기원과 존재 원인에 대한 정보를 주며, 세상의 풍파 속에서도 피난처와 궁극적인 행복을 약속하며, 완전한 권위를 가지고 계율을 내려 사람의 생각과 행동을 지시합니다. 이렇듯 종교는 세 가지 기능을 성취합니다. 첫 번째 것을 통해서는, 인간의 지식에 대한 갈증을 충족시킵니다. 종교는 자체적인 수단을 사용하여 과학이 시도하는 것과 똑같은 것을 하며, 그 지점에서 과학과 경쟁 관계에 놓입니다. 종교가 사람들에게 막대한 영향력을 갖게 된 이유는 의심할 여지없이 두 번째 기능을 통해서입니다. 과

---

2 하이네, [〈귀향〉, 58. 프로이트는 이 구절을 매우 좋아했다. 그는 《꿈의 해석》의 6(I)장에서 꿈의 2차적 가공(secondary revision)과의 관계에서 이것을 넌지시 언급했고, 1908년 2월 25일에 융에게 보낸 편지에서 다시 한번 언급했다(존스, 1955, 488). 훨씬 이전인 1883년에도 그는 미래의 아내에게 보낸 편지에서 이 시를 완전한 길이로 인용하였다(존스, 1953, 214).]

학은 위험이나 인생의 영고성쇠로부터 인간이 느끼는 두려움을
진정시키는 면에서 종교의 적수가 되지 못합니다. 종교는 사람들
에게 행복한 결말을 약속하고 불행 속에서도 마음의 위안을 제공
합니다. 과학은 특정한 위험들을 어떻게 피하는지 가르쳐줄 수 있
고, 과학을 통해 성공적으로 격퇴할 수 있는 몇 가지 고통들이 있
는 것은 사실입니다. 과학이 인간의 강력한 조력자가 되고 있다는
것을 부인한다면 가장 부당한 일일 것입니다. 하지만 과학은 많은
상황에서 인간을 그저 고통 속에 내버려두고, 고통을 감수하라고
충고만 할 수 있을 뿐입니다. 계율을 내리고 금지와 제한을 언명
하는 그 세 번째 기능의 측면에서, 종교는 과학으로부터 가장 멀
어집니다. 과학은 사실을 조사하고 확립하는 데에만 만족하기 때
문입니다. 그것을 응용함으로써 처세술과 관련된 규칙과 조언이
도출되기도 하고, 몇몇 상황들에서는 그것이 종교에서 말하는 것
과 동일한 경우도 있지만, 그럴 때에도 그것이 도출된 이유는 다
릅니다.

　종교의 이 같은 세 가지 측면들 사이의 결합은 완전히 명료하
지는 않습니다. 우주의 기원에 대한 설명이 어떤 특정한 윤리적
계율을 가르치는 것과 어떤 관계가 있을까요? 보호와 행복의 약속
은 윤리적 요구조건들과 더 밀접히 연결되어 있습니다. 그런 것은
이런 명령들을 완수한 데 대한 보상입니다. 그에 순종한 사람들에
게만 이 같은 혜택이 돌아가며, 불복종한 사람들에게는 처벌이 기
다리고 있습니다. 덧붙여 말하자면, 이와 유사한 것은 과학의 경
우에도 존재합니다. 과학의 교훈을 무시하는 사람들은 위험한 상

황에 처하게 될 수 있습니다.

교훈, 위로, 요구사항들이 결합된 종교의 이 놀라운 조합은 발생학적인 분석을 통해서만 이해될 수 있습니다. 우선 그 같은 요소들의 결합 중 가장 놀라운 것인, 우주의 기원에 대해 종교가 주는 교훈으로부터 접근하는 게 좋겠습니다. 왜 우주기원론(cosmogony)은 항상 모든 종교적 체계에 기본적인 요소로 등장하는 것일까요? 그 교리에 따르면, 우주는 인간과 닮았지만 힘, 지혜, 열정의 강도 등 모든 측면에서 인간보다 훨씬 강력한 존재인, 이상적인 초인에 의해 창조되었다는 것입니다. 한편 동물들을 세상의 창조자로 보는 시각은 토테미즘의 영향을 가리키는 것으로서, 이에 대해서는 최소한 몇 가지 것들을 곧 말씀드릴 것입니다. 이 창조자가 항상 단일한 존재라는 것은 흥미로운 사실이며, 다수의 신이 존재한다고 믿어지는 상황에서도 그렇습니다. 창조자가 보통 남자라는 것도 흥미로운 사실입니다. 여성 신들에 대한 이야기가 전혀 부족하지 않은데도 말입니다. 그리고 몇몇 신화들에서는 사실, 남성 신이 여성 신을 없애면서 세계의 창조가 시작되기도 하며,[3] 여성 신은 그 후 괴물로 전락하고 맙니다. 여기서 가장 흥미로운 문제들의 세부적 내용들이 드러나지만, 우리는 서둘러야만 합니다. 우리가 나아갈 길을 인식하기는 쉬운데, 이 창조주-신은 공공연히 '아버지'라고 불리기 때문입니다. 정신분석학이 내린 결론은, 그가 정말로 아버지이며 최초에 아이 앞에 모

---

3 프로이트는 여성 신들에 대해 《모세와 유일신교》(1939a)의 세 번째 논문, 1부, D절에서 훨씬 더 자세하게 설명하고 있다.

든 웅장함과 함께 나타나는 그런 아버지라는 것입니다. 종교적인 사람은 우주의 창조를, 그 자신의 발생과 똑같은 방식으로 상상하는 셈입니다.

상황이 이렇다고 할 때, 마음을 위로하는 약속과 엄격한 윤리적 요구들이 어떻게 우주기원론과 결합되게 되었는지 설명하는 것은 쉽습니다. 아이가 스스로의 존재를 빚지고 있는 동일한 사람으로서 아버지(혹은 더 정확하게, 틀림없이 아버지와 어머니가 혼합된 부모의 심급)는, 또한 외적인 세계에서 기다리는 모든 위험들에 노출되었을 때 연약하고 무력한 상황에 있는 그를 보호하고 돌보아주었습니다. 아버지의 보호 아래에서 그는 안전하게 느꼈습니다. 한 인간이 성장하고 나면, 그 사람은 확실히 자기가 예전보다 훨씬 큰 힘을 소유하게 되었다는 걸 알지만, 인생의 두려움에 대한 통찰도 훨씬 커지기 때문에, 자기 자신이 아이 때와 마찬가지로 여전히 무력하고 무방비 상태에 있다고, 세계와 대면한 상태에서 여전히 아이와 같다고 생각하게 됩니다. 따라서 그는 현재에 있어서도, 자기가 어린 시절에 누렸던 보호받는 느낌 없이는 지낼 수 없습니다. 하지만 그는 또한 오래 전부터 자신의 아버지역시 매우 제한된 힘밖에 갖지 못한 존재라는 것을, 모든 뛰어남을 갖춘 존재가 아니라는 것을 알게 되었습니다. 따라서 그는 자기가 어린 시절에 그렇게 과대평가했던 기억 속 아버지의 이미지로 되돌아갑니다. 그리하여 그 이미지를 신적인 위치로 승격시키고 현 시점에 존재하고 실재하는 어떤 존재로 만듭니다. 이런 기억 속의 이미지의 효력과, 보호받고 싶다는 욕구의 지속성이 결합하여 신에 대한 믿음의 바탕이 됩니다.

종교적인 프로그램에서 세 번째 주요 항목인 윤리적 요구 역시, 어린 시절의 이런 상황들에 쉽게 들어맞습니다. 나는 칸트의 유명한 언명인, '이마 위에는 별이 반짝이는 하늘과 우리 가슴속의 도덕률'에서 이 두 가지가 하나의 연관성 속에서 언급되었다는 것을 여러분이 기억하시길 바랍니다[앞의 115페이지를 참고할 것].⁴ 한 인간 존재가 다른 사람을 사랑해야 하는지 죽여도 되는지에 대한 질문과 하늘의 천체가 무슨 관련이 있느냐는 관점에서, 이런 병치가 제아무리 낯설게 들릴지라도, 그럼에도 이 언명은 엄청난 심리학적 진실을 암시합니다. 아이에게 삶을 주었고 삶의 위험으로부터 지켜주었던 동일한 아버지(혹은 부모의 심급)는, 또한 그가 무엇을 해야 하고 어떤 것을 포기해야 하는지 가르치며, 그의 본능적 소망들에 어떤 제한을 가하고 적응해야 하는지 알려주고, 부모나 형제자매들과 어떤 관계를 맺어야 하는지 이해하도록 만듭니다. 그래야만 그는 가족 안에서, 그리고 나중에는 더 큰 집단들 내에서도 용인되고 사랑받을 수 있습니다. 아이는 사랑의 보상과 처벌을 통해 자신의 사회적 의무를 알도록 교육되며, 삶에서의 안전이 부모(그리고 나중엔 다른 사람들)가 그를 사랑하는 것

---

4 초판본에서는 현재의 문장이 다음과 같았다 — '철학자인 칸트는 그의 유명한 언명을 통해, 하늘에 별들의 존재와 우리 마음속에 도덕법칙의 존재는 신의 위대함을 증명하는 가장 강력한 증거라고 지적했다.' 이것은 《모음집(Gesammelte Schriften)》(프로이트, 1934)에서는 위에 번역된 형태로 변경되었다 — 동일한 문장의 더욱 앞선 인용은 의심할 여지없이 이전에는 간과되었다.

에, 또 자기가 부모를 사랑한다고 그들이 믿을 수 있는 것에 달려
있다는 것을 배우게 됩니다. 인간들은 이 모든 관계들을 바꾸지
않은 채 그대로 종교 속으로 투사합니다. 부모의 금지와 요구들은
그의 마음속에서 도덕적 양심으로 존속합니다. 보상과 처벌이라
는 똑같은 체계의 도움으로 신은 인간 세계를 다스립니다. 한 개
인에게 할당되는 보호와 행복 및 충족의 정도는 그가 이런 윤리적
요구들을 얼마나 완수하느냐에 달려 있습니다. 신에 대한 사랑과
신이 자기를 사랑한다는 자각은 그가 외부 세계 및 인간적 환경들
로부터 주어지는 위험에 대비할 수 있는 안도감의 바탕이 됩니다.
결국, 그는 기도를 통해 신적인 의지에 직접적으로 영향을 미칠
수 있고, 그와 함께 신적인 전능성의 한몫을 나누어 받을 수 있다
고 확신합니다.

　나는 여러분이 내 말을 들으면서 뭔가 대답을 청하고 싶은 많
은 질문들이 머릿속에 맴돌 거라고 확신합니다. 나는 지금 여기서
그 질문들에 응답할 수는 없지만, 그 상세한 질문들 중 어떤 것이
라도 종교적 세계관이 어린 시절의 상황에 의해 결정된다는 우리
의 명제를 뒤엎진 못하리라 확신합니다. 여기에서 또 주목할 만한
사실은 종교적 세계관의 유아적인 성격에도 불구하고 그것에는
선행자가 있었다는 것입니다. 종교도 없고 신도 없던 시절이 있었
다는 것은 의심할 나위 없습니다. 그 시절은 애니미즘(animism)
의 시대로 불립니다. 그때에도 역시, 세계에는 인간을 닮은 영적
인 존재들이 가득했는데, 우리는 그들을 정령(demons)이라고 부
릅니다. 외부 세계의 모든 대상은 그들이 깃들어 있는 곳이거나

혹은 바로 그들 자신이었습니다. 하지만 그런 정령들 모두를 창조했고 추후에는 그들을 다스리며, 사람이 보호와 도움을 구할 수 있는 그런 최고의 힘은 존재하지 않았습니다. 애니미즘의 정령들은 대부분 인간들에게 적대적이었지만, 인간들은 나중의 시기보다 그 당시에 자신감이 강했던 것으로 보입니다. 그들은 확실히 이런 악한 정령들 때문에 지속적으로 극심한 공포를 느꼈던 듯하지만, 정령들을 몰아낼 수 있는 힘이 있다고 믿는 어떤 행동들을 통해 스스로를 방어했습니다. 이런 수단이 아니더라도, 그들은 스스로를 완전히 무력하다고 생각하지는 않았습니다. 자연으로부터 어떤 것을 희구한다면, 예를 들어 비가 오기를 바란다고 하면, 그들은 날씨의 신에게 기도를 하는 것이 아니라, 자연에게 직접적으로 영향을 미치리라고 생각되는 마술적 행위의 의식을 벌였습니다. 즉 그들은 비를 묘사하는 어떤 행위를 직접 했습니다. 주변 환경의 힘에 대한 투쟁 수단으로서, 그들의 첫 번째 무기는 마술이었고, 이것은 오늘날 과학기술이 하는 역할을 대신했던 가장 이른 시기의 선행자였습니다. 우리가 가정하듯이, 이런 마술에 대한 의존은 그들 자신의 지적인 기능에 대한 과대평가로부터, 즉 '생각의 전능성(omnipotence of thoughts)'에 대한 신념으로부터 기인했는데, 덧붙여 말하면 우리는 이것을 강박신경증 환자들에게서도 발견할 수 있습니다.[5] 그 당시의 인간들은 새로이 얻어진 자신의 언어 습득을 자랑스럽게 생각했으며, 그에 따라 사고가 훨씬

---

5 이 모든 내용에 대해서는 《토템과 터부》(1912~1913)의 세 번째 에세이, 특히 3절을 참고할 것.

용이해지게 되었을 것입니다. 그들은 언어에 마술적 힘을 부여했습니다. 이런 특성은 후에 종교에 의해 접수되었습니다. "하느님이 가라사대 빛이 있으라 하시매 빛이 있었고"라는 구절에서 그것을 찾아볼 수 있습니다. 더욱이 그들이 마술적 행위를 했다는 사실은, 애니미즘을 믿던 사람들이 단순히 소망의 힘에만 의지하지 않았다는 것을 보여줍니다. 그보다는 자연을 유도하여 자신들의 행위를 모방하게끔 하려 했고 그를 통해 결과를 기대했습니다. 비가 오길 원할 때는 스스로 물을 뿌려댔습니다. 땅이 풍부한 결실을 내길 바란다면, 들판에서 성행위를 상징하는 극적인 동작들을 해보였습니다.

여러분은 어떤 것이 한번 심리적 표현을 얻으면 그게 무엇이든 쉽게 사라지지 않는다는 것을 알 것입니다. 따라서 애니미즘의 많은 형태들이 오늘날까지도 존속해왔다는 것, 대부분 미신의 형태를 띠고서 종교와 함께 혹은 종교의 그늘에서 잔존해왔다는 것을 들어도 별로 놀라지 않을 것입니다. 하지만 이보다 더 나아가, 여러분은 오늘날의 철학이 사고의 애니미즘적인 방식의 몇 가지 본질적인 특징들을 보유한다는 판단을 거의 반박할 수 없을 것입니다. 이것은 즉 마술적 단어들의 과대평가와 세상에서 일어나는 실제 사건이 우리의 생각이 바라는 쪽으로 이루어지게 된다는 신념입니다. 그것은 물론 마술적 행위가 없는 애니미즘일 것입니다. 한편으로, 이미 그 당시에도 어떤 종류의 윤리가 있었으며, 인간들의 상호관계에 대한 계율이 있었다고 가정할 수 있습니다. 하지만 그것들이 애니미즘적인 신념과 어떤 밀접한 관계가 있었는지는 전혀 밝혀진 바 없습니다. 어쩌면 그런 윤리적 요소들은 인간들의 상대적 힘과 실제적 욕구의 직접적인 표현이었는지도 모릅니다.

어떤 연유로 해서 애니미즘에서 종교로의 이행이 일어났는지 아는 것은 매우 가치 있는 일이겠지만, 이 같은 원시시대의 인간 정신의 발달은 오늘날까지도 매우 모호한 상태로 남아 있습니다. 종교가 처음으로 취한 형태는 토테미즘의 주목할 만한 현상인 동물숭배였는데, 그에 이어서 최초의 윤리적 계명인 금기(taboo)가 모습을 드러냈습니다. 나는 《토템과 터부》라는 책에서, 이런 변화는 가족 관계에서의 격변에 그 원인이 있을 거라는 가설을 세워본 적이 있습니다. 애니미즘과 비교했을 때 종교의 주된 업적은, 정령들에 대한 공포의 심리적 속박에 있습니다. 그러나 원시시대의 자취로서 '악령(Evil Spirit)'은 종교 체계 내에서도 한 자리를 차지하게 되었습니다.

이것이 종교적 세계관의 전사(前史)라고 할 때, 그 후로 어떤 일이 일어났는지, 지금도 우리 눈 앞에서 어떤 일이 진행되고 있는지 살펴봅시다. 과학적 정신은 자연 과정의 관찰에 힘입어서, 점차 종교를 인간적 문제로 생각하고 비판적인 검토의 눈으로 바라보게 되었습니다. 종교는 이것에 적절히 대응할 수 없었습니다. 처음에 의혹과 회의를 낳은 것은 기적 이야기들이었는데, 그것은 냉철한 관찰이 우리에게 가르치는 모든 것에 모순되며, 인간 상상력의 영향을 명백히 폭로하고 있기 때문입니다. 그 다음엔 우주의 기원을 설명하는 교리들이 반발에 부딪치게 되었는데, 고대의 흔적과 함께 무지의 증거를 보여주고 있었기 때문이고, 오늘날의 사람들은 자연법칙에 대해 훨씬 많이 알게 된 결과 스스로가 더 우월하다는 것을 알게 되었기 때문입니다. 우주가 성교 행위를 통해 존재하게 되었다거나 각 개인의 기원과 유사한 형태로 창조가 이루어졌다는 생각은 더 이상 명백하고 자명한 가설이 될 수 없는데, 마음을 가진 살아 있는 존재와 무기물로 구성된 자연 사이의 구분이 인간의 마음에 영향을 주었기 때문입니다. 따라서 원초적인 애니미즘에 대한 신념을 보유하기란 이제 불가능해졌습니다. 또한 다양한 종교 체계들에 대한 비교연구의 영향과 종교들의 상호배타적이고 비관용적인 성격에 대해 우리가 얻게 된 인상도 간과해서는 안 됩니다.

이런 예행 연습을 통해, 과학적 정신은 결국 종교적 세계관의 가장 중요하고 감정적으로 가치 있는 요소들을 검토하려는 용기를 얻을 수 있었습니다. 감히 드러내놓고 말할 수 있기 훨씬 이전부터도, 사람들은 어떤 특정한 윤리적 요건들만 수행하면 인간에게 보호와 행복을 약속한다는 종교의 공언이 믿을 만하지 못하다는 것을 항상 알고 있었는지도 모릅니다. 각 개인의 복리를 부모님 같은 사랑으로 지켜봐주고 그들의 모든 과업을 행복한 결말로 이끌어주는 강력한 힘이 있다는 건 그럴 듯하지 않은 것처럼 보입니다. 그와는 반대로, 인류의 운명은 '보편적 자애(Universal Benevolence)'나 부분적으로만 모순적인 '보편적 정의(Universal Justice)'의 가설, 양자 어느 것에 의해서도 조화로운 상태에 다다를 수 없습니다. 지진, 해일, 큰 화재는 덕망 있거나 신심이 깊은 사람이건, 악당이나 불신자이건 간에 전혀 구분을 하지 않습니다. 문제가 되는 것이 무기적인 자연이 아닌 경우에도, 개인의 운명이 다른 사람들과의 관계에 의존하는 경우에도, 선한 사람이 보상받고 악한 자는 벌을 받는 것은 결코 일관된 법칙이 될 수 없습니다. 폭력적이고, 교활하거나 무자비한 사람이 세상의 값진 재화를 손에 쥐고 신앙심 깊은 사람은 빈 손으로 사라지는 경우가 비일비재합니다. 모호하고, 냉정하며, 감정이 없는 힘들이 인간의 운명을 결정합니다. 종교에서 우주를 지배하는 법칙이라고 언명하는 보상과 처벌의 체계는 존재하지 않는 듯합니다. 종교는 애니미즘으로부터 얼마간의 자취를 스스로의 내부에 보존했지만, 여기서 다시 한번 그것마저 포기해야 할 이유가 도출됩니다.

종교적 세계관의 비판에 마지막 획을 그은 것은 정신분석학이었습니다. 정신분석학은 종교의 원천을 어린아이의 무력감으로부터 찾아냈고, 그 내용은 성숙한 시절에 이르도록 살아남은 어린 시절의 소망과 욕구에서 연유한다는 것을 밝혀낸 것입니다. 이것은 정확히 종교에 모순점을 제시한 것은 아니었지만, 그럼에도 우리의 지식에서 기인한 필수적인 마무리였으며, 이떤 측면에시는 적어도 모순되는 문제를 제기합니다. 종교 스스로는 신적인 기원에서 유래된 것임을 주장하기 때문입니다. 물론 신에 대한 우리의 해석이 받아들여진다면 그것은 전혀 틀렸다고는 할 수 없을 것입니다.

따라서 요약하면, 종교적 세계관에 대한 과학적인 판단은 이렇

습니다. 서로 다른 종교들은 어느 쪽이 진리를 소유하는지에 대해
논쟁을 벌이고 있지만, 우리의 견해로는 종교적 신념들의 진실성
문제는 대체로 무시해도 좋다는 것입니다. 종교는 우리가 위치하
게 된 감각적 세계를 생물학적·심리적 욕구들의 결과로 우리 안
에 발달하게 된 소망의 세계를 통해 정복하고자 하는 시도라는 것
입니다. 하지만 종교는 이것을 달성할 수 없습니다. 그 교리들은
그것이 발생한 시절과 인류의 유아기에 해당하는 시절에 대한 무
지의 흔적을 담고 있습니다. 종교의 위안은 신뢰받을 만한 것이
아닙니다. 우리는 경험을 통해 세상이 어린아이의 놀이방이 아니
라는 것을 알게 됩니다. 종교가 강조점을 두고자 하는 윤리적 요
구들은 그보다는 다른 기반이 주어질 필요가 있습니다. 왜냐하면
그것은 인간 사회에 필수불가결한 것이고, 그것을 준수하는 것을
종교적 믿음과 연결시키는 것은 위험스럽기 때문입니다. 우리가
인류의 발전 과정에서 종교의 자리를 할당하고자 한다면, 그것은
영구적인 획득으로서가 아니라, 개개의 문명화된 인간들이 어린
시절로부터 성숙에 이르는 동안의 과정을 통해 거쳐야만 하는 신
경증에 대한 대응물로서입니다.[6]

여러분은 물론 이 같은 나의 설명을 자유롭게 비판할 수 있습
니다. 나는 여러분의 반론을 외면하기보다 적극적으로 고려할 것

---

6 사회가 개인적인 것과 비슷한 신경증들로 인해 고통받고 있다는 가능성을 프로
이트는 《환상의 미래》(1927c) 8장 및 《문명 속의 불만》(1930a)의 거의 끝부분
에서 언급했다. 그는 이것을 훨씬 긴 길이로 《모세와 유일신교》(1939a)의 에세
이 3편, 1부, C절에서 논했다. 종교적 행위들과 강박적 행동들 간의 비유는 훨
씬 이전에도 지적된 바 있다(프로이트, 1907b).

입니다. 내가 여기서 종교적 세계관의 점진적인 붕괴에 관해 말씀
드린 것은 확실히 매우 축약된 형태로의 불완전한 것이었습니다.
다양한 과정들이 어떤 순서에 입각해서 등장하는지도 명확히 설
명드리지 않았으며, 과학적 정신의 태동기에 여러 힘들이 어떻게
협조적으로 작용했는지도 끝까지 규명하지 않았습니다. 논란의
여지가 없는 그 동요의 시기에 그리고 추후에, 수많은 비판들이
이루어지면서 종교적 세계관 자체에 일어난 변화들도 역시 고려
에 넣지 않았습니다. 결국 나는 엄격히 말해서, 종교가 획득한 하
나의 단일한 형태, 즉 서양인들의 종교에만 설명을 한정시켰습니
다. 말하자면 나는 가장 깊은 인상을 줄 거라고 생각되는 신속한
설명을 할 목적으로 하나의 해부학적인 설명 모델을 구성해본 것
입니다. 내 지식이 그것을 더욱 잘, 또 더욱 완벽하게 제시할 수
있을 정도로 충분한 것이었는지에 대한 문제는 일단 제쳐둡시다.
여러분은 내가 말한 어떤 것보다 훨씬 훌륭한 설명들을 다른 곳에
서 발견할 수 있을 것입니다. 새로운 것은 없습니다. 그러나 내가
확신하는 것은, 종교의 문제들을 재료로 한 가장 신중한 연구라
할지라도 우리의 결론을 흔들어놓지는 못하리라는 것입니다.

종교적 세계관에 대한 과학적 정신의 투쟁은, 여러분도 알다시
피, 아직 끝나지 않았으며 오늘날까지도 우리 눈 앞에서 진행되고
있습니다. 정신분석학은 원칙적으로 논쟁이라는 무기를 거의 사
용하지 않지만, 이런 싸움에서 무언가를 통찰할 기회마저 단념할
필요는 없을 것입니다. 그리고 아마도 그렇게 함으로써 우리는 세
계관들에 대한 우리의 입장과 관련하여 더욱 깊은 이해에 도달할

수도 있습니다. 여러분은 종교의 추종자들이 제시하는 몇몇 주장들이 얼마나 쉽게 반박될 수 있는지 보게 될 것입니다. 몇 가지 다른 것들은 논박을 피할 수 있다 할지라도 말입니다.

우리가 마주치는 첫 번째 반론은, 과학의 입장에서 종교를 연구 대상으로 삼는 것은 주제넘은 일인데, 종교는 숭고한 것이고 인간 지성의 어떤 기능보다도 우월하며, 사소한 문제를 따지는 비판에 의해서는 접근될 수 없다는 주장입니다. 바꿔 말하면, 과학은 종교를 판단할 자격이 없다는 것입니다. 과학이 자신의 본분을 지키는 한에서는 매우 유용하고 존중할 만한 것으로 봐줄 수 있지만, 종교는 과학의 영역이 아니며 과학이 참견할 아무런 이유도 없다는 것입니다. 우리가 이런 퉁명스러운 퇴짜에 기를 꺾이지 않고 모든 인간적 관심사 중에서 왜 종교만이 이런 예외적인 위치를 주장하는 것인지 그 기반을 좀더 묻는다면, 우리가 듣게 될 대답은 (누군가 우리에게 대답할 가치가 있다고 생각한다면) 다음과 같습니다. 종교는 인간적인 척도로는 잴 수 없는 것인데, 그것은 신적인 기원을 갖으며, 인간의 정신으로는 이해할 수 없는 성령에 의해 우리에게 계시되기 때문이라는 것입니다. 이 주장에 대한 논박보다 더 쉬운 건 없을 것입니다—이것은 순환논증의 오류(petition principii), '물음에 구걸함(begging the question)'[7]이라고 표현되는 오류의 명백한 사례입니다. 나는 이와 동등하게 훌륭히 표현될 만한 어떤 독일어 표현도 알지 못합니다. 실제 제기되는 질문은 신적인 성령이 존재하는지, 그리고 그에 의한 계시가

---

7 원본에도 영어로 표기되어 있음.

존재하는지가 될 것입니다. 이 문제는 질문이 불가능하다는 말에 의해 모든 게 해결될 수 없는데, 신은 문제 안에 놓여질 수 없기 때문입니다. 이런 상황은 정신분석 작업 중에서도 가끔씩 발견됩니다. 평소에는 매우 이성적인 환자에게 어떤 제안을 했을 때 다른 때와는 달리 특별히 어리석은 이유를 대며 거절할 경우, 이런 논리적 취약성은 그 사람 내부에 거부를 할 만한 강력한 동기가 존재한다는 증거가 됩니다. 즉 반드시 감정적 성격을 띤, 심정적 집착과 결부된 어떤 동기가 있습니다.

이런 종류의 동기가 솔직하게 인정되는 또 다른 종류의 대답이 나올 수도 있습니다 — 종교는 인간 정신이 산출할 수 있는 가장 높고 가장 존귀하고 가장 소중한 것이기 때문에 비판적으로 검토되어서는 안 된다는 것인데, 종교는 인간의 가장 깊은 감정들이 표현을 얻을 수 있도록 해주고, 그것 자체만으로 삶을 훨씬 견딜 만하게 만들며, 인간의 일생을 훨씬 가치 있게 만들어주기 때문이라는 것입니다. 우리는 종교에 대한 이런 판단을 굳이 논박하려 할 필요가 없으며, 그보다는 또 다른 문제에 초점을 맞추어야 합니다. 문제가 되는 것은 절대로 종교의 영역에 대한 과학적 정신의 침범이 아니며, 반대로 종교가 과학적 사고의 영역을 침범하는 거라는 사실입니다. 종교의 가치와 중요성이 어떤 것이든 간에, 사고를 제한하는 면에서 어떤 식으로든 권리를 가질 수 없습니다. 따라서 종교 자체에 사고가 적용되는 것으로부터 면제될 어떤 권리도 갖지 못합니다.

과학적 사고방식은 그 본성상 사고의 일반적인 활동과 다르지 않으며, 우리 모두는 신자이건 불신자이건 일상적인 삶에서 우리가 마주치는 여러 가지 일들과 관련해 그것을 사용합니다. 이런 사고방식은 몇 가지 점에서만 특별히 다른 형태를 띠는데, 예를 들어 그것은 즉각적이고 실제적인 효용을 갖지 못하는 경우에도 사물이나 현상에 관심을 가지며, 또한 개인적인 요소들 및 감정적인 영향력을 피하려고 신중히 노력합니다. 또한 과학적 사고방식은 그 결론의 기반이 되는 감각을 통한 인식의 신뢰성을 더 엄격히 검사하며, 일상적인 수단들에 의해서는 획득될 수 없는 새로운 인식 내용을 밝혀내어, 이런 새로운 경험들의 결정인자를 사려 깊게 다양화시킨 실험을 통해 분리해냅니다. 그것이 추구하는 목적은 현실과의 일치에 도달하는 것입니다. 즉 우리 외부에서 우리와는 독립적으로 존재하며, 경험을 통해 알 수 있듯이 우리 소망의 실현 혹은 좌절에 결정적으로 작용하는 어떤 것과의 일치 말입니다. 현실적인 외부 세상과의 일치를 우리는 '진리(truth)'라고 부릅니다. 그것은 우리가 그 실제적인 가치를 고려에 넣지 않더라도, 과학적 연구의 목적으로 남습니다. 따라서 종교가 스스로의 성격이 유익하고 북돋우는 것이기 때문에 과학을 대신할 수 있다고 주장할 때, 사실 그것은 가장 일반적인 관점에서 볼 때 격퇴해야 하는 침해인 것이 분명합니다. 일상적인 상황을 경험의 법칙과 현실을 고려하며 처리하는 법을 배운 사람에게, 종교는 정확히 그의 가장 내밀한 관심들을 돌보는 면에서, 합리적 사고의 가르침으로부터 면제될 것을 요구하는 다른 권위에게 의존할 것을 제안하고 있으며, 이것은 사실 너무나 무리한 요구임에 틀림없습니다.

그리고 종교가 그 신자들에게 약속하는 보호에 관해서는, 만일 어떤 운전자가 교통 규칙 같은 것은 염두에 두지 않고 치솟는 상상력의 충동에 따라 차를 몰겠다고 선언할 경우, 나는 그 자동차에 탈 준비가 되어 있는 사람은 아무도 없다고 생각합니다.

종교가 그 자신을 유지하기 위해 발령한 사고의 금지는, 개인에 대해서나 인간 사회에 대해서나 결코 위험성이 없는 것이 아닙니다. 우리는 분석적 경험을 통해, 이 같은 금지는 그것이 본래적으로 특정한 분야에 한정된 것일지라도, 점차 확대되는 경향이 있으며 그 사람의 삶의 태도에서 심각한 억압의 원인으로 작용하기 쉽다는 것을 알게 되었습니다. 이런 결과는 또한 여성들에게서도 관찰될 수 있는데, 그들은 자신의 성욕을 단지 생각하는 것조차도 금기시되어 있기 때문입니다.[8] 과거의 거의 모든 저명한 개인들의 일대기에서도 종교적 억압이 사고에 미쳤던 손상이 있었음을 볼 수 있습니다. 반면에 지성, 혹은 우리에게 좀더 친숙한 이름으로 지칭한다면 '이성'은, 서로 단결하기가 매우 어려우며, 따라서 다스리기가 쉽지 않은 사람들에게 한결 같은 영향을 행사할 거라고 기대할 수 있는 힘들 중의 하나입니다. 모든 사람들이 단지 그 자신의 구구단 표를 가지고 있고 길이 및 중량의 개인적인 단위들을 가지고 있다면, 인간 사회는 존재할 수 없으리라는 것은 충분히 상상할 수 있습니다. 미래에 대한 우리의 최선의 희망은 지성 — 과학적 정신, 이성 — 이 시간이 흐르면서 인간의 정신생활에 독점권을 확립하는 것입니다. 이성의 성격은 인간의 감정적 충동들,

---

8 이것은 《환상의 미래》(1927c) 9장에서도 고찰되었다.

또 그에 의해 결정된 것들에 합당한 위치를 부여하는 데 결코 실패하지 않으리라는 것을 보장합니다. 그러나 이성의 그런 지배에 의해 행사되는 통상적인 강제는 인간들 사이를 결속시키는 가장 강력한 힘으로 입증될 것이며, 그 이상의 통합의 길로 이끌 것입니다. 사고에 대한 종교의 금지를 비롯해서 그런 발전에 반대되는 어떤 것이든, 그것은 인류의 미래에 대한 위협입니다.

그렇다면 종교가 왜 다음과 같이 솔직한 선언을 하며 매우 절망적인 입장에 있는 논쟁에 끝을 내지 않는지 의문을 품을 수 있을 것입니다―"내가 일반적으로 '진리(truth)'라고 불리는 것을 줄 수 없는 것은 사실이다. 여러분이 그걸 원한다면 과학을 고수해야 할 것이다. 하지만 내가 여러분께 제공하는 것은 과학이 줄 수 있는 것보다 비교도 할 수 없이 더 아름답고, 위안을 주고, 정신을 고양시키는 것이다. 그리고 그 때문에, 나는 그것이 또 다른, 더 높은 의미에서의 진리라고 말하겠다." 이에 대한 대답을 발견하기란 쉽습니다. 종교는 이런 것을 인정할 수 없는데, 종교가 인류에 대해 갖는 모든 영향력을 상실하는 것과 관련되기 때문입니다. 보통 사람들은 단어의 일반적인 의미에서 오직 한 종류의 진리만을 알고 있을 뿐입니다. 그와는 다른 더 고차적이거나 최상의 진리가 있다는 것은 쉽게 상상할 수 없습니다. 그에게 진리란 마치 죽음과 마찬가지로, 정도나 수준으로 비교될 수 있는 성질의 것이 아닙니다. 그리고 그는 '미'로부터 '진'으로 이르는 이러한 도약에 참여할 수 없습니다. 여러분도 아마 나와 마찬가지로 그가 이런 측면에서 옳다고 생각할 것입니다.

따라서 투쟁은 결코 끝난 것이 아닙니다. 종교적 세계관의 추종자들은 '최선의 방어는 공격이다'라는 낡은 격언에 근거해서 행동합니다. 그들은 말하길, '우리 종교를 감히 폄하하려는 이 과학이란 도대체 무엇인가? 우리 종교는 수천 년 동안 수백만의 사람들에게 구원과 위안을 가져다 주었다. 과학은 지금까지 뭘 이루었는가? 우리는 그로부터 장차 무엇을 기대할 수 있는가? 스스로도 인정하듯이, 과학은 위안이나 고양 같은 것을 가져올 수 없다. 간단히 체념할 일은 아니더라도 이 문제는 일단 제쳐두기로 하자. 하지만 그 이론은 어떠한가? 그것은 우리에게 우주가 어떻게 존재하게 되었고 그 앞에 어떤 운명이 놓여 있는지 알려줄 수 있는가? 그것은 우주에 대한 어떤 일관된 그림을 그려 보여줄 수 있는가? 설명되지 않은 삶의 현상들에 대한 답을 어디에서 찾아야 하는지, 마음의 힘이 어떻게 비활성의 물질에 작용할 수 있는지 보여줄 수 있는가? 만일 이것을 할 수 있다면 우리도 과학에 존경을 돌리길 거부하지 않을 것이다. 하지만 이것들 중 어떤 것도, 이런 종류의 어떤 문제도 과학에 의해 지금까지 풀린 것이 없다. 과학은 오직 추정되는 발견의 조각들만을 줄 뿐이며, 그것들 서로서로를 연결시켜 조회를 이루게 할 수 없다. 과학은 사건들의 과정에서 균일한 관찰 사례들을 모으며, 법칙이라는 이름으로 그것의 품격을 높이고, 자체적인 위험스러운 해석에 종속시킨다. 그리고 과학이 그 발견들에 덧붙이는 적은 정도의 확실성을 생각해보라! 그것이 가르치는 모든 것은 오직 잠정적인 진리다. 오늘 최고의 지혜로 칭송받던 것도 내일이면 부정될 수 있으며 다른 것으로 대체될 수 있다. 그것도 역시 가설이긴 하지만 말이다. 가장 최근의 실수가 진리인 것으로 묘사된다. 그리고 이런 진리를 위해 우리가 가진 최고의 선을 희생시키라고 한다!'

신사숙녀 여러분, 과학적 세계관은 이런 식으로 공격을 받을 수 있지만, 여러분 자신이 과학적 세계관의 옹호자인 한에서 이런 비판에 근본적으로 흔들리지는 않을 거라고 생각합니다. 나는 여기서 오스트리아 황국에 한때 소문이 돌았던 한 일화를 상기시켜 드리고자 합니다. 연로하신 신사분[9]은 한때 그에게 골칫거리였던 원내 정당의 위원회에서 큰소리를 쳤습니다 ─ '이것은 더 이상 일반적인 반대가 아니오! 이건 당파적 반대요!' 이와 유사하게, 과학이 아직 우주의 수수께끼들을 풀지 못했다고 비난하는 것은 공정치 못하고 악의로 가득 찬 과장된 비난이라는 느낌을 여러분도 받을 것입니다. 과학은 진실로 이런 엄청난 문제들을 풀기에 아직 충분한 시간을 갖지 못했습니다. 과학은 매우 젊습니다. 또한 인간 활동 중에서 매우 나중에야 발달할 수 있었던 분야입니다. 몇몇 연도들을 꼽아본다면, 케플러가 행성 운동의 법칙을 발견한 지 겨우 3백 년밖에 지나지 않았고, 빛이 스펙트럼의 색깔들로 분리될 수 있다는 것과 중력의 법칙을 규명했던 뉴턴은 1727년에 삶을 마감했으며(즉 2백여 년밖에 되지 않았고), 라부아지에가 산소를 발견한 것은 프랑스 혁명이 일어나기 바로 직전이었습니다. 인류 진화의 길이에 비하면 한 인간의 생은 너무나도 짧습니다. 오늘

---

9 오스트리아의 황제인 프란츠 요제프는 대중적으로 이렇게 불리곤 했다.
10 프로이트는 이 글을 쓰고 있을 당시 76세였다.

보시기에 나는 매우 늙은 사람일지 모르지만,[10] 그럼에도 다윈이
종의 기원에 관한 책을 출간했을 때 나는 벌써 세상에 태어난 후
였습니다. 또한 같은 해인 1859년, 라듐의 발견자인 피에르 퀴리
가 태어났습니다. 그러나 여러분이 그리스인들 사이에 발달했던
정밀과학에 이르기까지, 아르키메데스나 코페르니쿠스의 전조가
되었던 사모스의 아리스타쿠스에 이르기까지 거슬러올라가고자
한다면, 혹은 바빌로니아인들 사이에 천문학이 최초로 시작되었
던 시절까지 거슬러올라간다면, 그렇다 할지라도 여러분은 인류
학자들이 원숭이 같은 고대의 인류로부터 오늘날의 인간으로 진
화하는 데 걸렸다고 추정하는 10만 년 이상의 기간 가운데 오직
적은 부분만을 셈에 넣으실 수 있을 것입니다. 또한 지난 세기에
는 엄청난 양의 새로운 발견이 이루어졌고, 과학적 진보의 속도가
매우 눈부시다는 점을 잊지 맙시다. 그러므로 우리는 과학의 미래
를 신뢰감을 갖고 바라볼 수 있는 것입니다.

우리는 다른 비판들의 정확성을 어느 정도까지는 인정해야 합
니다. 사실 과학의 길은 느리고 조심스럽고 수고롭습니다. 이것은
어떻게 부정하거나 변경할 수 없습니다. 다른 쪽 진영에 있는 신
사분들이 만족하지 못하는 것도 놀라운 일은 아닙니다. 신으로부
터의 계시는 더 쉽고 명료하므로, 그런 것에 길들여진 것입니다.
과학적 연구에서의 진보는 분석에서의 상황과 마찬가지입니다.
우리는 어떤 예측을 품고 연구에 착수하지만, 그것은 곧 강제적으
로 철회되어야 하곤 합니다. 관찰을 통해 우리는 한 지점에서 그
리고 다음 지점에서 새로운 것과 마주칩니다. 하지만 처음엔 조각

들이 서로 잘 들어맞지 않습니다. 우리는 추측들을 제안하며, 가설을 세우고, 그것이 확증되지 못할 경우 철회합니다. 우리는 어떤 결말을 위해서든 훨씬 많은 참을성과 준비를 갖춰야 하며, 예측하지 못한 사실들을 간과하지 않도록 하기 위해 처음의 확신을 포기합니다. 그리고 결국 우리가 들인 모든 노력은 보상을 받으며, 흩어졌던 발견들은 서로서로 들어맞게 되고, 정신적 사건들의 전체적 부문에 대해 통찰을 얻으며, 목표로 했던 과업을 완수하고 이제 새로운 마음으로 다음 과제로 향할 수 있습니다. 하지만 우리의 정신분석에서는 실험에 의해 주어지는 도움 없이 해나가야만 합니다.

더욱이, 과학에 대한 이런 비판에는 많은 과장이 포함되어 있습니다. 과학이 한 가지 실험에서 다른 것으로 맹목적으로 비틀거리고 있다는 것, 하나의 오류를 다른 오류로 대체한다는 것은 사실이 아닙니다. 과학은 보통 조각가가 점토를 가지고 형상을 빚듯이 그런 식으로 작업을 합니다. 지칠 줄 모르며 밑그림을 바꾸고, 무언가를 보태거나 없애고, 그래서 결국 그 형상이 눈앞의 대상 혹은 상상하는 대상과 만족스러울 정도로 닮았다고 생각할 때까지 그렇게 합니다. 그 밖에도 최소한 더 오래되고 성숙한 과학에는, 현재 시점에서도 오직 수정되거나 향상될 수만 있지 더 이상 붕괴될 수는 없는 확고한 지반이 있습니다. 과학의 세계에서 전망은 그리 나쁜 것이 아닙니다.

그리고 결국, 과학을 이렇게 열심히 폄하하려는 목적이 무엇이겠습니까? 과학은 현재의 불완전성과 그에 수반되는 어려움에도 불구하고, 우리에게 필수불가결한 것으로 남아 있으며 아무것도 그 자리를 대신할 수 없습니다. 과학은 예기치 못한 쪽으로 진보를 이룰 수 있는 반면, 종교적 세계관은 그렇지 못합니다. 종교는 본질적인 모든 측면에서 완결된 것입니다. 만약 그것이 착오라면, 영원히 그렇게 남을 수밖에 없습니다. 과학에 대한 어떤 과소평가도, 과학이 현실적 외부 세계에 대한 우리의 의존성을 충실하게 규명하려고 노력한다는 사실을 변경할 수는 없습니다. 반면에 종교는 하나의 환상이며 그 힘은 그것이 우리의 본능적 욕구와 맞아떨어진다는 사실로부터 나오는 것입니다.[11]

나는 과학적인 세계관과 반대적인 입장에 있는 몇 개의 다른 세계관을 계속해서 언급해야 할 것입니다. 하지만 별로 내키지 않는 일인데, 내가 그것들을 판단하기에 적절한 자격이 있다고 생각하지 않기 때문입니다. 따라서 여러분은 다음의 언급들을 들을 때 이 단서를 염두에 두어야 하며, 그런 분야에 관심이 생긴다면 아마도 다른 곳에서 더 나은 가르침을 구해야 합니다.

그리고 여기서 나는 대부분 세계로부터 멀리 떨어져 있는 사유자의 마음에 비친 모습으로 우주의 그림을 그리려 시도했던 다양한 철학 체계들을 처음으로 언급해야 할 것 같습니다. 하지만 나는 철학의 특성들에 대한 일반적인 설명을 이미 시도했고[앞의 267~268페이지], 그 다양한 체계들의 평가를 시도해본 사람이

---

11 종교에 대한 프로이트의 가장 정교한 비평은 《환상의 미래》(1927c)에서 이루어졌다.

거의 없듯이 나도 역시 자격이 안 될 것입니다. 따라서 나는 특히 우리 시대에 간과하고 넘어가기가 불가능한 두 개의 다른 현상들로 향할 것이고, 여러분도 여기에 동참해주실 것을 권고하는 바입니다.

이런 세계관들 중 첫 번째 것은 말하자면 정치적 무정부주의의 대응물이며, 아마도 거기서 파생된 것입니다. 확실히 과거에도 이런 종류의 지적인 허무주의자들이 존재했지만, 요 근래에는 현대 물리학의 상대성이론 때문에 더욱 기고만장해진 듯합니다. 그들은 확실히 과학으로부터 출발했지만, 과학이 자기-폐기에 이르도록, 자살에 이르도록 강제하려는 듯합니다. 그들은 자신의 주장을 반박함에 의해 그 자신을 제거하려는 것을 과업으로 삼습니다. 우리는 종종 이와 관련해 그들의 허무주의는 그 목표가 달성될 때까지만 취해지는 오직 일시적인 태도라는 인상을 받곤 합니다. 과학이 만약 제거될 수 있다면, 그로 인해 빈 공간은 어떤 종류의 신비주의, 혹은 아마도 과거의 종교적 세계관이 차지하게 될 것입니다. 무정부주의의 이론에 따르면, 진리 같은 것은 존재하지 않으며 외부 세상에 대한 확실한 지식도 존재하지 않습니다. 우리가 과학적 진리라고 칭하는 것들은 그저 변화하는 외적 조건들에 따라 나타나는 우리 욕구의 산물이며, 따라서 결국 환상에 불과하다는 것입니다. 우리는 근본적으로 오직 우리가 필요한 것만을 발견하며 우리가 보기를 원하는 것만 볼 뿐이고, 그 밖의 다른 가능성은 존재하지 않는다고 주장합니다. 진리의 기준 ― 외부 세계와의 일치 ─ 같은 것은 없기 때문에, 우리가 어떤 의견을 채택할 것이 냐는 아무 상관이 없다고 합니다. 그것들은 모두 똑같이 참이고 똑같이 거짓이며, 아무도 다른 사람에 대해 그르다고 말할 권리를 갖지 못한다는 것입니다.

인식론적인 사색을 즐기는 사람들은 무정부주의자들이 어떤 방법으로, 어떤 궤변을 통해 과학으로부터 그런 결론들을 이끌어내는 데 성공했는지 검토해보고 싶은 유혹이 생길 것입니다. 그러면 틀림없이 '모든 크레타인들은 거짓말쟁이다'라는 친숙한 크레타의 패러독스[12]와 비슷한 상황들에 부딪치게 될 것입니다. 하지만 나는 이 문제에 더 이상 깊이 들어가고 싶지 않고 그럴 만한 역량도 없습니다. 내가 오직 말할 수 있는 것은, 무정부주의 이론은 추상적인 것에 대한 견해와 관련되는 한에서만 아주 뛰어난 것처럼 들린다는 점입니다. 그것은 실제적인 삶에 한 걸음 내딛는 순간 붕괴합니다. 그런데 사람들의 행동은 그들의 견해나 지식에 의해 좌우됩니다. 그리고 원자의 구조나 인간의 기원에 대해 고찰하는 것은, 다리가 하중을 견딜 수 있도록 설계하는 것과 동일한 과학적 정신입니다. 우리가 믿는 것이 정말로 상관없는 문제라면, 우리의 의견들 중에서 현실과의 일치로 인해 구별되는 지식 같은 것이 존재하지 않는다면, 우리는 다리를 돌로 만드는 것만큼이나

---

12 ('에피메니데스의 역설'이라고 알려진) 이 패러독스의 가장 단순한 형태는 '나는 거짓말쟁이다'라고 말하는 사람의 예에서 찾아볼 수 있다. 그가 거짓말을 하고 있다면 그는 진실을 말하는 것이고, 그가 진실을 말하는 것이라면 그는 거짓말을 하고 있는 셈이다.

마분지로도 만들 수 있으며, 환자에게 0.01그램의 모르핀을 주사하는 대신 10그램을 주입해도 되며, 에테르 대신에 최루가스를 마취제로 사용해도 될 것입니다. 하지만 지적인 무정부주의자라 할지라도 자신들의 이론을 그런 실제적인 용도에 사용하는 것은 강하게 거부할 것입니다.

또 다른 반대는 훨씬 더 심각하게 받아들여져야 하며, 나는 이 경우에도 내 지식이 불충분한 것을 매우 유감스럽게 생각합니다. 어쩌면 여러분이 나보다 이 문제에 관해 더 잘 알지도 모른다고 생각하며, 여러분은 마르크스주의에 대해 찬성이나 반대의 입장을 이미 정해놓았을지도 모릅니다. 사회의 경제적 구조 및 다양한 경제 체계들이 인간 삶의 모든 부문들에 미치는 영향을 논한 칼 마르크스의 연구는 우리 시대에 부인할 수 없는 권위를 얻었습니다. 그의 견해의 상세한 내용들이 어느 정도까지 옳은 것이고 어느 정도는 그렇지 못한지, 물론 나는 말할 수 없습니다. 나보다 훨씬 많은 것을 아는 사람들에게도 그걸 판단하기는 쉬운 문제가 아닐 것입니다. 마르크스의 이론에는 내게 낯설게 느껴지는 몇몇 단언들이 있습니다―사회 형태들의 발전이 자연사적인 과정이라거나, 사회 계층의 변화가 하나에서 다음으로 변증법적인 과정에 따라 이루어진다는 것 등입니다. 내가 이런 주장들을 올바르게 이해하고 있는 것인지 나는 결코 확신하지는 않습니다. 하지만 그것들은 별로 '유물론적(materialistic)'으로 들리지 않으며, 그보다는 마르크스가 나왔던 학파인 저 모호한 헤겔 철학의 침전물같이 들립니다. 나는 사회의 계급 구조는 역사의 시작에서부터 서로 조금씩 차이가 나는 인간 무리들(human hordes)[13] 사이에 일어났던 투쟁으로 거슬러올라간다는 내 문외한적인 시각을 어떻게 던져버려야 할지 알지 못합니다. 사회적 차별은, 내 생각으로는, 본래적으로 씨족이나 혈족 사이의 구분이었습니다. 어떤 집단의 승리는 체질적으로 공격성의 정도가 크다든지 하는 심리적인 요소들에 의해 결정되었지만, 또한 무리 내부의 조직적 단결력이나, 우월한 무기 같은 물질적 요소들에 의해서도 결정되었습니다. 동일한 지역에 함께 살면서 승자들은 주인이 되었고 패자들은 노예가 되었습니다. 이런 과정에는 자연법칙이나 개념적〔변증법적〕진화의 흔적은 전혀 보이지 않습니다. 반면 우리는 자연의 힘에 대해 훨씬 향상된 통제력을 얻게 되었는데, 이것이 인류의 사회적 관계에 미친 영향은 매우 명백합니다. 인간들은 항상 새롭게 획득하게 된 힘의 도구들을 그들의 공격성에 봉사하는 쪽으로 활용했고, 서로서로에 대해 사용했기 때문입니다. 역사적으로 금속(청동과 철)의 도입은 한 문명 전체에, 그리고 그 사회적 제도에 종지부를 찍었습니다. 나는 기사도와 귀족 정치를 소멸시킨 것이 진실로 화약과 총포라고 믿으며, 러시아의 전제정치는 전쟁에서 지기 전부터도 이미 운명 지워져 있었다고 생각하는데, 유럽의 지배 가문들끼리 아무리 많은 근친교배가 있었다 할지라도 다이너마이트의 폭발적인 힘을 견딜 수 있는 차르(Tsar : 러시아 황제—옮긴이)의 혈족을

---

13 프로이트는 '유목민(hordes)'을 항상 비교적 '소수의 집단'을 가리키기 위해 사용했다.

낳을 수는 없었을 것이기 때문입니다.

사실 1차 대전 이후에 발생한 현재의 경제적 위기를 통해서, 우리는 최근 자연에 대해 거둔 엄청난 승리인 공중의 정복에 대한 대가를 치르고 있는지도 모릅니다. 이것은 그다지 명료하게 생각되지는 않을 테지만, 적어도 그 연관관계의 첫 번째 접점은 분명히 인식할 수 있습니다. 영국 정치는 해변을 적시고 있는 바다에 의해 보장된 안보를 확보하고 있었습니다. 그러나 블레리오 (Bleriot)가 비행기를 타고 해협을 날아서 건넌 순간, 이 보호적 고립은 깨졌습니다. 그리고 시험적으로 독일의 체펠린(Zeppelin) 비행선이 런던 위를 항행하던 어느 평화로운 날 밤에, 독일과의 전쟁은 확실히 기정사실이 되었습니다.[14] 또한 U보트(1, 2차 대전에 사용된 독일의 잠수함—옮긴이)의 위협도 이 연관관계에서 잊혀져선 안 됩니다.

나는 상당한 중요성과 복잡성을 갖는 주제에 관해 이같이 얼마 안 되는 부적당한 언급으로 끝내는 것을 부끄럽게 생각하며, 내가 여러분께 새로운 내용을 말씀드린 게 없다는 것을 압니다. 나는 단지 인류가 자연을 통제하게 된 관계는, 인간 자신의 동포들을 향해 총부리를 돌리기 위한 새로운 무기를 가져다주었고, 또한 경제적 구조에도 영향을 미쳤음이 틀림없다는 사실을 여러분이 주목하기를 바랍니다. 우리는 세계관의 문제로부터 매우 멀리 떠나온 듯하지만, 이제 곧 다시 그 문제로 돌아갈 것입니다. 마르크스주의의 힘은 그 기반이 되는 역사적 관점이나 미래에 대한 예측에

---

14 나는 이것을 전쟁의 첫해에 믿을 만한 소식통을 통해 들었습니다.

있는 것이 아니라, 인간의 경제적 상황이 인간의 지적·윤리적·예술적 태도에 미치는 결정적인 영향력에 관한 예리한 통찰에 있습니다. 수많은 상관관계와 의미들이 이렇게 하여 드러났는데, 이전에는 완전히 간과되었던 것들입니다. 하지만 오직 경제적 동기가 사회에서 인간들의 행동을 결정하는 유일한 원인이라고 추정할 수는 없습니다. 다양한 개인들, 인종들, 민족들이 동일한 경제적 조건 하에서도 다르게 행동한다는 사실만 보아도 경제적 동기가 유일한 지배적 요소가 아니라는 것을 보여주기에 충분합니다. 살아 움직이는 인간들의 반응이 문제가 되는 곳에서 심리적인 요소들이 간과될 수 있다는 가정은 완전히 이해 불가능합니다. 그런 심리적인 요소들은 경제적 조건들의 생성에 관계할 뿐만 아니라, 경제적 요소가 지배하고 있는 그 상황에서도 인간들은 자신의 본래적인 본능적 충동들, 즉 자기보존 본능, 공격성, 사랑받고자 하는 욕구, 쾌락을 추구하고 불쾌함을 피하고자 하는 본능 등을 억제할 수 없기 때문입니다. 앞의 탐구에서 나는 또한 초자아의 성격에 대해 말씀드렸는데, 초자아는 전통과 과거의 이상들을 대변하며, 또한 얼마간은 새로운 경제적 상황으로부터 비롯된 변화에 저항하는 역할을 담당합니다.[15] 그리고 마지막으로 경제적 필요성에 종속된 인간들 다수 또한 문화적 발달 과정 — 이것을 문명의 발달 과정이라고 말할 사람들도 있을 것입니다[16] — 을 거친다는 점

---

15 앞의 124~125페이지를 참조할 것.

16 《왜 싸우는가(Why War?)》(1933b)의 유사한 구절과, 《환상의 미래》(1927c)에서 프로이트가 이 문제에 관해 포괄적인 언급을 한 것을 참조할 것 ─ "나는 문화와 문명 사이를 구분짓는 것을 경멸한다."

을 잊어서는 안 되는데, 그것은 분명히 다른 모든 요소들로부터
영향을 받지만 그 기원에 있어 다른 것들과는 독립적이며, 유기적
과정에 견줄 수 있으며, 스스로의 위치에서 다른 요소들에 영향을
미칠 수 있는 것입니다.[17] 그것은 본능적 목표들을 옆으로 밀쳐내
고 사람들로 하여금 이제까지는 관대히 받아들이던 것들에 대해
적대적인 태도를 보이도록 만듭니다. 더욱이, 과학적 정신이 계속
해서 강화되는 현상은 거기에 본질적인 한 부분을 차지하고 있는
듯합니다. 만일 어떤 사람이 이 다양한 요소들, 즉 인간의 일반적
인 본능적 기질, 그들의 종족적인 변화 양태, 또 문화적 차이들이,
다양한 사회 계층과 직업 활동, 그리고 소득 수준이라는 조건 하
에서 어떻게 다르게 나타나는가, 어떻게 서로를 억제하고 촉진시
키는가를 세세하게 증명해보일 수 있다면, 그는 마르크스주의가
진정한 사회과학으로 다시 태어날 수 있도록 이론적인 면에서 보
충하는 역할을 할 수 있을 것입니다. 왜냐하면 사회학 또한 응용
심리학과 마찬가지로 사회 안에서 사람들의 행위를 문제 삼기 때
문입니다. 엄격히 말해서 과학에는 오직 두 종류만 존재한다고 할
수 있습니다 — 〔순수 및 응용〕 심리학과 자연과학입니다.

　인간의 삶에 심대한 영향을 미치는 경제적 관계들의 중요성에

---

17 그 당시에 '문명의 과정(process of civilization)'이라는 개념은 프로이트의 마
　음속에서 상당한 중요성을 가졌던 듯하다. 그는 《문명 속의 불만》(1930a)의 몇
　몇 지점들에서 그것을 논했으며, 《왜 싸우는가?》에서도 그것을 다시 한번 언
　급했다. 하지만 그 개념은 훨씬 오래된 견해, 즉 유기적 과정으로서의 억압에
　대한 가설과 밀접하게 관련을 갖는다. 그 자신이 《문명 속의 불만》 4장, 초입과
　끝 부분의 두 개의 긴 각주를 통해 그 관계를 상세하게 기술했다.

대한 새로운 발견은, 그런 변화를 역사적 발달 과정에 그대로 맡겨두지 않고, 혁명적 행위로 그것들에 직접 영향을 미치려는 실천에의 유혹을 가져왔습니다. 이론적인 마르크스주의는, 러시아 볼셰비즘에서 실현되었듯이 하나의 세계관으로서의 에너지, 자족성, 배타성을 갖게 되었지만 또한 그것은 스스로가 투쟁하고 있는 대상과의 섬뜩한 유사성도 띠게 되었습니다. 원래는 과학의 한 부분으로서 과학과 기술의 토대 위에 세워졌던 마르크스주의는, 과거에 종교적 세계관이 그랬던 것만큼이나 가차없이 사고(思考)를 금지하게 되었습니다. 마르크스 이론에 대한 어떤 비판적 검토도 금지되었고, 그 정당성을 의심하는 사람들은 과거에 가톨릭교회가 이단을 처벌했던 것과 같은 방식으로 처벌되었습니다. 마르크스의 저술들은 일종의 신적인 계시와 마찬가지로 성경 및 코란의 지위를 차지했습니다. 그런 저술들도 이제는 과거의 신성한 책들과 마찬가지로 모순과 모호성으로부터 자유롭지 않은 것처럼 보이는데도 말입니다.

그리고 실천적인 마르크스주의가 모든 이상적인 체계와 환상들을 가차없이 일소했다고 해도, 스스로 자체적인 환상을 발전시켜왔고 그 내용의 모호성과 증명 불가능성에 있어 이전의 환상들에 결코 뒤지지 않습니다. 마르크스주의는 몇 세대가 지나는 동안 인간의 본성을 변화시켜 사람들이 새로운 사회 질서 속에서 거의 마찰 없이 함께 살아가며, 아무런 강요 없이도 노동의 의무를 떠맡을 수 있기를 희망합니다. 그러면서 한편 사회에 필수적인 본능적인 제약들을 다른 곳으로 이동시킵니다. 즉 모든 인간 공동체를 위협하는 공격적인 성향들을 외부로 돌리고, 가난한 사람들이 부자들에 대해 갖고 있는, 그리고 그동안 힘 없는 계층의 사람들이 이전의 지배자들에 대해 갖고 있는 적대감에 모든 것을 걸었습니다. 그러나 인간 정신의 그런 변화는 매우 실현 불가능한 것입니다. 군중들이 현재의 볼셰비즘적 기치를 따르면서 보여주는 열광은, 새로운 질서가 아직 완결되지 않았고 외부로부터 위협을 받는 한에서만 가능한 것입니다. 그것은 새로운 질서가 확립되고 아무런 위협도 없는 미래의 상황을 결코 보장해주지 않습니다. 볼셰비즘은 종교와 정확히 같은 방식으로, 그 신자들이 겪는 현재적 삶의 고통과 박탈감을, 모든 욕구가 충족되는 더 나은 미래를 약속함을 통해 보상해주는 것임에 틀림없습니다. 그러나 이런 낙원은 현재의 삶에, 바로 이 땅에 도래할 수 있는 것이며, 가능한 시간 범위도 예측할 수 있다고 합니다. 하지만 사후 세계를 이야기하지 않는 유대교도들조차 메시아가 이 땅에 올 것을 고대했고, 중세 기독교 시대에는 신의 왕국이 임박했다는 설법이 자주 유포되었음을 기억해야 합니다.

이런 비판에 볼셰비즘이 어떻게 대답할지는 의심할 여지가 없습니다. 인간 본성이 아직 변하지 않은 이상, 오늘날 그것에 영향을 미치는 수단들을 사용하는 것이 필요하다고 말할 것입니다. 교육에서도 어느 정도 강제를 피할 수가 없고, 사고를 금지하거나, 유혈을 보게 되는 지점까지 폭력을 사용하는 것도 어쩔 수 없다는 주장입니다. 그리고 사람들 안에 있는 어떤 환상을 깨버려야만 이런 강제에 순순히 따르게 할 수 있다고 합니다. 그리고 만일 그렇지 않다면 달리 어떻게 할 수 있는 방법을 가르쳐줄 수 있느냐고 정중히 물을 것입니다. 이것으로 우리가 패배한 것일까요? 나는 뭔가 조언해줄 만한 것이 전혀 생각나지 않습니다. 이 실험의 조건들은 나를 비롯해서 나 같은 입장의 사람들이 그것을 시도해볼 수 없게 막았습니다. 하지만 이 과제에 우리만이 관련된 것은 아닙니다. 열성적인 행동가들이 있으며, 그들은 자기의 신념에 흔들림이 없고, 의심을 품을 줄 모르며, 자신들의 목적에 방해가 된다면 다른 사람들의 고통은 염두에 두지 않습니다. 러시아에서 지금 이런 새로운 질서를 창출하는 엄청난 실험이 실제로 감행되고 있으며, 그것이 이루어지게 된 것은 바로 그들 덕분입니다. 강대국들이 기독교적 신앙심 속에서 구원을 기대한다고 선포하고 있는 시대에, 러시아에서의 혁명은 그 모든 불쾌한 세부적 내용에도 불구하고 더 나은 미래에 대한 메시지처럼 보입니다. 불행하게도 우리의 회의주의나 다른 편의 광신적인 믿음 중 어느 것도 그 실험이 어떤 결과를 낳게 될지 힌트를 주지 못합니다. 결국 시간이 말해줄 것입니다. 어쩌면 그 실험은 너무 때 이르게 착수된 것이며, 새로운 발견들이 자연의 힘에 대한 우리의 통제력을 증가시키고 따라서 우리 욕구의 충족을 더 쉽게 만들 때까지, 사회 질서의 포괄적인 변화라는 과제는 성공할 전망이 별로 없는 것인지도 모릅니다. 오직 그때에만 새로운 사회적 질서가 대중의 물질적 곤란을 일소해줄 뿐만 아니라 개인의 문화적 요구에도 부응할 수 있게 될지도 모릅니다. 우리는 인간 본성의 길들여지지 않는 성격이 모든 종류의 사회적 공동체에 제시하는 어려움들에 대해, 기약할 수 없는 오랜 기간 동안 투쟁해야 할 것입니다.

　신사숙녀 여러분, 정신분석학이 세계관의 문제와 갖는 관계에 대해 결론적으로 요약을 해보겠습니다. 정신분석학은 어떤 특별한 세계관을 창조할 수 있는 위치에 있지 않습니다. 그런 것이 필요하지도 않으며, 오직 과학의 일부로서 과학적 세계관을 고수할 수 있을 뿐입니다. 그러나 과학은 그런 거창한 타이틀에 거의 적합하지 않은데, 모든 것을 포괄하지 못할뿐더러 너무 불완전하고, 자족적이어야 한다거나 체계를 확립해야 할 권리 같은 것을 주장하지 않기 때문입니다. 과학적 사고는 인류의 산출물 중에서도 매우 젊습니다. 과학이 풀지 못한 엄청난 문제들도 아직 너무나 많이 남아 있습니다. 과학에 근거하는 세계관은, 현실적 외부 세계에 대한 강조와는 별도로, 진리만을 엄격히 고집한다든가 환상을 철저히 배제하는 것 같은 주로 부정적인 특징을 갖습니다. 이런 정도의 상태에 대해 불만족스러운 사람은, 잠시나마의 위안을 위해 이보다 더한 것을 요구하는 사람은, 그것을 발견할 수 있는 곳에서 찾으시면 될 것입니다. 우리는 그에게 앙심을 품지 않을 것인데, 우리는 그를 도울 수 없으며, 그를 위해 우리 생각을 바꿀 수도 없기 때문입니다.

우리는 자기 자신으로 살아가면서도 자신에 대해 속속들이 다 알지 못한다. 많은 것이 우리의 의지와는 상관없이 이미 결정되어 있고, 우리는 프로이트가 말한 것처럼 자신의 자아마저도 대상으로 삼아 끊임없이 탐구하고 그 실체를 밝혀야 하는 입장에 있다. 우리보다 조금 앞선 시대를 살았던 현대의 위대한 사상가인 프로이트는 눈으로 보이지도 않고 파악하기도 힘든 정신현상을 과학적 방법으로 접근하여 구명하기를 시도했던 정신 연구 분야의 선구자다.

이 《새로운 정신분석 강의》는 그가 말년에 그동안의 연구 성과들을 종합하여 정리하는 형식으로 쓴 글이다. 이보다 훨씬 이전에 직접 강의하면서 저술한 《정신분석 강의》의 맥을 이어서 그와 관련되는 내용들을 담고 있지만, 이전에 비해 좀더 완숙한 내용으로 프로이트의 연륜을 느낄 수 있게 해준다. 전체 내용은 정신분석학에서 빼놓을 수 없는 분야인 꿈 이론을 포함해서, 역시 심대한 이론적 중요성을 갖는 심리적 인격의 해부, 불안과 본능적 삶 그리고 독특하고 흥미로운 분야인 여성성, 그 밖에 에세이 형식으로 정리하듯 풀어낸 꿈과 신비주의, 해명과 응용 그리고 방향 설정, 세계관의 문제 등으로 구성된다.

우선 '꿈 이론의 수정'을 살펴보면, 우리나라 사람들의 경우 꿈을 태몽이나 돼지꿈의 경우처럼 뭔가 사람의 운명에 영향을 주는 내용을 담고 있는 쪽으로 해석하곤 했다. 프로이트가 꿈과 신비주의 부분에서 그런 식의 해석을 부인하지는 않았듯이, 그런 접근도 아주 불가능한 것은 아니다. 그러나 프로이트는 꿈이 그 꿈을 꾼 사람의 정신에 접근할 수 있는 한 가지 방법이라는 것을 밝혀냈고, 수면 중에 억압과 저항이 약화된 틈을 타 무의식에 잠겨 있던 요소들이 잠시 표현될 기회를 얻는 현상이라는 것을 규명하여, 꿈 해석의 완전히 새로운 지평을 열어놓았다. 우리가 현실에서 직접 적용해볼 수 있는 분야라는 점에서, 정신분석학은 매우 흥미로운 이론과 기법들을 많이 담고 있다고 할 수 있다.

두 번째로 등장하는 '꿈과 신비주의'는 번역하면서 매우 재미있게 할 수 있었던 부분이었다. 과학정신의 투철한 투사인 프로이트가 결국 그런 신비주의적인 현상을 일부분 인정할 수밖에 없었다는 점이 신기했으며, 일반적으로 되돌아볼 가치도 없는 것이라고 일축해왔던 내 선입견마저도 버리면서 그런 현상을 어떻게 봐야 하는지 다시 생각해보게 된 기회였다.

세 번째 파트인 '심리적 인격의 해부'는, 프로이트 이론의 수고로운 고찰의 결과이자 놀라운 성과라고 할 수 있다. 우리가 밟고 서 있는 땅과 바다의 지도를 그리는 것도 대단한 일이라고 할 수 있지만, 눈에 보이지도 않는 우리 마음의 구조를 수많은 관찰 내용과 결과물들을 토대로 지도의 형태로 나타내려고 시도했다는 것, 그 결과 초자아와 자아 그리고 이드로 구성되어 있는 마음의 지도를 그려내었다는 것은 우리의 정신현상을 탐구하고자 하는 사람이라면 누구나 주목해야만 할 발견이다.

세 번째 강의에 뒤이어지는 '불안과 본능적 삶', 이 부분도 절대 쉽게 읽히는 부분은 아니다. 불안은 우리 삶에서 비교적 흔한 현상이라고 할 수 있지만, 우리는 그것을 끝까지 뒤쫓으려는 노력을 하지 않기 때문에 그것이 우리의 욕구 및 본능과 어떻게 연결되어 있으며 우리의 마음 구조에서 어떤 위치를 갖는지 의식하지 못한다. 프로이트는 불안이란 무엇이며 그것이 어떻게 생성되는지, 어떤 종류의 불안들을 말할 수 있는지 규명한 후, 우리의 본능에 대해 총체적인 고찰을 한다. 인간 존재에 대해 많은 시사점을 얻을 수 있는 부분이다.

그 다음 '여성성'에 대해 설명한 부분은, 내게도 해당된다는 면에서 특히 흥미로울 수밖에 없었다. 결론을 말하면, 이 부분은 상당히 놀랍고 재미있으며 많은 시사점을 담고 있다. 여성의 입장에서 인정하기 싫을지라도 여성이 남성에 비해 뭔가 2% 부족한 것처럼 느껴지는 부분들의 원천을 충분히 설득력 있고 흥미로운 방식으로 제시하고 있다.

다음에 '해명과 응용 그리고 방향 설정'은, 정신분석학의 현재 위치 및 상황으로부터 설명을 시작하여 뒷부분에서는 정신분석학이 교육에 적용된 모습을 다루고 있다. 정신분석학이 교육에 얼마나 긍정적인 영향을 미칠 수 있을지에 관한 견해가 서술되고 있는

데, 프로이트의 말처럼 불간섭의 스킬라와 욕구불만의 카리브디스 사이에서 좁은 길을 발견해야 하는 교육의 경우, 정신분석의 적용이 큰 도움이 되리라는 점에 동감하며, 지식 교육보다 더 중요하다고 할 수 있는 건강한 정신의 형성을 위해 정신분석학이 뭔가 중요한 역할을 하기를 바라 마지않는다.

마지막으로 '세계관의 문제'에서는, 프로이트가 평생을 바쳐온 냉철한 과학정신을 속속들이 들여다볼 수 있으며, 오히려 현시대보다 그 당시에 더욱 날카롭게 대두되었을 과학에 대한 확고한 신념을 알 수 있다. 프로이트는 종교, 철학, 과학을 서로 대비해 종교에 대해 냉철한 비판을 가하며, 종교의 구조를 어린아이의 발달 과정에 비유하면서 또 하나의 흥미로운 설명을 전개한다. 그리고 마지막으로 과학의 미래에 대한 긍정적이고 낙관적인 전망으로 끝을 맺는다.

정신분석학이라는 새로운 학문의 창시자이자, 인간 마음의 구조를 과학적인 관찰과 추론으로 철저히 규명하고자 했던 위대한 선구자인 프로이트의 저작을 번역하며 이 위대한 인물과 호흡을 같이할 수 있었던 것은 개인적인 영광이었다. 인간의 마음과 정신 구조는 바로 우리 자신이 그 대상이라는 측면에서, 많은 흥미를 유발하면서도 완전한 객관성을 유지하며 탐구하기 쉽지 않은 분야다. 그러나 우리가 인간인 이상 다른 어떤 분야보다도 우리의 영원한 탐구 대상이 되기에 부족함이 없을 것이다.

김숙진

참고문헌

■ 약어목록

G.S. =Freud, *Gesammelte Schriften* (12 vols.), Vienna, 1924~1934

G.W. =Freud, *Gesammelte Werke* (18 vols.), London, From 1940

C.P. =Freud, *Collected Papers* (5 vols.) London, 1924~1950

Standard Ed. =Freud, *Standard Edition* (24 vols.), London, from 1953

Almanach 1933 =*Almanach der Psychoanalyse 1933*, Vienna, Internationaler

Psychoanlytischer Verlag, 1932

ABRAHAM, K. (1922) 'Die Spinne als Traumsymbol', *Int. Z. Psychoan.*, 8, 470.
(30)

[*Trans.*: 'The Spider as a Dream Symbol', *Selected Papers on Psycho-Analysis*,
London, 1927, Chap. XIX.]

(1924) *Versuch einer Entwicklungsgeschichte der Libido*, Leipzig, Vienna, Zurich. (123,
124)

[*Trans.*: 'A Short Study of the Development of the Libido', *Selected Papers on
Psycho-Analysis*, London, 1927, Chap. XXVI.]

AICHHORN, A. (1925) *Verwahrloste Jugend*, Vienna. (181, 186)

[*Trans.*: *Wayward Youth*, New York, 1935; London, 1936; revised reprint,
London, 1951.]; 아우구스트 아이크혼, 홍성화 역, 《비행청소년은 치료된다》,
2001, 홍익재.

ALEXANDER, F. (1925) 'Über Traumpaare und Traumreihen', *Int. Z. Psychoan.*,
11, 80. (33)

[*Trans.*: 'Dreams in Pairs and Series', *Int. J. Psycho-Anal.*, 6, 446.]

ANDREAS-SALOMÉ, L. (1916) '"Anal" and "Sexual"', *Imago*, 4, 249. (126)

BETLHEIM, S., and HARTMANN, H. (1924) 'Über Fehlreaktionen des Gedächtnisses bei Korsakoffschen Psychose', *Arch. Psychiat. Nervenkr.*, 72, 278. (28)

BREUER, J., and FREUD, S. (1895) *See* FREUD, S. (1895*d*)

BRUNSWICK, R. MACK (1928) 'Die Analyse eines Eifersuchtswahnes', *Int. Z. Psychoan.*, 14, 458. (162)

[*English Text*: 'The Analyse of a Case of Paranoia', *J. nerv. ment. Dis.*, 70 (1929), 177.]

BURLINGHAM, D. (1932) 'Kinderanalyse und Mutter', *Psychoan. Päd.*, 6, 269. (69)

[*English Text*: 'Child Analysis and the Mother', *Psychoanal. Quart.*, 4 (1935), 69.]

DEUTSCH, H. (1926) 'Okkulte Vorgänge während der Psychoanalyse', *Imago*, 12, 418. (66)

(1932) 'Über die weibliche Homosexualität', *Int. Z. Psychoan.*, 18, 219. (162)

[*Trans.*: 'Homosexuality in Women', *Int. J. Psycho-Anal*, 14 (1933), 34.]

DEVEREUX, G. (1953) *Psychoanalysis and the Occult*, New York.

EISLER, M. J. (1919) 'Beiträge zur Traumdeutung', *Int. Z. (ärztl.) Psychoanal.*, 5, 295.

[*Trans.*: in *The Psychoanalytic Reader* (ed. R. Fliess), New York, 1948, 378.]

EISLER, R. (1910) *Weltenmantel und Himmelszelt* (2 vols.), Munich. (29)

FERENCZI, S. (1921) 'Die Symbolik der Brücke', *Int. Z. Psychoan*, 7, 211. (30)

[*Trans.*: 'The Symbolism of the Bridge', *Further Contributions to the Theory and Technique of Psycho-Analysis*, London, 1926, Chap. LXI.]

(1922) 'Die Brückensymbolik und die Don Juan-Legende', *Int. Z. Psychoan.*, 8, 77. (30)

[*Trans.*: 'Bridge Symbolism and the Don Juan Legend', *Further Contributions to the Theory and Technique of Psycho-Analysis*, London, 1926, Chap. LXII.]

(1925) 'Zur Psychoanalyse von Sexualgewohnheiten', *Int. Z. Psychoan.*, 11, 6. (109)

[*Trans.*: 'Psycho-Analysis of Sexual Habits', *Further Contributions to the Theory and Technique of Psycho-Analysis*, London, 1926, Chap. XXXII.]

FREUD, S. (1893*h*) Vortrag 'Über den psychischen Mechanismus hysterischer Phänomene' [shorthand report revised by lecturer], *Wien. med. Pr.*, 34, Nr. 4, 121, and 5, 165. (114)

[*Trans.*: Lecture 'On the Psychical Mechanism of Hysterical Phenomena', *Int. J. Psycho-Anal.*, 37, 8; *Standard Ed.*, 3, 27.]; 김미리혜 역, 《히스테리 연구》 중 〈히스테리 현상의 심리적 기제에 대하여〉, 2004, 열린책들.

(1894*a*) 'Die Abwehr-Neuropsychosen', *G.S.*, 1, 290; *G.W.*, 1, 59. (20, 95, 117)

[*Trans.*: 'The Neuro-Psychoses of Defence', *C.P.*, 1, 59; *Standard Ed.*, 3, 43.]

(1895*d*) With BREUER, J., *Studien über Hysterie*, Vienna. *G.S.*, 1, 3; *G.W.*, 1, 77 (omitting Breuer's contributions). (49, 93, 150)

[*Trans.*: *Studies on Hysteria*, London, 1956; *Standard Ed.*, 2. Including Breuer's contributions.]; 김미리혜 역, 《히스테리 연구》, 2004, 열린책들.

(1896*b*) 'Weitere Bemerkungen über die Abwehr-Neuropsychosen', *G.S.*, 1, 363; *G.W.*, 1, 379. (113, 150)

[*Trans.*: 'Further Remarks on the Neuro-Psychoses of Defence', *C.P.*, 1, 155; *Standard Ed.*, 3, 159.]

(1896*c*) 'Zur Ätiologie der Hysterie', *G.S.*, 1, 404; *G.W.*, 1, 425. (150)

[*Trans.*: 'The Aetiology of Hysteria', *C.P.*, 1, 183; *Standard Ed.*, 3, 189.]

(1900*a*) Die Traumdeutung, Vienna. *G.S.*, 2-3; *G.W.*, 2-3. (12, 17, 19, 28, 32, 110, 112, 126, 172, 199)

[*Trans.*: *The Interpretation of Dreams*, London and New York, 1955; *Standard Ed.*, 4-5.]; 김인순 역, 《꿈의 해석》, 2004, 열린책들.

(1901*b*) *Zur Psychopathologie des Alltagslebens*, Berlin, 1904. *G.S.*, 4, 3; *G.W.*, 4. (49)

[*Trans.*: *The Psychopathology of Everyday Life*, Standard Ed., 6.]; 이한우 역, 《일상생활의 정신병리학》, 2004, 열린책들.

(1905*c*) *Der Witz und seine Beziehung zum Unbewussten*, Vienna, *G.S.*, 9, 5; *G.W.*, 6. (41, 49)

[*Trans.*: *Jokes and their Relation to the Unconscious*, London, 1960; *Standard Ed.*, 8.]; 임인주 역, 《농담과 무의식의 관계》, 2004, 열린책들.

(1905*d*) *Drei Abhandlungen zur Sexualtheorie*, Vienna. *G.S.*, 5, 3; *G.W.*, 5, 29. (122, 126, 141, 143, 150)

[*Trans.*: *Three Essays on the Theory of Sexuality*, London, 1962; *Standard Ed.*, 7, 125.]; 김정일 역, 《성욕에 관한 세 편의 에세이》, 2004, 열린책들.

(1906*a*) 'Meine Ansichten über die Rolle der Sexualität in der Ätiologie der Neurosen', *G.S.*, 5, 123; *G.W.*, 5, 149. (150)

[*Trans.*: 'My Views on the Part played by Sexuality in the Aetiology of the Neuroses', *C.P.*, 1, 272; *Standard Ed.*, 7, 271.]

(1907*b*) 'Zwangshandlungen und Religionsübung', *G.S.*, 10, 210; *G.W.*, 7, 129. (208)

[*Trans*.: 'Obsessive Actions and Religious Practices', *C.P.*, 2, 25; *Standard Ed.*, 9, 116.]; 이윤기 역, 《종교의 기원》 중 〈강박 행동과 종교 행위〉, 2004, 열린책들.

(1907*c*) 'Zur sexuellen Aufklärung der Kinder', *G.S.*, 5, 134; *G.W.*, 7, 19. (181)

[*Trans*.: 'The Sexual Englightenment of Children', *C.P.*, 2, 36; *Standard Ed.*, 9, 131.]

(1908*b*) 'Charakter und Analerotik', *G.S.*, 5, 261; *G.W.*, 7, 203. (114, 127)

[*Trans*.: 'Character and Anal Erotism', *C.P.*, 2, 45; *Standard Ed.*, 9, 169.]

(1908*c*) 'Über infantile Sexualtheorien', *G.S.*, 5, 168; *G.W.*, 7, 171. (125)

[*Trans*.: 'On the Sexual Theories of Children', *C.P.*, 2, 59; *Standard Ed.*, 9, 207.]

(1909*b*) 'Analyse der Phobie eines fünfjährigen Knaben', *G.S.*, 8, 129; *G.W.*, 7, 243. (181)

[*Trans*.: 'Analysis of a Phobia in a Five-Year-Old Boy', *C.P.*, 3, 149; *Standard Ed.*, 10, 3.]; 권세훈·김재혁 역, 《꼬마 한스와 도라》, 2004, 열린책들.

(1911*b*) 'Formulierungen über die zwei Prinzipien des psychischen Geschehens', *G.S.*, 5, 409; *G.W.*, 8, 230. (112)

[*Trans*.: 'Formulations on the Two Principles of Mental Functioning', *C.P.*, 4, 13; *Standard Ed.*, 12, 215.]; 윤희기 역, 《정신분석학의 근본개념》 중 〈정신적 기능의 두 가지 원칙〉, 2004, 열린책들.

(1911*c*) 'Psychoanalytische Bemerkungen über einen autobiographisch beschriebenen Fall von Paranoia (Dementia Paranoides)', *G.S.*, 8, 355; *G.W.*, 8, 240. (124)

[*Trans*.: 'Psycho-Analytic Notes on an Autobiographical Account of a Case of Paranoia(Dementia Paranoides)', *C.P.*, 3, 387; *Standard Ed.*, 12, 3.]; 김명희 역, 《늑대인간》 중 〈자서전적 기록에 의한 정신분석〉, 2004, 열린책들.

(1911*e*) 'Die Handhabung der Traumdeutung in der Psycho-analyse', *G.S.*, 6, 45; *G.W.*, 8, 350. (17)

[*Trans*.: 'The Handling of Dream-Interpretation in Psycho-analysis', *C.P.*, 2, 305; *Standard Ed.*, 12, 91.]

(1912*f*) 'Zur Onanie-Diskussion', *G.S.*, 3, 324; *G.W.*, 8, 332. (158, 192)

[*Trans*.: 'Contributions to a Discussion on Masturbation', *Standard Ed.*, 12, 243.]

(1912~1913) *Totem und Tabu*, Vienna, 1913. *G.S.*, 10, 3; *G.W.*, 9. (204, 205,

219)

[*Trans*.: Totem and Taboo, London, 1950; New York, 1932; *Standard Ed*., 13, 1.]; 이윤기 역, 《종교의 기원》 중 〈토템과 터부〉, 2004, 열린책들.

⌐ (1913*b*) Introduction to Pfister' s *Die psychanalytische Methode*, G.S., 11, 224; G.W., 10, 448. (181)

[*Trans*.: *Standard Ed*., 12, 329.]

(1913*h*) 'Erfahrungen und Beispiele aus der analytischen Praxis', *Int*. Z. (*ärztl*.) *Psychoanal*., 1, 377; partly reprinted G.S., 11, 301; G.W., 10, 40. (29)

[*Trans*.: 'Observations and Examples from Analytic Practice', *Standard Ed*., 13, 193 (in full). Also partly incorporated in *The Interpretation of Dreams*, *Standard Ed*., 4, 232, and 5, 409f.]

(1913*i*) 'Die Disposition zur Zwangsneurose', G.S., 5, 277; G.W., 8, 442. (124)

[*Trans*.: 'The Disposition to Obsessional Neurosis', C.P., 2, 122; *Standard Ed*., 12, 313.]

(1914*c*) 'Zur Einführung des Narzissmus', G.S., 6, 155; G.W., 10, 138. (81, 164)

[*Trans*.: 'On Narcissism: an Introduction', C.P., 4, 30; *Standard Ed*., 14, 69.]; 윤희기 역, 《정신분석학의 근본개념》 중 〈나르시시즘에 관한 서론〉, 2004, 열린책들.

(1914*d*) 'Zur Geschichte der psychoanalytischen Bewegung', G.S., 4, 411; G.W., 10, 44. (150, 170, 174)

[*Trans*.: 'On the History of the Psycho-Analytic Movement', C.P., 1, 287; *Standard Ed*., 14, 3.]; 박성수·한승완 역, 《정신분석학 개요》 중 〈정신분석 운동의 역사〉, 2003, 열린책들.

(1915*c*) 'Triebe und Triebschicksale', G.S., 5, 443; G.W., 10, 210. (92, 121)

[*Trans*.: 'Instincts and their Vicissitudes', C.P., 4, 60; *Standard Ed*., 14, 111.]; 윤희기 역, 《정신분석학의 근본개념》 중 〈본능과 그 변화〉, 2004, 열린책들

(1915*d*) 'Die Verdrängung', G.S., 5, 466; G.W., 10, 248. (114)

[*Trans*.: 'Repression', C.P., 4, 84; *Standard Ed*., 14, 143.]; 윤희기 역, 《정신분석학의 근본개념》 중 〈억압에 관하여〉, 2004, 열린책들.

(1915*e*) 'Das Unbewusste', G.S., 5, 480; G.W., 10, 264. (93, 112)

[*Trans*.: 'The Unconscious', C.P., 4, 98; *Standard Ed*., 14, 161.]; 윤희기 역, 《정신분석학의 근본개념》 중 〈무의식에 관하여〉, 2004, 열린책들.

(1916~1917) *Vorlesungen zur Einführung in die Psychoanalyse*, Vienna. G.S., 7; G.W., 11. (8, 16, 18, 21, 29, 32, 33, 34, 41, 79, 81, 88, 100, 106, 110, 114,

122, 124, 127, 130, 143, 147, 156, 165, 175, 179, 181, 184, 187)

[*Trans*.: *Introductory Lectures on Psycho-Analysis*, revised ed., London, 1929 (*A General Introduction to Psychoanalysis*, New York, 1935); *Standard Ed*., 15~16.]; 임홍빈·홍혜경 역,《정신분석 강의》, 2004, 열린책들.

(1917*c*) 'Über Triebumsetzungen insbesondere der Analerotik', *G.S*., 5, 268; *G.W*., 10, 402. (127)

[*Trans*.: 'On Transformations of Instinct as Exemplified in Anal Erotism', *C.P*., 2, 164; *Standard Ed*., 17, 127.]; 김정일 역,《성욕에 관한 세 편의 에세이》 중 〈항문 성애의 예로 본 본능의 변형〉, 2004, 열린책들.

(1917*d*[1915]) 'Metapsychologische Ergänzung zur Traumlehre', *G.S*., 5, 520; *G.W*., 10, 412. (41)

[*Trans*.: 'A Metapsychological Supplement to the Theory of Dreams', *C.P*., 4, 137; *Standard Ed*., 14, 219.]; 윤희기 역,《정신분석학의 근본개념》 중 〈꿈이론과 초심리학〉, 2004, 열린책들.

(1918*a*) 'Das Tabu der Virginität', *G.S*., 5, 212; *G.W*., 12, 161. (165)

[*Trans*.: 'The Taboo of Virginity', *C.P*., 4, 217; *Standard Ed*., 11, 193.]; 김정일 역,《성욕에 관한 세 편의 에세이》 중 〈처녀성의 금기〉, 2004, 열린책들.

(1920*c*) 'Dr. Anton von Freund', *G.S*., 11, 280; *G.W*., 13, 435. (64)

[*Trans*.: 'Dr. Anton von Freund', *Standard Ed*., 18, 267.]

(1920*g*) *Jenseits des Lustprinzips*, Vienna. *G.S*., 6, 191; *G.W*., 13, 3. (37, 93, 134)

[*Trans*.: *Beyond the Pleasure Principle*, London, 1961; *Standard Ed*., 18, 7.]; 윤희기 역,《정신분석학의 근본개념》 중 〈쾌락 원칙을 넘어서〉, 2004, 열린책들.

(1921*c*) *Massenpsychologie und Ich-Analyse*, Vienna. *G.S*., 6, 261; *G.W*., 13, 73. (49, 79, 85, 165, 167)

[*Trans*.: *Group Psychology and the Analysis of the Ego*, London and New York, 1959; *Standard Ed*., 18, 69.]; 김석희 역,《문명 속의 불만》 중 〈집단심리학과 자아분석〉, 2004, 열린책들.

(1922*a*) 'Traum und Telepathie', *G.S*., 3, 278; *G.W*., 13, 165. (46)

[*Trans*.: 'Dreams and Telepathy', *C.P*., 4, 408; *Standard Ed*., 18, 197.]

(1923*b*) *Das Ich und das Es*, Vienna. *G.S*., 6, 353; *G.W*., 13, 237. (71, 79, 81, 90, 98, 100, 106, 112, 114, 128, 131, 137)

[*Trans*.: *The Ego and the Id*, London and New York, 1962; *Standard Ed*., 19, 3.]; 윤희기 역,《정신분석학의 근본개념》 중 〈자아와 이드〉, 2004, 열린책들.

(1923*c*) 'Bemerkungen zur Theorie und Praxis der Traumdeutung', *G.S*., 3, 305; *G.W*., 13, 301. (14, 17)

[*Trans.*: 'Remarks on the Theory and Practice of Dream-Interpretation', *C.P.*, 5, 136; *Standard Ed.*, 19, 109.]; 이덕하 역, 《끝낼 수 있는 분석과 끝낼 수 없는 분석》 중 〈꿈해석의 이론과 실천에 대한 소견〉, 2004, 도서출판 b.

(1923*e*) 'Die infantile Genitalorganisation', *G.S.*, 5, 232; *G.W.*, 13, 293. (123)

[*Trans.*: 'The Infantile Genital Organization', *C.P.*, 2, 244; *Standard Ed.*, 19, 141.]; 김정일 역, 《성욕에 관한 세 편의 에세이》 중 〈유아의 생식기 형성〉, 2004, 열린책들.

(1924*c*) 'Das ökonomische Problem des Masochismus', *G.S.*, 5, 374; *G.W.*, 13, 371. (81, 134, 137)

[*Trans.*: 'The Economic Problem of Masochism', *C.P.*, 2, 255; *Standard Ed.*, 19, 157.]; 윤희기 역, 《정신분석학의 근본개념》 중 〈마조히즘의 경제적 문제〉, 2004, 열린책들.

(1924*d*) 'Der Untergang des Ödipuskomplexes', *G.S.*, 5, 423; *G.W.*, 13, 395. (115)

[*Trans.*: 'The Dissolution of the Oedipus Complex', *C.P.*, 2, 269; *Standard Ed.*, 19, 173.]; 김정일 역, 《성욕에 관한 세 편의 에세이》 중 〈오이디푸스 콤플렉스의 해소〉, 2004, 열린책들.

(1925*a*) 'Notiz über den "Wunderblock"', *G.S.*, 6, 415; *G.W.*, 14, 3. (95)

[*Trans.*: 'A Note upon the "Mystic Writing-Pad"', *C.P.*, 5, 175; *Standard Ed.*, 19, 227.]

(1925*d*[1924]) *Selbstdarstellung*, Vienna, 1934. *G.S.*, 11, 119; *G.W.*, 14, 33. (150)

[*Trans.*: *An Autobiographical Study*, London, 1935 (*Autobiography*, New York, 1935); *Standard Ed.*, 20, 3].

(1925*f*) Preface to August Aichhorn's *Verwahrloste Jugend*, Vienna. *G.S.*, 11, 267; *G.W.*, 14, 565. (181, 186)

[*Trans.*: Preface to Aichhorn's *Wayward Youth*, *C.P.*, 5, 98; *Standard Ed.*, 19, 273.]

(1925*h*) 'Die Verneinung', *G.S.*, 11, 3; *G.W.*, 14, 11. (112)

[*Trans.*: 'Negation', *C.P.*, 5, 181; *Standard Ed.*, 19, 235.]

(1925*i*) 'Einige Nachträge zum Ganzen der Traumdeutung', *G.S.*, 3, 172; *G.W.*, 1, 561. (16, 50)

[*Trans.*: 'Some Additional Notes on Dream-Interpretation as a Whole', *C.P.*, 5, 150; *Standard Ed.*, 19, 125.]

(1925*j*) 'Einige psychische Folgen des anatomischen Geschlechtsunterschieds', *G.S.*, 11, 8; *G.W.*, 14, 19. (82, 139)

[*Trans.*: 'Some Psychical Consequences of the Anatomical Distinction between the Sexes', *C.P.*, 5, 186; *Standard Ed.*, 19, 243.]; 김정일 역, 《성욕에 관한 세 편의 에세이》 중 〈성의 해부학적 차이에 따른 심리적 결과〉, 2004, 열린책들.

(1926*d*) *Hemmung, Symptom und Angst*, Vienna. *G.S.*, 11, 23; *G.W.*, 14, 113. (77, 95, 106~108, 110, 113~114, 118, 195)

[*Trans.*: *Inhibitions, Symptoms and Anxiety*, London, 1960 (*The Problem of Anxiety*, New York, 1936); *Standard Ed.*, 20, 77.]; 황보석 역, 《정신병리학의 문제들》 중 〈억압, 증상 그리고 불안〉, 2004, 열린책들.

(1926*e*) *Die Frage der Laienanalyse*, Vienna. *G.S.*, 11, 307; *G.W.*, 14, 209. (95)

[*Trans.*: *The Question of Lay Analysis*, London, 1947; *Standard Ed.*, 20, 179.]

(1927*c*) *Die Zukunft einer Illusion*, Vienna. *G.S.*, 11, 411; *G.W.*, 14, 325.(43, 181, 208, 212, 221)

[*Trans.*: *The Future of an Illusion*, London, 1962; New York, 1928; *Standard Ed.*, 21, 3.]; 김석희 역, 《문명 속의 불만》 중 〈환상의 미래〉, 2004, 열린책들.

(1930*a*) *Das Unbehagen in der Kultur*, Vienna. *G.S.*, 12, 29; *G.W.*, 14, 421. (138, 143, 165, 208, 221)

[*Trans.*: *Civilization and its Discontents*, London and New York, 1930; *Standard Ed.*, 21.]; 김석희 역, 《문명 속의 불만》, 2004, 열린책들.

(1930*b*) Preface to *Zehn Jahre Berliner Psychoanalytisches Institut*, Vienna. *G.S.*, 12, 388; *G.W.*, 14, 572. (188)

[*Trans.*: In 'Personal Memories', in *Max Eitingon In Memoriam*, Jerusalem, 1951, 47; *Standard Ed.*, 21, 257.]

(1931*b*) 'Über die weibliche Sexualität', *G.S.*, 12, 120; *G.W.*, 14, 517. (139, 150)

[*Trans.*: 'Female Sexuality', *C.P.*, 5, 252; *Standard Ed.*, 21.]; 김정일 역, 《성욕에 관한 세 편의 에세이》 중 〈여성의 성욕〉, 2004, 열린책들.

(1931*e*) Letter to the Burgomaster of Příbor, *G.S.*, 12, 414; *G.W.*, 14, 561. (174)
[*Trans.*: *Standard Ed.*, 21, 259.]

(1932*a*) 'Zur Gewinnung des Feuers', *G.S.*, 12, 141; *G.W.*, 16, 3. (127)
[*Trans.*: 'The Acquisition and Control of Fire', *C.P.*, 5, 288; *Standard Ed.*, 22, 185.]; 이윤기 역, 《종교의 기원》 중 〈불의 입수와 지배〉, 2004, 열린책들.

(1933*a*) *Neue Folge der Vorlesungen zur Einführung in die Psychoanalyse*, Vienna. *G.S.*, 12, 151; *G.W.*, 15, 207.

[*Trans.*: *New Introductory Lectures on Psycho-Analysis*, London and New York, 1933; *Standard Ed.*, 22, 3.]; 김숙진 역, 《새로운 정신분석 강의》, 2006, 문예출

판사.

(1933*b*[1932]) *Warum Krieg?*, Paris. *G.S.*, 12, 349; *G.W.*, 16, 13. (221)

　[*Trans.*: *Why War?*, Paris, 1933; *C.P.*, 5, 273; *Standard Ed.*, 22, 197.]; 김석희 역,《문명 속의 불만》 중 〈왜 전쟁인가?〉, 2004, 열린책들.

(1933*c*) 'Sándor Ferenczi', *G.S.*, 12, 397; *G.W.*, 16, 267. (190)

　[*Trans.*: 'Sándor Ferenczi', *Int. J. Psycho-Anal.*, 14, 297; *Standard Ed.*, 22, 227.]

(1937*c*) 'Die endliche und die unendliche Analyse', *G.W.*, 16, 59. (113, 181, 194)

　[*Trans.*: 'Analysis Terminable and Interminable', *C.P.*, 5, 316; *Standard Ed.*, 23.]; 임진수 역,《끝이 있는 분석과 끝이 없는 분석》, 2004, 열린책들.

(1939*a*[1937~1939]) *Der Mann Moses und die monotheistische Religion*, *G.W.*, 16, 103. (201, 208)

　[*Trans.*: *Moses and Monotheism*, London and New York, 1939; *Standard Ed.*, 23.]; 이윤기 역,《종교의 기원》 중 〈인간 모세와 유일신교〉, 2004, 열린책들.

(1940*a*[1938]) *Abriss der Psychoanalyse*, *G.W.*, 17, 67. (112, 139)

　[*Trans.*: *An Outline of Psycho-Analysis*, London and New York, 1949; *Standard Ed.*, 23.]; 박성수 역,《정신분석학 개요》, 2004, 열린책들.

(1940*c*[1922]) 'Das Medusenhaupt', *G.W.*, 17, 47. (30)

　[*Trans.*: 'Medusa's Head', *C.P.*, 5, 105; *Standard Ed.*, 18, 273.]; 정성호 편역,《프로이트 성애론》 중 〈메두사의 머리〉, 1997, 문학세계사.

(1941*d*[1921]) 'Psychoanalyse und Telepathie', *G.W.*, 17, 27. (38, 49~59, 67)

　[*Trans.*: 'Psycho-Analysis and Telepathy', *Standard Ed.*, 18, 177.]

(1950*a*[1887~1902]) *Aus den Anfängen der Psychoanalyse*, London. Includes 'Entwurf einer Psychologie' (1895). (112, 150)

　[*Trans.*: *The Origins of Psycho-Analysis*, London and New York, 1954. (Partly, including 'A Project for a Scientific Psychology', in *Standard Ed.*, 1.)]

(1960*a*) *Briefe* 1873~1939 (ed. E. L. Freud), Berlin (172)

　[*Trans.*: *Letters* 1873~1939 (ed. E. L. Freud) (trans. T. and J. Stern), New York, 1960; London, 1961.]

GRODDECK, G. (1923) *Das Buck vom Es*, Vienna. (90)

HARTMANN, H., and BETLHEIM, S. *See* BETLHEIM, S., and HARTMANN, H.

JONES, E. (1912) *Der Alptraum in seiner Beziehung zu gewissen Formen des mittelalterlichen Aberglaubens* (tr. H. Sachs), Leipzig and Vienna. (61~65)

　[*English Text*: In *On the Nightmare*, London and New York, 1931.]

(1953) *Sigmund Freud: Life and Work*, Vol. 1, London and New York. (Page

314

reference is to the English edition.) (199)

(1955) *Sigmund Freud: Life and Work*, Vol. 2, London and New York. (Page reference is to the English edition.) (199)

(1957) *Sigmund Freud: Life and Work*, Vol. 3, London and New York. (Page references are to the English edition.) (38, 172)

LAMPL-DE GROOT, J. (1927) 'Zur Entwicklungsgeschichte des Ödipus-komplexes der Frau', *Int. Z. Psychoan.*, 13, 269. (162)

[*Trans.*: 'The Evolution of the Oedipus Complex in Women', *Int. J. Psycho-Anal.*, 9(1928), 332.]

PFISTER, O. (1913) *Die psychanalytische Methode*, Leipzig and Berlin. (181)

[*Trans.*: *The Psychoanalytic Method*, New York and London, 1917.]

RANK, O. (1924) *Das Trauma der Geburt*, Vienna. (109~110)

[*Trans.*: *The Trauma of Birth*, London, 1929.]

REIK, T. (1920) 'Völkerpsychologische Parallelen zum Traumsymbol des Mantels', *Int. Z. Psychoan*, 6, 350.

Schrötter, K. (1912) 'Experimentelle Träume', *Zbl. Psychoan.*, 2, 638. (27~28)

SILBERER, H. (1909) 'Bericht über eine Methode, gewisse symbolische Halluzinations-Erscheinungen hervorzurufei, und zu beobachten', *Jb. psychoan. psychopath. Forsch.*, 1, 513. (28)

(1912) 'Symbolik des Erwachens und Schwellensymbolik überhaupt', *Jb. psychoan. psychopath. Forsch.*, 3, 621. (28)

옮긴이 **김숙진**
서울대학교 의류학과를 졸업했다.
주로 정신분석학 분야의 책을 번역하여
관련 역서로는 《프로이트와 거짓기억증후군》, 《시기심》,
《죄책감》, 《감정》이 있으며,
그 외에도 《21세기에 풀어야 할 과학의 의문》,
《어느 의사의 고백》, 《사로잡힌 몸》 등이 있다.

새로운 정신분석 강의

지은이__ 지크문트 프로이트
옮긴이__ 김숙진
펴낸이__ 전병석
펴낸곳__ (주)문예출판사
신고일__ 2004. 2. 12. 제 312-2004-000005호
　　　　　(1966. 12. 2. 제 1-134호)

주소__ 서울특별시 서대문구 충정로 2가 184-4
대표전화__ 393-5681
팩시밀리__ 393-5685
E-mail__ info @ moonye.com

제1판 제1쇄 펴낸날__ 2006년 11월 5일

값은 뒤표지에 표시되어 있습니다.
ISBN 89-310-0557-1 03180